JN218866

〈進学校〉校長の愉しみ

久留米大学附設での9年

吉川 敦
yoshikawa atsushi

石風社

装画

附設高校66回生の寄書き（二〇一七年二月、高二スキー修学旅行、最後の夜のサプライズ）に著者が加工した

まえがき

わたくしは久留米大学附設中学校・高等学校（通称・附設または久留米大学附設）の校長を平成20年4月から平成29年3月まで三期9年間（一期3年）務めた。校長としては十代目である。

わたくしが校長になったのは不思議な巡り合わせによるものであった。在任中途方にもくれず、何とか無事に任期を全うできたのは、周辺の方々に支えていただいたおかげである。だが、わたくしにも全く困惑がなかったわけではない。振り返ってみて、学校に関する基礎的な知識の不足は否めず、それに伴ってか、判断の時期を失したり、判断にあたっての選択肢が狭すぎたりと悔やまれたこともある。そういう際に、先任の方々の声を聞いてみたい、過去の校長たちと対話を図りたいと思っても、それぞれの校長が時代と格闘した形跡は十分に残されていなかったのである。

学校は時代からの挑戦に応ずる形で変貌して行かざるを得ない。確かに、その時どきの校長は、それぞれ人格も個性も異なり、時代によって、直面する課題も違う。自身の思想や判断を大事にすべきではあるが、困難な時期の関係者の悩みは学んでおく価値はあろう。学校史を概観しただけではわからないことが多いのである。

この書きものは、いわば、校長当時のわたくしの肉声を留めるためのものである。在任中から準備をしてはきたが、退任後の日の浅いうちに整理し直した。一方、付録の形で、実際の式辞類を収めたのは、たとえ、毎回似たようなことを述べているにせよ、その時点でのわたくしの想いを確かに反映したものだからである。

＊なお、本稿で引用あるいは言及した（［アイヴィンズ］以下の）文献は、別表にまとめ、索引と共に巻末に付しておく。

〈進学校〉校長の愉しみ　久留米大学附設での９年◉目次

付録B　告辞類（始業式・修了式等）

〈進学校〉校長の愉しみ

久留米大学附設での9年

第1章

校長とは何をする人ですか

1　校長の心掛け

わたくしは、附設の校長にはなったが、中等教育についての経験は、大昔の自分自身が生徒としてのものと、比較的最近とは言いながら、すでに二十数年昔の保護者としての関与しかない。教員免許もなく、中等教育での現場における訓練は一切受けたことがなかった。校長一期目は、同僚の教職員諸氏を始め、同窓会、保護者会の皆様のご援助・ご理解なしでは、学校運営は全く成り立たなかった。三期目に至っても、なお、万全ではなかったことは承知している。詳しくは第4章で述べたい。

さて、わたくしには、校長として、自分なりに確認し、反芻していたことがある。すなわち、

お子さまの人生の基礎付けを、附設の特徴を活かし、しっかりと行いますと、こうお約束した上で、保護者から大事なお子さんをお任せいただいているのだ、という簡明な事実を忘れないこと

である。「人生の基礎付け」だが、この意味は、しかし、保護者のわが子に寄せる「想い」の実現のために附設という学校が万難を排して努力するということではない。実際、保護者、つまり、親の人生とその子の人生は別物であり、しかも、それぞれが過す時代も異なるので、子にとって、親の生き方は参考にはなってもそのままなぞることはできないし、親の方でも、子どもたちがやがて直面することになる本当の課題を見通せるわけでもない。つまり、「人生の基礎付け」とは、われわれの教育の基本である

子どもたちの自由で独立した人格を正しく養うことに他ならない。校長の仕事は、この基本を具体化していくことにあるはずである。

もとより、附設の特徴はどうあるべきか、さらには、人生とは何か、という根源的な問いも意識せずに済むことではない。子どもたちの人生についての責任は、保護者だけでなく、附設の教職員も分担しているのである。

2　校長は何をする人なのか

学校教育法などには法律上の校長の仕事が規定されている。例えば、「学校教育法」には

校長は、校務をつかさどり、所属職員を監督する。

とある。[1]

では、「監督する」とはどういうことか。附設のような私学では、教員の課題は、建学の趣旨にある先人の初心を具体化していくことにある。しかし、附設創立からすでに60有余年経ており、往時の人たちの想いが直ちに現代に活かせるわけではない。現在の教員の課題は、先人たちの想いの本質を見抜き、現代にふさわしい形に整えながら、日々の業務に励むことである。校長の仕事は、まさに、教員たちがこのような課題をなめらかに遂行できるように、学校全体の方向性を与え、環境を整えることである。校長は、

監督よりも、オーケストラの指揮者なのである。指揮者が、過去の作曲家の名作に解釈を加え、多少の編曲も伴いながら、オーケストラ全体として名演奏を実現するのと同様に、校長は、創立者の建学趣旨を今日風に解釈し直し、教職員一丸となって、よい教育を実現する上での鍵となる位置を占めている。このためには一人一人の教職員がよい仕事ができなければならず、したがって、校長の仕事の基本は教職員一人一人が働きやすい学校環境を作り上げることなのである。

しかし、校長とは生徒から見てどういう存在なのか、そして、また、校長は生徒から見た存在としての規範性をどのように自己管理していくべきなのか、この問いは、わたくしのように現場に立たず、また、生徒との年齢差の大きい校長にとって、深刻なものであるべきであろう。実際、入学者オリエンテーションのときに「校長先生は何をする人ですか」という質問が出たことがある。新入生であり、「校長先生」が小学校の校長を念頭に置いての質問であった可能性はあるが、そのときは「指揮者」の譬えに近い説明を中心に据えたが、さらに、先生たちと校長とは理想を共有していて、そして、校長は先生たちを信じて、皆さんの教育を先生たちにお任せしているという意味のことを付け加えた。

3　この学校の今が好き

本書が人目に触れるころには、新しい校長が自身の教育観に沿って学校運営に注力しているはずである。

1　同法第37条第4項。なお、同法第49条第62条も参照。資格については、「学校教育法施行規則」第1章第2節（第20条～22条）にある。わたくしは、第20条第2項に該当する。校長の業務（行政責任）については、同規則第1章第3節にある。

しかし、附設校長として、わたくしがどういう姿勢であったかという説明を試みておくことは、後任者にも無益ではあるまい。第4章でも述べることはあると思うが、ここでは、やや精神主義的なことに触れたい。わたくしの想いとしては、

この学校の今が好き、そして、総体として、また、個々の人間としての、この学校の生徒が好き

という姿勢の重要性を強調したい。ここで、「好き」とは、対象の全肯定を意味しないが、しかし、自分にとって大事な存在であり、対象をありのままによく知って、対象と「一緒に」好ましい方向に変わって行こうという気持ちを表しているものである。

教職員は、校長に限らず、学校に赴任したら、すぐに、この姿勢を自分のものにしてほしいのである。わたくし自身は幸運にも赴任直後の生徒たちとの接触で附設が「好き」になった（後述第4章第3節の末尾）。

わたくしの若いときの苦い記憶であるが、能力不足や視野の狭さを無意味な強がりで糊塗して、言わば、傷を深めてしまったことがある。この失敗を反省して思い当たったのは、相手というか、新しい場というか、つまり、おのれがこれから対処すべき環境に、まことの関心や興味を抱こうとはせず、もっぱら自分のことしか脳裏になく、対象を「好き」になろうとはしなかったために自分自身を不幸にしてしまったのだということである。「好き」であれば、同情心が少しでもあれば、間違いなく見えたはずなのに、「好き」になろうとも思わなかったために、すべてを見損なってしまうということがあるのである。

4　新任者研修の閉講式挨拶から

附設では、新任教員に対して、建学趣旨の解説や、学校の沿革を含め、附設の教員としての最低限の知識を研修の形で伝達している。本稿で繰り返し述べていることと重複する面もあるが、平成26年度の「閉講式あいさつ」を再録する。

本日は今年度の新任研修の閉講式でありますが、皆様がこの研修の目的を改めて確認する機会でもあります。時間数や関係者の多忙度の関係もあって、本来、手取り足取りして行うべき技術的な部分が十分にできず、抽象的な話題に集中したかと思います。閉講式を迎えたということは、附設の教員としてようやくスタートできましたが、不足分は、今後、自ら先輩、同僚、その他周辺に相談しつつ、自らの努力で埋めて行くことになるという意味なので、まだまだゴールは遠いということではあります。

附設の教員としての課題は、建学の趣旨にある先人たちの初心をいかに具体化していくか、ということでもありますが、高校創設後60有余年、中学校設置からも間もなく半世紀であり、往時の人たちの想いを、そのまま、現在に実現できるわけはありませんので、皆さんとしては、むしろ、かれらの感性、かれらの信念、かれらの洞察を今日に活かそうとしたらどうなるのかということを、常々念頭に置き、あるいは、反芻していくことが大切であるということになります。

その上、時代時代に風潮というものがありますし、生徒たちが世に出て活躍する時期は今ではないので、余りにも現在の事情に密着しすぎていてはいけないわけです。時代を超えて通用する附設的なもの、これは地縛霊のように附設に染みついている何かと言うのではなく、ものごとに真剣に取り組む姿勢、つまり、よく校訓として挙げられる、誠意、立志、克己、が典型ですが、これらは生徒が目指すべきものと言うのではなく、まず、各教員が自らのものとして身に着けて、俗に言うように、背中を生徒たちに見せるうちに自然に生徒たちにも伝わって行くという、そういう形が理想的なのだろうと思います。

実は、さらに、私学教員としては経営ということ、つまり、学校の今の実績によって世間にアッピールするということを疎かにしてはいけない、要するに、保護者や生徒が今この時点で抱いている志望というものと真剣に付き合わなければならないのですが、このためにも、教科教育力に優れているだけでなく、人間力というか、総合力の点で、保護者の信頼を得ることが大切だと思います。教員は、生徒たちから見て、保護者と共に、日常的に詳しく接することのできる数少ない大人の一人であるということを、しっかりと認識していただきたいと思います。

生徒たちと過ごした結果として、先生のようになりたい、あるいは、先生が志したのと同じ道に進みたい、と生徒たちに少しでも感じさせることができたら、これはとても責任の重いことではありますが、素晴らしいではありませんか。

第２章　附設と現代史

久留米大学附設中学校・高等学校は、福岡県久留米市野中町にある、一口に言ってしまえば、田舎の学校である。そんな学校の成り立ちを、何と、世界史の文脈と関連付けて（実際は、並行的に）述べようという、無謀な試みを以下で行う。思っていたよりも遥かに困難な作業になったが、全く無駄であったとは考えない。お気づきの点は、是非とも、直すなり補うなりをして下さることをお願いします。

1　沿革の概略

まず、久留米大学附設中学校・高等学校の歴史と成長の軌跡の概略を四期に分けて述べる。建学事情や創設者についての詳細は別項を立てて詳しく述べたい。

第一期（１９５０年〜１９６８年）

久留米大学附設高等学校は、昭和25（１９５０）年、財団法人（当時）・久留米大学により、男子単学校として、新制久留米大学と同時に福岡県久留米市御井町に設置された。その後、昭和43（１９６８）年に現校地の久留米市野中町に校舎を新築して移転した。

第二期（１９６９年〜２００４年）

昭和44（１９６９）年に男子単学の久留米大学附設中学校が開かれた。学級数、生徒数については、若干の増減はあったが、高校では各学年4学級（定員２００名）で安定し、中学校は発足時の1学級（定員50名）から成長して、昭和58（１９８３）年入学生から各学年3学級（定員１５０名）となり長く安定した。中学生は原則として中学卒業後そのまま高校に進学し、高校では、昭和61（１９８６）年以降は、新たに1学級（定員50名）のみを受け入れてきた。

第三期（２００５年〜２０１２年）

高校で新たに受け入れている1学級分（50名）を平成17（２００５）年度から共学化した。以来、毎年20名から30名程度の女子生徒が高校に入学してきた。

第四期（２０１３年〜　）

校舎の新改築を経て、平成25（２０１３）年度から一学級40人化に伴う学級増を中学・高校共に行った。中学校の入学定員を１６０人とし、共学化を開始した。中学校の女子生徒は、一学年１６０名中の四分の一から三分の一を推移しており、最初の中学校共学化の入学生は平成28年度には高校一年生になった。高校での新たな受入れ数は40名に減ったが、その半数近くが女子生徒であるという事情は変わらず、高校における女子生徒の存在感は非常に高まった。

２　背景としての世界と日本（〜１９８９）

前節の附設の大ざっぱな成長史を改めて見直してみると、その時々の日本の社会の課題との取組みの軌跡であることがわかる。念のために、附設が生きてきた日本社会の変貌を追ってみよう。当然、いくつかの期に分けるべきであるが、附設と完全に同期しているわけではないから、前節の期分けはそのままでは使えない。大雑把であるが、便宜上、一期二十年を其本として考えよう。すなわち、

Ⅰ：〜１９４９年　Ⅱ：１９５０年〜１９６９年　Ⅲ：１９７０年〜１９８９年

Ⅳ：１９９０年〜２００９年　Ⅴ：２０１０年〜

の5期であるが、境目は厳格ではない。[1] 長さの関係で、2節に分けて紹介する。附設の期との対応は、次節で改めて論ずるが、Ⅱ期が第一期と、Ⅲ期、Ⅳ期が、一括して、第三期とほぼ対応し、Ⅴ期が第四期に相当する感じになるはずである。

Ⅰ期（～1949年）

敗戦後、日本は主権を制限され、米軍の占領統治下にあった。[2] 米軍の介在によって内政も国際関係の強い影響を受けた。日本の第一の課題は、戦争による生命財産の甚大な損失から回復することであった。[3]

1　以下は、飽くまでも私見の羅列である。わたくし自身深く関わったはずのことでさえ、記憶上の前後関係や事実関係があいまいになっているものも多く、記録類で確認には努めた。社会的な条件や風潮、流行の変化でも、わたくし自身の感覚的な記憶と今日では一般的とされている解釈や理解とが一致しないものはある。これらを含めて誠実な記述を心掛けたつもりではある（なお、記憶については、［越智］参照）。ちなみに、実際の政策提案や決定に近かった立場に基づく分析は［野口］にある。野口氏は敗戦後の占領政策には占領軍側の無知に付け込んだ日本側「革新官僚」の懸案処理であったものが多かったことを指摘している。

2　この時期の日本人の気分については、当時幼かったわたくしには全く見当が付かない。当時の記録や各種資料に当たるしかないが、資料の質の評価や解釈も決して容易ではない。占領政策として、公職追放のような明示的なものだけでなく、巧妙な（跡を残させない）検閲による言論統制も行われていた。［塙］に用紙配給と記事の検閲が絡められていたことの記述があり、また、［楠山］に米軍による検閲への対応で苦慮したことが記されている（昭和21年2月11日以降の項）。なお、東京美術学校長であった祖父の日記（［上野］）には東京美術学校再開及び新入生向けの訓示の再録がある（昭和20年10月1日付記事）。

3　往時の戦争を巡っては、［山本2］に興味深い論述がある。［加藤1］［加藤2］も重要である。また、［橋爪］はぜひ参考にされたい。

教育を巡る環境では、昭和22年の教育基本法（昭和22年法律第25号）、学校教育法などの施行に基づく新学制導入、すなわち、六三三四制の施行が重要である。[4]

また、日本の敗戦後の国際関係は1948年のチェコスロヴァキアの政変で顕在化した東西の「冷戦」で整理される。一方に、アメリカ合衆国の強い影響下の国々（西側）があり、他方に、ソヴェート連邦の強い影響下の国々（東側）があって、イデオロギー的にも軍事的にも対立していたのである。局地的な紛争は、しかし、枚挙に暇がなく、また、「冷戦」という理解では説明できないものも多かった。重要なことは、「冷戦」によって米軍の占領政策に変化が生じたことだろう。

Ⅱ期（1950年～1969年）

世界情勢を覗いてみよう。事項を挙げるだけになるが、1949年10月の中国共産党による中華人民共和国の設立、1950年6月の朝鮮戦争の勃発（1953年7月休戦条約締結）は、日本に大きな影響を及ぼした。[5] 東西の冷戦の激化は、一方に、北大西洋条約機構（NATO、1949～）、他方に、ワルシャワ条約機構（1955～1991）という軍事同盟を生じさせ、その一方で、仏独の和解を進め、後のEUの端緒となる「欧州石炭鉄鋼共同体」（ECSC、1953）、「欧州原子力共同体」（Euratom、1957）、「欧州経済共同体」（EEC、1965）が成立した。さらに、先の三共同体を統合して「欧州共同体」（EC、1967）に移行した。[6]

一方、1960年代から1970年代にかけての「ベトナム戦争」（1973年のパリ協定で和平成立。アメリカ軍の撤退により終結[7]）、また、1960年代の後半から70年代初頭にかけての中国「文化大革命」も特記に値しよう。[8]

日本については、主なところで、「サンフランシスコ講和条約」による主権回復（吉田茂、昭和27（1952）年）、「日米安全保障条約の改訂」（岸信介、昭和35（1960）年）の後、どちらかと言えば、経済の季節に入った。池田勇人首相の「所得倍増計画」のもと、「新幹線開通」、「東京オリンピック」（昭和39（1964）年）を象徴として、「高度成長政策」が推進された。引き続いて、佐藤栄作首相のもとでの「大阪万国博覧会」（昭和45（1970）年）、「札幌（冬季）オリンピック」（昭和47（1972）年2月）が開催され、「沖縄返還」（昭和47（1972）年5月）で、戦後の課題は一段落を見たと言えるだろう。

4　特に、初中等教育の再編と後期中等教育の強化（新制高等学校）が特徴であった。義務教育は8年から9年となった。高等教育についても、従前の三年制の高等（専門）学校までで考えれば標準的な総履修年数は14年から16年に増え、他方、旧制の大学を念頭に置けば、標準的な総履修年数は17年から16年に減った（[文1]、[文2]参照。いずれも文部科学省のホームページに掲載されている）。敗戦後の学制改革を単純にアメリカ型のシステムの導入と捉えるのは正しくないのではないか。実際、アメリカにも（ほぼ旧制高校に相当するかと思われる）リベラル・アーツ・カレッジやサイエンス・カレッジが多数あり、今でも健在である。

5　実際、朝鮮戦争の「特需」が日本（や西ドイツ）の復興を早めたともいわれる。

6　加盟国は、ベルギー、ドイツ、フランス、イタリア、ルクセンブルグ、オランダの六ヶ国である。なお、他に、イギリスやスカンディナヴィア諸国を中心とする「欧州自由貿易連合」（EFTA、1960～）があった。欧州には、米国に対抗する欧州の創設を唱えたエッセイ（[セルヴァンシュレベール]）は、世界的ベストセラーになり、在仏中だったわたくしも目を通した。感想を含む雑文は今や恥ずかしくて見たくもない代物である（[吉川1]）。この頃のわたくしの想い出なるものは［吉川2］にある。

7　ベトナムの統一そのものは、1975年4月のサイゴン陥落で成し遂げられた。

8　当時は、アメリカを始め、日本を含めたいわゆる西側諸国で、「ベトナム戦争」反対の運動が展開され、「文化大革命」の余波も及んでいた。なお、「ベトナム戦争」はアメリカ的価値観の正当性に深刻な疑念を突き付けた。水爆の開発に携わったアメリカの核科学者の述懐もある（[フォード]）。

その一方で、昭和40年代に入って間もなくの「東大紛争」に端を発した「学園闘争」が、アメリカなどにおける「ベトナム戦争反対運動」や中国における「文化大革命」、さらに、欧州諸国の社会的騒乱[10]などとも関連性があたかもあるかのような感じで猖獗した。[9]

ところで、Ⅱ期の大事件に、１９５７年のソヴェート連邦の人工衛星「スプートニク」打上げ成功があった。アメリカの受けた衝撃は大きく、宇宙航空技術の開発に象徴される科学技術振興が進められ、その余波は日本にも及んだ。高度成長政策の推進は科学技術立国の掛け声と同期するところがあった。[11]

昭和30年代（１９５５〜１９６４）というのは、敗戦後十年余り経って、ほぼ昭和戦前期の生活水準を超え始めたころである。[12]また、この時期はエネルギー革命が進行し、石炭から石油に移行する時期でもあった。多くの炭鉱が本格的に閉山されるのはずっと遅れるが、この頃から鉱山会社の経営条件は悪化し、労働争議も頻発するようになった。三井三池炭鉱の大争議（１９５９〜１９６０）も一例である。さらに、国民健康保険法（昭和33（１９５８）年）が制定され、昭和39（１９５９）年以降、若干の経緯ののち、国民皆保険となり、医療費の（一部）公的負担が制度化された。

Ⅲ期（１９７０年〜１９８９年）

昭和40年代も後半（１９７０年代）に入ると、１９７１年７月のニクソン合衆国大統領の電撃的な中国訪問の発表（第一次）、８月の米ドル紙幣の金兌換からの離脱（ブレトンウッズ体制[13]の終焉）の宣言（第二次）という、二つの「ニクソン・ショック」によって、国際秩序が揺さぶられた。そして、ニクソン大統領の北京訪問（１９７２年１月）で米中国交が成り立ち、国際舞台での中国の代表者が台湾の中華民国政権から大陸の中華人民共和国に代わった。日本にも大きな影響があり、田中角栄首相が急遽北京を訪問し、

「日中共同声明」による「日中国交正常化」（昭和47（1972）年9月）が成立した。[14] 通貨の面では、日本円は固定相場制から変動相場制に移行した。日本の貿易構造が激変したわけである（「円高不況」）。

さらに、数年後には第4次中東戦争に伴うアラブ産油国の石油戦略の影響を受けた「第一次石油危機（オイル・ショック）」に見舞われ、種々の不況対策が打ち出されたが、これが契機になって、経済成長率も下がり、1970年代前半には、日本経済はいわゆる「安定成長」の過程に入ったとされる。実際、日本の社会や経済はやがて成熟し、往時のような一本調子の成長は続けられなくなった。日本の社会は、この頃から価値観の転換を模索すべきであったのだろうが、当時は「安定成長」を経済事象とのみ捉えていて、

9　医学部の紛争がもとであったが、戦前以来の大学のシステムが遂に制度疲労を起こした結果であったとも言える。この関係で、昭和44（1969）年実施予定の東大入試は中止された。結局、「学園闘争」そのものはあらぬ方に行ってしまった。

10　1968年5月のフランス・パリの「五月の事件」については、［西川］が詳細な記録である。わたくしは西川氏とは必ずしも同意見ではない。ほぼ同時並行的であった「プラハの春」の帰趨がワルシャワ条約機構の軍事演習により危惧されていた時期でもあった。「五月の事件」終息後の短い期間、再開された大学食堂での学生たちの姿を西川氏もご覧になっていたのではないか。かれらはラジオを持ち込んで事態の進行に聞き入っていたのである。8月下旬ワルシャワ条約機構の戦車隊はプラハに無血進駐し、「プラハの春」は終わった。

11　昭和30年代半ばの秀才青年像は、［今野］で一端が覗ける。今野氏の一連の「工学部ヒラノ教授」シリーズは日本の理工系一流大学のある時代相を表している。

12　景気変動はあったが、「神武景気」（昭和29（1954）年12月～昭和32（1957）年6月）、「岩戸景気」（昭和33（1958）年7月～昭和36（1961）年12月）、「いざなぎ景気」（昭和40（1965）年11月～昭和45（1970）年7月）という好況ごとに経済規模の拡大が続いた。

13　国際貿易の安定を図った第二次世界大戦終結後の国際金融体制を指す。金1オンス＝35米ドル。各国通貨は米ドルに対しての固定交換比率の固定相場制で定めた。

14　［野林納屋］に緒方貞子氏の興味深い注意がある。

その社会的な拡がりを想像することがなかったようである。

一方、脱石油のエネルギー政策として、省エネルギー化及び原子力発電所の建設が推進されるようになった。昭和50年代の半ばには、イランのイスラム革命に伴う「第二次石油危機」が起きたが、日本への影響は「第一次石油危機」のように深刻なものではなかった。

田中角栄首相は、日中国交正常化に加えて、「日本列島改造論」を唱え、高速道路網、新幹線網などの国土全体に及ぶ大規模なインフラ整備のための公共事業を主張した。田中内閣の時代には、不動産価格の騰貴などによる「狂乱物価」や、度重なる「石油危機」など、種々の事情で、実際の事業は余り推進できなかったが、この発想は、政治的には魅力的なものであったらしく、以後の有力政治家も追随しており、例えば、新幹線建設は、今に至るまで続けられている。[15]

さて、1980年代であるが、国際的には、ロナルド・レーガン（合衆国・大統領 1981〜1989）、マーガレット・サッチャー（連合王国・首相 1979〜1990）、ヘルムート・コール（（西）ドイツ・首相 1982〜1996）、フランソワ・ミッテラン（フランス大統領 1981〜1995）、さらに、ミハイル・ゴルバチョフ（ソヴェート連邦・［最高指導者］ 1985〜1991）、鄧小平（（中国・［最高実力者］ 1981〜1990）、中曽根康弘（日本・首相 1982〜1987）らの時代であった。

米英では、レーガノミクス、サッチャリズムと俗称される経済社会改革が進み、日本でも、第二次臨時行政調査会（土光臨調）の答申を受ける形で、日本電電公社、日本専売公社（以上1985年）、日本国有鉄道（1987年）の民営化が行われた。

さらに、教育面では、内閣府に設けられた臨時教育審議会の提言（第1次答申（1985）〜第4次答申（1987））による「改革」が、教育課程審議会、大学審議会、中央教育審議会等の審議を通じて、教育行政、科学技術行政にも及んだ。[16]特に、「新しい学力観」の提起、「ゆとり教育」の導入など初中等教育に強い影響があり、また、「生涯学習」の振興が強調されるに至った。高等教育に関しては「大学設置基準の大綱化」などが導入され、他方、主要大学の「大学院重点化（部局化）」も進められた。[17]

国際的には（あるいは、世界史的には）、レーガンの軍事・外交政策により、長年のアフガニスタン介入で苦しむソヴェート連邦は、さらに脆弱化し、ゴルバチョフは、ペレストレイカ（改革）、グラスノスチ（情報公開）政策によってソヴェート連邦の近代化を図った。しかし、事態の進行は急激で、東欧圏の民主化、ベルリンの壁の崩壊（1989年11月）、冷戦の終結（1989年12月）、ドイツ統一（1990年10月）、そして、結局、ソヴェート連邦の崩壊（1991年12月）に至った。国際政治上の戦後体制としては米国型への収束が決定的になったのが、このⅢ期を通じて起きたことであった。その一方で、天安門事件（1989年6月）が起き、「人民解放軍」の銃口を人民に向けることまでして、民主化の余波が中華人民共和国に及ぶのを断固拒否するという鄧小平の姿勢も明らかになった。

しかし、この時期は、今から思うと、日本に勢いがあったときであり、いわば、バブルの前夜でもあった。すでに少子化の傾向は見えてはいたのだが、そのことを危惧した人間は、皆無ではなかったものの、

15　田中氏の「日本列島改造論」は、「高度成長」期からのパラダイム・シフトを示唆するものではなかった。「改造計画」に従って実現された事例を冷静に評価して、所期の効果を（中）長期的に挙げてきたと判断できるものは一体どのくらいあるのだろうか。

16　この頃は、アメリカでも教育改革の議論があり、在米中だったわたくしには、レーガン大統領の諮問委員会による報告書（[NCEE]）は興味深かった。

17　1980年代は、いわゆる団塊の世代の二世、団塊ジュニア、による大学進学者増が見込まれ、大学に「臨時増定員」が配された。国立大学の改組により「臨時増定員」の恒常化が進んだ。

決して多いとは言えなかった。こういう時節に、将来を洞察し、必要ではあるが、地味な対策を実行に移そうという考えは人々の関心を喚起しなかったということであろう。

当時、地方の拠点都市は堅実な生産活動の中心でもあり、国の産業政策は国際的にも評価されていたようでもあった。経済的な裏付けに加えて、経済分野に留まらない諸方面の関係者の努力もあって、世界的に日本や日本人の信用が極めて高かった時期であった。国内的にも、「一億総中流」などとして、国民の満足度も概して高かった。

この時代の日本を改めて見てみると、世界の紛争地域から離れていたことと石油危機などの経済危機からの立ち直りが早かったこともあり、相対的には、間違いなく繁栄していたと思われる。国際経済の不思議というべきなのだろうか、日本が高度成長期の果実というべきものを謳歌していた頃[18]、米国経済は産業構造の転換の遅れで苦しんでいたのである。

しかし、今や、日本の基盤は蕩尽されてしまった。まず、昭和期最後の光芒として、バブル期と今日呼ばれている好況が到来し、国中が浮かれてしまった。地方の観点から一番悔やまれるのは、この時期に、地方の生産拠点が放棄され、首都圏やその周辺への生産拠点の移動が起きたことである。個々の企業の判断であったと言っても、結果から見て、この時期から多くの地方の疲弊が目立ち始めたことは明白であろう。恐らく国の産業経済政策の劣化が先行していたからなのであろう。そして、平成に入って間もなくのバブル崩壊であり、人口減の進行と相まって、地方が受けた打撃は大きかった。

要するに、１９８０年代の日本では、経済規模が際限なく拡大するかのような幻想が振りまかれ、東京首都圏が世界の中心にでもなろうかという雰囲気が醸しだされて、首都圏の吸引力は強まった。大手の企業も地方の生産拠点を閉鎖し[19]、首都圏近郊に移す動きが盛んになり、不動産開発や金融活動が活発化した。

特に、昭和も最後のころ、１９８０年代も後半に入ったころには、資産価値が暴騰し、いわゆる「バブル」が起きたのであった。

その一方で、人口構造の変化、特に、１９９０年代の半ばには、生産人口が（高齢者や未成年者、非就業者などの）従属人口を下回ること（いわゆる「人口オーナス」）が予測されていたけれども、当時、技術開発が進行中の生産方式（工場のロボット化など）の延長上に、解決策が見えるというような楽観的な空気がみなぎっていたように思う。[20] この時期に、人口オーナス期の到来を前提にした中長期の社会的な投資を十分にしておくことができていれば、今日の状況は随分と違ったであろうとしか、今は言いようがない。

確かに、ソヴェート連邦のアフガニスタン介入（１９７８～１９８９）、チェルノブイリ原子力発電所の

18　標語としては、重厚長大から軽薄短小への転換、つまり、米国経済を牽引していた重化学工業からソニーなどに代表されるコモディティー型軽電産業への転換を指した。日本は、この転換が既存技術の成熟化の延長上のものに過ぎないことに気づくことができず、産業におけるパラダイム・シフトの可能性に関心が向かなかった。実際、この後、クリントン政権下の米国では、シリコン・ヴァレーに象徴されるＩＴ（情報技術）関連にイノヴェーションが集中し、世界を完全に変えてしまった。

19　いわゆる企業城下町といわれる中堅都市も例外ではなく、この現象は地方社会の衰退を招いた一因として数え上げておくべきではないだろうか。

20　わたくしは、１９８５年に九州大学工学部の小さな教室に教授として赴任した。その折、まさに「人口オーナス」を話題にしたとき、ロボットがあるから心配ないとの先輩教授の意見に、でもロボットは消費をしませんよとコメントして、君は変なことを言うとたしなめられた記憶がある。ここで、補足しておけば、技術革新には汎用性・普遍性のある波及効果が大きく、「日本（だけ）の条件」の改善というような個別性の強い目的に対しては本質的に短期的・一時的にしか有効性が期待できないものなのである。今日でも、いわゆるＡＩの導入によって、労働人口の減少に対応しようという発想が見られる。しかし、人間とは、そして、社会とは、どういうものであるか、という基本を失念した論議を繰り返すことになるのでなければ幸いである。

暴走（1986）、昭和天皇の崩御（1989）、天安門事件（1989）、イラン・イラク戦争（1980〜1988）、湾岸戦争[21]（1990〜1991）など、思いついたものを順不同に取り上げてみても、変化が激しく、非常に難しい時期でもあったことに思い当たる。なお、湾岸戦争時のアメリカ大統領ジョージ・ブッシュは、1992年1月の来日時の宮中晩餐会で体調を崩して話題を呼んだ。[22]

このような複雑な時期に振る舞うべき方向性を洞察できなかったこと、特に、国内的には「高度成長」期から「安定成長」期に移行したということの社会的な意味を深く理解できなかったことは、今から思うと、日本の悲劇であったのではないだろうか。長い間、自らの世界観というものについて、合理的に――独善的・イデオロギー的ではなく――論ずることを避けて、あるいは、怠ってきたからであろう。[23]

3　第一期、第二期の附設を改めて概観すると

上掲のI期は、附設創設の前史に相当する時期であるが、敗戦後の諸法令、特に、日本国憲法、教育基本法、学校教育法などが施行されてから、しばらく経っており、まだ、占領下ではあっても一応の方向性が見えてきた頃である。

1950年、久留米大学附設高等学校は、敗戦後の新学校制度により、学校法人久留米大学を設置者として、新制の久留米大学医学部、同商学部と共に出発した。これは当時の学校周辺の人たちに、旧制の久留米医科大学の衣替えに留まらない理想があったことを示すものであった。

板垣政参（いたがきまさみつ）先生が設置当時の校長である。板垣政参校長については、次章で詳しく述べるが、ここでは近代日本の変転を一身にまとったような方であったと言っておこう。また、板垣校長は、「和而不同[24]」を強

調されていたという。

附設の創設の目的は、国家・社会に貢献しうる誠実にして気概ある人物の育成であった。また、発足時の附設の故地は、現在の久留米大学御井学舎の敷地内である。当時の校舎は旧帝国陸軍久留米連隊の工兵隊兵舎を転用したものであったという。なお、筑後地区は全体として人口も多く豊かであり、その中心都市の久留米市は終戦直前に空襲に遭っているが、地域全体の体力は十分残っていたことは付言しておきたい。

21　このとき、日本は相当額の「戦費」を負担したのだが、米国などからは評価も感謝もされず、日本政府にはトラウマが残った（[海部］に言及がある）。なお、この戦争はイラク・フセイン政権がクウェートに侵攻したことを契機として米軍などが介入して発生した。欧米メディアによる詳細な戦闘の様子の報道は戦争の帰趨に影響した。実際、侵攻に失敗して撤退中のイラク軍の戦車などの車列は米軍機のピンポイント攻撃の結果ほぼ完全破壊されたが、その際報道された焼けただれたイラク兵士たちの遺体の余りの惨状に、欧米の世論は大きな衝撃を受け、これが原因で米軍の戦闘継続は不可能になったと記憶している（当時、わたくしはボルドーにいた）。［チョムスキー］も参照。

22　この時のアメリカ側の対応が、［よしかわ］に記されている。

23　世界観のナイーヴさ（洗練性の欠如）は、日本の教育にとっても深刻な課題である。第6章で改めて論ずる。

24　「論語」子路第十三第二十三章「子曰、君子和而不同、小人同而不和」。邦訳：先生がいわれた。「君子は人と調和するが雷同はしない。小人は雷同するが調和はしない。」（［金谷］）。「心の高い人は、ひとによろこびをわかつことは好むけれど、自己を売らない。」（「和而不同」の五十沢二郎氏訳。［宮崎］p.251）。また、［小倉2］p.136-137参照。［子安］p.210-211に荻生徂徠の読みが引かれている。

教育基本法（昭和22年法律25号）によって敗戦後の教育体制が定められたとき、特に、旧制度との関係で種々の混乱があったことも創設時の附設に幸いした面はあった。新制度移行から数年を経ていたとは言え、なお、創立時の附設高校関係者、特に、幹部教員として招かれた人たちの信用は十分であったようで、後年の社会的な活躍で証明されたような優秀な素質の生徒たちを各地から集めて発足できたのであった。[25] 地元の医師の子弟も少なくなく、久留米大学医学部への進学者も多かった。

すなわち、九州医科専門学校・久留米医科大学を経ての（新制）久留米大学の信用、男子単学校であったこと、筑後地区の旧制中学校以来の伝統校に課せられた学区制の縛り、旧制中学校の名物教師を揃えられたこと、さらに、創設時の学校関係者の優秀な生徒募集に掛けた熱意などのすべてが融合して、附設発足当初の好成績を生んだのである。[26]

１９６０年代、上掲のⅡ期の後半であるが、昭和20年代前半の出生増の影響もあり、経済面の改善と共に、高等学校進学率の向上、さらに、大学入学者の増大が続いた。いわゆる団塊の世代である。特段のことをしなくても経済成長が進んだ時代であったのかもしれない。附設が御井町の校地から現在の野中町の校地に移転し、さらに、中学校を設けようと動いたのは、まさにこういう時期であった。

経済の「高度成長」は、社会的な価値観を、線形原理というか、序列重視で、しかも、「右肩上がり」と言われた、楽観的で単調なものに収束させた。国全体が、向かうべき方向が見えたかのように振る舞い、中央（東京）へと視線を向け、子どもたちは、将来のために、高校へ、大学へと進学を図るような時代が到来したのである。地方の高校から見ても、東京大学に生徒を送り出すということが、そのことだけで意味を持つような時代になった。このような時期に、附設は第二期を迎えることになったのである。

さて、今日の久留米市野中町の校地は、１９６５年、当時の学校法人久留米大学理事長石橋正二郎（いしばししょうじろう）氏[27]からの社有地寄贈をもとにし、その後、若干の周辺の土地購入によって、校地にふさわしく形状と広さが整えられたものである。

この地に新設された校舎に移転したのは1968年夏であり、翌1969年4月に久留米大学附設中学校が発足した。当時の校長、原巳冬(はらみとう)先生は附設の校長としては四代目にあたる。この方についても改めて述べるが、附設の建学の趣旨を設立当初のものの表現を若干変えて

国家・社会に貢献しようとする、為他の気概をもった、誠実・努力の人物の育成

とされたことは、ここで特記したい。明示的に「為他」が加えられていることが大事なのであるが、「努力」も追加されている。[28]

わたくし自身、この原先生が整備された文言を、現在の附設が唱えるべき建学趣旨として、入学式、卒業式の式辞を始め、「学校案内」パンフレットにおける紹介文や学校説明会でのあいさつで取り上げてき

---

25 ［附設50A］p.142 所収の「久留米大学広報」からの転載記事に創設の頃の事情の要約が見られる。新制「高等学校」と旧制「高等学校」との名称の類似から（後期）中等教育界に意識上の混乱もあったことが推測される。当時の卒業生は、さらに、久留米大学商学部あるいは医学部・予科の教員たちの出講授業も印象に残ったと言う。なお、注4参照。

26 学術面に関して2名の文化勲章受章者が出ている。國武豊喜（2014、合成化学）、中野三敏（2016、国文学）。お二人とも1954年卒（2回生）である。

27 石橋氏は久留米市出身。ブリジストン株式会社の創業者。当時、氏は同社の代表取締役会長であった。

28 ［附設25］p.2 の原巳冬校長巻頭言にある（［木下］に再録されている）。

た。

一方で、原先生は「誠意」を強調され、「誠意、立志、克己」と記した色紙を遺されている。

校舎移転と中学創設という、原先生の新しい附設の中高一貫教育を受けた最初の学年は１９７４年に高校を卒業した。このときに、高校からの入学者を含めて大量の東京大学進学者が出、以来、首都圏のメディアからも附設が注目されるようになった。原先生の敷かれた路線のもとで、附設は、特に、昭和50（１９７５）年代に入って東京大学への入学者を急増させ、それまでの地方の中堅進学校から、いわば全国区の進学校に脱皮したと言える。

東京大学への進学者数が多くなり、従来からの医学部進学者の多さと併せて、附設からならば医学部か東大に行けると言われるようになった。[29] 実際、県立の伝統校は九州大学を生徒の進学指導の主要な標的としていることもあり、附設にとって、このような進学実績の推進は、県立の伝統校との差別化を図る上で効果的な戦略と考えられたに違いない。

このころ、つまり、１９７０年代から８０年代に掛けての附設は、年次進行で中学校の入学定員と学級数を増やしており、中学は、昭和58（１９８３）年入学生から3学級１５０名となり、昭和61年（１９８６）からは、高校において、中学校からの進学者の3学級１５０名に新規入学者の1学級50名が加わることになった。以後、つい最近の平成24（２０１２）年まで、この体制であった。

一方、地域ごとの入学者を見ると、福岡市内からの入学者が増え、１９８０年代に入って久留米市内からの入学者を上回るようになり、平成に入るころには筑後地区全体からの入学者数を上回るようになって今日に至っている。

いくつか理由は考えられる。政令指定都市（１９７２年）、山陽新幹線の博多駅開業（１９７５年）などで福岡市の吸引力が増し、久留米市や筑後地区に本拠を置いていた商店や企業が福岡市に重点を移しつつあったことが大きかったのではないだろうか。また、東京都立高校の学校群制度導入（１９６７年）に伴って首都圏の私立中高一貫校の入試が激化し、対応して私立中学校受験対策の塾の成長が起き、その余波が北部九州にまで及んできたということもあるだろう。[30] このとき、福岡市内には中学受験を考えるような階層の保護者から見て魅力的に映る学校がなかったと思われていたこともあるかもしれない。特に、的確とも見える進学指導体制を持っている学校が人気を集めたのである。[31]

今、振り返ってみると、昭和50年代は、附設だけのことではないが、中等教育の現場や中等教育と高等教育の接続の場において「偏差値信仰」といわれるような、単調な価値基準——本質的に東京およびその周辺固有（「首都圏」という地方）の地方性に即したものであったのだが——が支配的になり始めた時期でもあったと思う。その上、共通一次試験の導入（１９７９）以来、全国の国立大学の序列化が進み、さらに、一般の生活水準の向上や交通網の整備によって、旧帝大を含む地方の国立大学から優秀な学生の本州中央部の大学への流出が始まった。地方の進学校が、この傾向を加速させた面もあるだろう。附設も例外ではなかった。

当時は他のことは想定しがたく、善し悪しを問題にしているのではなく、そういうものであったと言っているのである。時流に逆らった結果として素質ある優秀な生徒が集まらなくなってしまったとしたら、

29　この戦略は、「高度成長期」の価値観に即していた。したがって、その功罪については、今、振り返ってみて、冷静に評価する必要がある。
30　〔森A〕は千葉県内の塾の話だが、往時の雰囲気の一端は伺えよう。
31　中学生の場合なら寮のある遠隔地の私立学校、例えば、鹿児島のラサール学園や附設がそうである。

学校というものは立ち行かなくなってしまうことになったのではないか。そうなってしまっていたら、理想の教育どころではないであろう。

附設は、このような進路指導政策をとることができたので、地域の優秀な子弟を惹きつけることができ、良循環が生じて、短期的には間違いなく、成功をしたと言えるであろう。しかし、学校には、短期的、中期的、および長期的な存立の条件があり、短期的な成功が直ちに中期的あるいは長期的な存立を保障するかどうかは別のことであって、これについては後に論じたい。

附設の第二期としては、学校の構造が基本的に変わっていない2004年までを想定した。しかし、昭和60年代から平成初期にかけて（1985〜1994）、背景の日本社会の条件は激変した。第二期の後半は、節を改めて論ずることにしたい。

4　背景としての世界と日本（1990〜）

さて、附設が時代と共にあることを、概ね昭和末期までの時間枠で、概観してみた。以降の30年近くを見るために、まず、この間の世界や日本の変転の様子を見よう。先に、Ⅳ期、Ⅴ期とおいた期間である。

Ⅳ期（1990年〜2009年）

日本では、一通の大蔵省銀行局長通達（1990）が急激な景気収縮、つまり、「バブル崩壊」を引き起こしたとされる。[32] 実際、不動産関係の融資の不良債権化によって破綻した金融機関が続出し、公的資金の注入を伴う金融機関の救済と巨大銀行への再編統合が進行した。

バブル崩壊で苦境に追い込まれたのは金融機関だけではなく、日本の代表的な企業でも不動産投資や金融取引の失敗によって倒産したり、（外国資本を含む）他社に吸収されたりしたところが続出した。

さて、バブルやバブル崩壊の影響は短期的なものだけではなく、実は、今になって明らかになってきたことは、この時に起きた首都圏集中自体が、そもそも、地方の中堅層の厚みの長期的な喪失を意味していたのではないかということではあるまいか。

昭和末期から平成初期にかけて地方社会の中堅層が首都圏に移動したということは、当然、その二世に相当する世代が地方では薄くなり、本来なら、かれらが進学したであろう県立高校や地方国立大学を痩せさせてしまってはいないか。その影響が、今や、地方の中堅教育機関の卒業生の重要な進路である地方の行政や教育界に及んでいないと誰が言えよう。その上に、趨勢としての少子化が重なるとすれば、地方の人的資源の疲弊による悪循環が、福岡などのごく一部の大都市を除いて、想像以上に、進行してはいないだろうか。[33]

それにしても、均衡よく地方に配置されていた日本の生産拠点が、なぜ、首都圏やその周辺へ集中的に移動したのであろうか。1980年代の後半、わたくしは九州大学工学部の小さな教室の主任をしていて、いくつかの企業の人事担当者と話したことがあるが、かれらの言う東京集中の理由は納得のいくものではなかった。しかし、東日本大震災の結果、東京電力の福島第一原子力発電所が津波被害によって破綻し、また、地震に対応して他の原子力プラント、すなわち、福島第二原子力発電所や柏崎原子力発電所などが

32　ただし、「バブル」の正確な理解や時期については、例えば、［竹中］参照。同書冒頭で「1990年頃にバブルが崩壊したとすれば」と、竹中氏は言っている（p.2）。なお、［野口］も参照。
33　私的な印象であって、結論としては正否の検証は読者にお願いせざるを得ない。

停止してしまうと、それまでの東京電力のエネルギー供給力の巨大さが否応なしに見えたので、生産拠点の関東圏集中の本当の理由は、実は、この辺にあったのだろうと、今、わたくしは考えている。[34]

エネルギー供給能力において東京電力が破綻したにもかかわらず、地方への産業の再配置は進行しておらず、地方が疲弊から回復する目途が全く立っていない。実際、現在では、附設が立地している福岡県筑後地方をはじめ、隣接する佐賀、熊本、大分各県を始め、九州全体の人口は、一部分は福岡都市圏に移転しているとは言え、加速度的に減少している。[35]このような情勢は全く予測が付かなかったわけではなかったろうが、今の時点からでも適切な対策の選択や実行ができるかどうかは、また、別のことである。

前後するが、1980年代の後半、消費税の導入（竹下登首相、1989年施行）の一方、リクルート事件（1988～1989年）などの政財界を巻き込んだスキャンダルもあって、日本国内の政治情勢は政党の集合離散など混迷が進んだ。細川護熙（在任1993～1994）、村山富市（1994～1996）など自由民主党以外からの首相就任もあった。2009年から2012年のいわゆる政権交代時の民主党の鳩山由紀夫（2009～2010）以下の三首相の他、自由民主党系も含めて、小泉純一郎首相（2001～2006）を例外として、短命な内閣が続いた。

しかし、社会的には、「男女雇用機会均等法」（1987、1998、2006）が施行されたのがこの時期であった。国内的には、他にも、少子化対策、過疎化対策を含め、重要な中長期的な政策課題というものがなかったわけではないはずではあるが、それが当時の日本人には共有されてはいなかったからなのか、それとも次々と起きる事件の処理に忙殺されてしまっていたのか、そういうことが短命内閣現象として現れ出ていたのかもしれない。1990年代の米国のクリントン政権（1993～2001）が必ずしも日本に好意的な政策を採っていなかったことも、日本の政権維持には影響があったのだろう。

実際、内外共に多難であったことは、このⅣ期も他の期と変わらず、既述のバブル崩壊に加えて阪神淡路大震災（1995年1月）による日本の体力低下、[36]アジア通貨危機（1997）に伴う東南アジアの政情不安および韓国の経済の混乱、アルカイーダの同時多発テロ（2001、いわゆる9／11テロ）、報復としての米国のアフガニスタン侵攻（2001～）、さらに、大量破壊兵器保有を口実とした対イラク戦争（イラク・フセイン政権の討伐と壊滅）（2003）などが続いた。フセイン政権の崩壊は、中近東を不安定化し、そのまま今日（2016／17年）に至っているとも言えるのではないだろうか。

ところで、小泉内閣は、「規制緩和による構造改革」によってバブル崩壊後の経済再建を果たそうとしたが、アメリカの対イラク戦争の際には、陸上自衛隊を後方支援に派遣し、また、電撃的な北朝鮮訪問（「日朝平壌宣言」2002）も行なっている。政治手法は「劇場型」とも言われ、「郵政民営化選挙」や「北朝鮮訪問」[37]は典型的であった。両者の性格は異なったが、メディアからは、政治にも興行価値が見えたのかもしれない。いわゆる「政権交代選挙」（2009）には、メディアによる興行的な演出も否めない。

34　もちろん、先行するのは「高度成長」期の過大なエネルギー需要の予測ではあろう。もっとも、このような東京圏へのエネルギー供給力の大規模化を推進し、それを最大限に謳歌してきたはずのいわゆる首都圏メディアの関係者からこういう指摘がなされたとは聞いてはいない。

35　去る2015年の国勢調査の結果によれば、鹿児島県の人口の社会減が目立つ。すなわち、2016年10月発表の国勢調査確定値に拠ると、過去5年間の九州・沖縄地方の人口変動は、沖縄県4万強の増、福岡県3万強の増、佐賀県1万6千の減、熊本、大分、宮崎の各県は約3万の減、長崎県4万の減、鹿児島県5万の減となっている。

36　20世紀から21世紀にかけて進行した各種のイノヴェーションに対応する投資ができなかった（注18参照）。世界経済における日本の存在感の低下の糸口になった。

37　北朝鮮――朝鮮民主人民共和国――は、政治体制は古代アジアの「神政」を彷彿させるが、科学技術的には最先端の水準を実現している。この観点での追求ではないが、「小倉3」を挙げておこう。

かったような印象を覚える。

さて、欧州では、1970年代に入って、EC加盟国が当初の6箇国から増大し、イギリス、アイルランド、デンマーク（以上1973）が加わり、さらに、ギリシャ（1981）、スペイン、ポルトガル（以上1986）と加盟した。冷戦の終結並びにマーストリヒト条約の発効（1993）によってEUが成立した後、EUは旧東欧諸国やそれから分離した諸国の加盟が続き（東方拡大）、イギリスを含めて28箇国から構成されている。[38]

EUは、原則として、加盟国間での単一の経済空間を構成しようというものであり、EU中央銀行を置き、（一部の加盟国を除き）共通通貨EURO（ユーロ）を用いる。政治的にも、EU議会を設け、加盟国の主権の一部はEUに移譲されている。社会制度的にも、統一化が指向されており、これらの「理想主義的な方向」と加盟国の現実との間の乖離が種々の混乱を引き起こしているが、1953年の欧州石炭鉄鋼共同体等から数えて半世紀を超える組織体であり、決して脆弱なものではない。実際、ノーベル平和賞（2012）を授与されてもおり、EUの評価は高い。EU加盟国間の人的交流の自由化は、旧東欧圏の人々の旧西欧圏への流入を招き、2016年6月のイギリスの国民投票もその状況に左右されたようである。[39]

なお、日本にとってEUが重要なのは、単に経済的な巨大さだけではない。EUが出来上がっていく過程で交わされた種々の国際的な政治交渉の経緯が、国際関係においては決して老練でもなければ洗練もされていない日本や日本人にとって、非常に参考になる点が多いということもある。[40]

日本の話に戻ると、1980年代後半の「バブル」や、引き続く「バブル崩壊」に対する方策は、すべてが日本国内だけで対処できるような性質のものではなかった。特に、米国の住宅バブルの崩壊（2007）に端を発した金融危機が、2008年10月のリーマン・ブラザーズの破綻（リーマン・ショック）を招き、短期間に世界的な経済危機を引き起こしたことは、日本にとっても致命的であった。

このとき、中国は4兆元（当時の約60兆円）の景気対策を行い、これ以来、世界経済における中国の存在感[41]は決定的になった。２０１０年には、「国民総生産」の大きさで、日本を抜き、アメリカに次いで世界第二位となった。日本との差は年々開いているようであるが、果たして、アメリカを抜いて世界一になるかどうかは、時が経てばわかることだろうとは言え、現状では議論があるようである。

ちなみに、米国の住宅バブルのもとになったサブプライム・ローンは、デリヴァティヴ取引などと同様の、最先端の数理技術を組み合わせた金融取引であって、高速計算機と統計・情報技術の進歩によって可能になったものである。クォンツと呼ばれた高度の数理技術者の適切な関与は不可欠とされたが、かれらと金融機関の上席経営者との間の知的水準の違いが、実際、金融危機の要因でもあったという。１９９０年代の初頭には、日本でも金融機関からの理工系学生への求人が目立っていたが、日本の金融機関はかれらに相応しい仕事を提供できたのであろうか。

いずれにしても、明確に言えることは、日本は、バブル崩壊後に有効な対策を実行できず、いわゆる「失われた*十年」を招来してしまい、この間に、日本の社会がすっかり変質してしまったということである。

当然、教育の分野にも影響は及んだ。中央教育審議会答申[42]は「バブル崩壊」後のものである。読み返し

38　イギリスは２０１６年６月のレフェランダム（国民投票）で離脱を選んだが、まだ、離脱交渉は完了していない。

39　アフリカやシリア方面などＥＵ域外からの難民流入問題とは性質が違う。ＥＵ域外からＥＵへの難民流入問題が複雑で困難であることは、ＥＵだけの問題ではない。なお、付録Ａ注６参照。

40　詳細は、専門家による解説書（例えば、［児玉］）に当たられたい。

41　当時の中国国内の雰囲気を察する上では、［陳］が面白い。

て、往時の教育関係者が、時代の変転をどう読み、また、どう対応しようとしていたのかを改めて探ることはできるだろう。

V期（2010～）

最大の事件は、東日本大震災（2011年3月11日）であった。災害としては、三つの要素があった。第一に、牡鹿半島東南東沖30㎞、仙台市東方沖70㎞の太平洋海底一帯を震源域とするマグニチュード9・0の海底地震（東北地方太平洋沖大地震）、第二に、この海底地震によって発生した大津波被害、第三に、東京電力福島第一原子力発電所の原子炉溶融事故による被害である。大震災からまだ6年余りしか経っておらず、記憶はいまだに生々しい。いろいろな意味で日本の弱点が痛感された大災害であった。[43]

大災害は起きてしまうものである。予想される「南海トラフ巨大地震」の場合も、予想される被害規模に合わせて、複数の対応シナリオを用意しておくべきであろう。それは住民避難や居住地の復興だけではない。事後の10年20年程度の日本の社会・経済運営まで読み込んでおくべきものであって、当然ながら、世界的な目配りの要ることである。災害直後の緊急対策も重要だが、一段落した後に災害前とは一変しているはずの条件下での恒常的な生活に日本が戻るための準備も大事である。特に、災害から回復後の日本の国際的な存在条件が耐えられないほどの悪化をしないような、そういう保険は掛けておかなければならない。それは、優れて、政治的・外交的・軍事的な課題であるが、「南海トラフ巨大地震」が話題になるとき、この手の議論は見たことがないような気がする。

さて、このV期は、進行中であって、何が重要なのか判断は容易ではない。現象としては、世界全体が不安定化しており、日本の国内が小康状態にあるように見えても、何が起きてもおかしくはない。[44] 実際、任意の地域に何らかの混乱が認められる。近年の混乱には、中近東起源とされるものもある。比較的最近では、ジャスミン革命といわれたチュニジアの民主化運動は、新政権の発足に至り、また、隣国のリビヤや、さらに、エジプトに飛び火して、リビヤのカダフィ大佐の失脚と死亡、エジプトではムバラク大統領の失脚を招いた（アラブの春）。以後の経過は、国によって違う。シリアに飛び火した運動は深刻な状況を生み、シリアを舞台に、アサド政権側、複数の反政府勢力、いわゆるイスラム国（ＩＳ）を含む外国勢力が入り乱れ、大国の介入もあって、大量の難民を生み出すことになった。[45]

東アジアでは、例えば、中国の海洋進出が波乱要因になっている。中国は、中国共産党の指導下の壮大な大国であり、中国の対外政策は、もともと息が長い。習近平が最高指導者（党中央委員会総書記・国家主

42 「21世紀を展望した我が国の教育の在り方について」第1次答申（１９９６）、第2次答申（１９９７）。

43 この災害については、津波被害が最大で、福島第一原子力発電所の原子炉溶融はその結果であるが津波とは独立に論じて置くべきことである。地震被害、津波被害は広範囲に及び、特に、津波によって1万8千人を超える死者・行方不明者があり、宮城県だけでも1万人を大幅に超えた。（海外で報道された）津波に流されていく多くの人たちの痛ましい映像は世界的な衝撃であった。被災者の救助や支援にあたった人たちの行動を含め、整然とした日本人の様子に「絆＝kizuna」は世界語になった。

44 日本は、基礎体力的には、人口構造も、財務状況も、決してよくはない。その上、長年のデフレ状態で、将来に向けての社会的な投資は全くできていない。進行する気象変動のもとで、従前の規模を超えた天災が頻発していることも悩ましい。対外的にも対内的にも、かつての日本を支えていたような「体力」は、少なくともハード的には残っていないものと思うべきだろう。今まではソフトの不備をハードの腕力で補っていたと思われるが、今後はソフトの周到さが何よりも大事になるだろう。

45 近世以降の西欧諸国、特に、米国の自己都合による責任が大きいことの指摘が、「チョムスキー」の主題でもある。加えて、近年の「グローバル企業」の無責任さと行儀の悪さ、不公正（格差の拡大など）の指摘もある（"All for ourselves and nothing for other people" p.239――まさに、「為他」とは正反対）。

席など、２０１２〜）として、「中華民族の復興」などの「中国の夢」の実現を唱え、「一帯一路」構想を展開し、「アジアインフラ投資銀行」を開設するなど、いわば、西欧原理の「近代国際法」の世界とは別の中国伝来の統治原理の復活を図るかのような姿勢を見せ始めた。習の唱える政策は、中国としては古くからのものであろうが、従来は表には出して来なかった。リーマン・ショック後の経済成長の加速化で、ついに、購買力平価ではアメリカを凌駕したと評価されるほどの経済力を得て、それを背景に、国際的な投資を進め、影響力を強めてきたことが、習の強気の政策を支えているのであろう。

習氏の中国は、アメリカに対して、太平洋を二分し、東方は米国、西方は中国の勢力圏として相互不干渉の「大国間の関係」で共存しようと主張し、南シナ海では、フィリピン、ベトナム、インドネシアと紛争を起こしており、フィリピンとの係争では、国際司法裁判所の判決を、力づくで、無視する姿勢である。南シナ海や東シナ海の制空・制海権の要求は日本にとっても薄気味が悪い。これら海域の制空・制海権は、直接的には、台湾や朝鮮半島の支配権の確立に不可欠であるが、日本の支配も視野にあるのかもしれない。[46]

日本に近いところでは、さらに、北朝鮮の核開発の問題がある。朝鮮半島は大中華圏というべき地域の周辺領域にあるが、地域の長い歴史を通じて、近隣の領域に脅威を与えうる独自の勢力が発生したのは、今回が初めてである。大中華圏の歴史的習慣では「中原」を狙うことになるはずではあるが、全くの新事態である。何が起きるのであろうか。[47]

5　改めて、今日までの附設について

さて、１９９０年以降であるが、２００５（平成17）年度から高校募集分だけが男女共学になった（附

設第三期）。当時の樋口忠治（ひぐちただはる）校長の英断であり、男女共同参画社会の実現のための第一歩という趣旨であった。しかし、高校入学者だけの共学化は、趣旨からも、生徒の男女比の極端な偏りからも、飽くまでも経過的な措置のはずであった。当然、中学の共学化（附設第四期）は早晩行われるべきことではあったが、後述の校舎新改築による諸設備の整備完了まで待たなければならなかった。

これからの社会は、今までの社会とは違わざるを得ないのだし、男女には生物学的な差があると言っても、社会的に果たすべき役割に違いがあるわけではない。その上、これからの日本や世界において、かれらはどんな仕事を引き受けることになるかは予想できないのである。偏った異性観を持たないことが何よりも大事ではないか、というのが、わたくしの考えではある。「男女共同参画社会」云々というのは仰々しすぎるようには思う。[48]

そこに至るまでの附設、つまり、第二期後半を振り返ってみよう。

思い起こしてみれば、原先生退任（1979）後の30年余りは変化の激しい時代であった。特に、前述の期分けでいえば、Ⅲ期の後半、昭和50年代の後半から60年代には、日本の経済成長は緩やかになり、いわゆる「安定成長」に移行した頃である。

だが、学校の現場からは、このような時期を予想しての学校の教育方針を詳細かつ的確に組み立

---

46 〔陳〕によると、「兄弟関係」、日本（弟）、中国（兄）とある。

47 〔岡田1〕〔岡田2〕から示唆が得られよう。

48 「ジェンダー・センシティヴ」という重要な鍵語があり、それは、「セックスやジェンダーを、それが重大な変化を及ぼすときは考慮に入れ、そうでないときは無視する」教育を指すという（〔生田〕）。附設が、共学に関して確たる理念を持ち始めたとは、まだ、言うことはできない。しかし、「ジェンダー・センシティヴ」は、そのための指針として参考になる。

てることは不可能に近い。バブル崩壊（１９８９年ごろ）の頃に大学を卒業した学生は（順調に4年制の大学を卒えた場合で）、１９７９年中学入学、１９８５年高校卒のはずである。また、１９８０年代は前述の通り日本は繁栄していた。この時期の中学入学生たちは大学を出たときは、バブル崩壊後の「失われた*十年」の真っただ中であった。一方、不況時に中学に入学した子どもたちが大学卒業時に好況に巡り合うことも起きうるであろう。要するに、生徒は、中高一貫進学校に入る段階で、概ね、10年先の世界に向かって歩み始めることになる。しかも、この中学生は、10年後にようやく世に出るというだけで、その先には長い人生が待っているのである。

そうであれば、一般論として、学校がすべきことは、あるいは、辛うじてできることは、生徒たちが新しい挑戦に対し常に応答できるような、あるいは、むしろ、応答しようとするような、そういう姿勢を身に着けさせることである。こういう姿勢が身に着いたかどうかは、しかし、現実に、困難に直面した時に初めて明らかになることであり、一介の試験では判定できないことかもしれない。

だが、このような応答力の基礎となる知識や技能は確かにあるわけで、学校の役割は、それらを適切に教育することである。「高度成長」期の教育の欠陥は、応答力の基礎を「序列」の実現に短絡化してしまっていたことであった。「高度成長」が終わった後の教育の難点は、しかし、拠るべき教育観の設計が当事者たちの独善のようになってしまったことであろうか。[49] これは非常に重要な話題なので、改めて丁寧に論ずべきことであるが、そのための文脈の選択はむずかしい。

さて、１９９０年代には日本は（国全体で）人口オーナス期に入ったとされ、しかも、バブル直前の人口の首都圏移動は、地方自治体にとっては（地域的な人口オーナスどころか）人口減少の深刻な問題であった。特に、若年層の減少は児童生徒の減少に直結し、教育関係者にとって極めて身近な懸念事項であった。生徒数の減少は、公費で賄われる公立学校の場合でも深刻ではあるが、私立学校には、まさしく、存立事態であった。[50]

私立学校の場合、経営の基本は、それぞれ独自の生存空間を設定し、それに見合った生徒を受け入れることである。しかし、若年者の人口減少、少子化、など社会環境の変化に応じた存立条件の再検討を経て、各校は、募集定員の変更、いくつかの職業教育科の再編、あるいは、単学校の場合なら共学化、[51]といった形の「改革」を行ってきた。

附設に関しては、生徒たちの出身地域の人口変化の影響が地元の筑後地区よりも福岡都市圏出身の生徒が増えるという形で現れた。現在の附設の生徒は福岡市内から西鉄大牟田線あるいはＪＲ九州を利用して

49　「臨時教育審議会」や引き続く「教育課程審議会」が答申した「新しい学力」というのは、まさしく、こういう趣旨だったはずである。「高度成長」の後の「安定成長」下での多様な教育を支えるべきものであって、バブルやバブルの崩壊を予見したものではなかったはずだが、実際の学習指導要領への反映が「ゆとり教育」という形になり、強い批判と反動を招いた。

50　私立学校は、学校教育法の適用を受け、また、地方交付金を原資とする教職員の給与に対する補助がある。さらに、民主党政権による公立高校の授業料無償化以来、それに対応する保護者への授業料補助がある。建前上、私立学校は授業料など保護者からの校納金に経営の基盤を置いているはずであるが、実態としては、各種の公費助成に依存している。私立学校補助は地域ごとの長年の地方政治の構造に拠るものではあるが、今日では、「私立」の多くが「準公立化」しており、一般納税者に対する責任がある。

51　附設の近隣の学校では、愛媛県の愛光学園が２００２年から、長崎県の青雲学園が、高校１９９５年、中学２００９年、佐賀県の弘学館が高校２００２年、中学２００７年、さらに、福岡市内では、大濠中学校が２０１１年、同高校が２０１２年、上智福岡中・高校が２０１２年であった。一方、佐賀県唐津市には共学校の早稲田佐賀中学・高校が２０１０年に進出してきた。なお、２００４年時点で附設の経営は安定しており、「共学化」に生徒数の減少対策としての緊急性はなかったであろう。

通学しているものが圧倒的に多い。附設は久留米市内にあるが、久留米市を含む筑後地方出身の生徒は全体の一割前後である。佐賀県内からの通学生もかなりいる。熊本市、あるいは、北九州、下関、宇部の各市内からの通学も九州あるいは山陽新幹線を利用すれば不可能ではない。ある程度の遠隔地になると、学校敷地内の寮、扶桑学寮に寄宿するのが普通である。[52]

前節で丁寧に述べて来たことであるが、日本の社会は平成に入ってから、デフレ状態が続き、地方の疲弊が進んだ。附設は、それ自体が当面安定しているように見えても、何らかの変身を図るべきであることは明らかであった。実際、日本社会がつとに変質してきたことを思うと、「共学化」開始は２００５年よりもっと早くてもよかったのである。ただ、それより10年前、１９９５年頃に「共学化」が可能であったか、と問われると、それは難しかったろうし、ただの混乱を招いて、学校の命取りになった可能性は高かったであろう。社会が変化している状況と、教育界（特に、附設のような進学校）に近いところの常識とは隔たりがあって、後者においては依然「高度成長」時代のような感覚が残っていたからである。

さて、平成20（２００８）年、久留米大学は前身の九州医学専門学校の創立（昭和３（１９２８）年）から81年目を迎え、さらに、平成21（２００９）年は学校法人及び久留米大学附設高等学校の創設から60年目、附設中学校の設立から41年目の年に当たった。このため、久留米大学創立80周年事業が企画され、附設関係分としては、附設高校60周年事業も兼ねた既存校舎の新改築という樋口校長の提案（第３章第３節）が、この事業に含まれることになった。既設校舎には新耐震基準への対応という緊急の課題があり、他にも、附設として、校舎の新改築によって解決を図りたい課題がいくつかあったのである。

校舎の新改築工事は、第４章第４節で詳しく述べるが、諸般の事情で当初予定より遅れ、完工は平成24（２０１２）年10月になった。新校舎は、平成25（２０１３）年の新学年から全面的に供用開始になり、併せて、中学からの共学化が開始された。平成29（2017）年度卒業生（2018年3月卒業予定）中の内部進学者が中学男子校時代の最後になる。[53]

6　明日の附設のために

わたくし自身は任期の関係で、平成28（2016）年度の卒業生（65回生）が最後の卒業式であった。かれらが順調に上級学校に進んだとして、四年制の大学・学部であれば平成33（2021）年3月卒（学士）、さらに、修士二年、あるいは、六年制の大学・学部であれば、平成35（2023）年3月修了あるいは卒（修士・学士）となる。

特に、医師の場合なら、さらに、二年の研修があり、まさに、「2025年問題[54]」のまっただなかで、医療の世界に跳び込むことになる。かれらには、まだ、医師としての40年近い職業生活が待っているが、それは現在の医師の置かれている状況よりももっと厳しいものである可能性は高い。医療技術は文字通り日進月歩であり、日々の研鑽は欠かせない。医師としての人生を選択したからには良医に成長しなければならないのである。[55]

地方では、昔から、優秀な子が医師を目指したと聞く。行政職や教員も決して悪い仕事ではなく、志望

52　ただし、女子寮設置の予定は当面ない。

53　中学共学化直前までの附設の状況と課題については、［桑野］参照。ここで指摘されている諸点の多くは未解決である。

54　いわゆる団塊の世代が75歳以上の「後期高齢者」に移行し終えたことによる医療・財政危機を指す。

者は多い。さらに、戦前は、職業軍人の道も人気があった。いずれも、人々から仕事の様子がよく見えるものである。中でも、現在は、収入面で医師が突出しているような印象が地方社会にあって、大人から見れば、わが子の出来がよければ医師になることを勧めたくなるのは不思議ではない。さらに、各種の受験情報に拠れば、現在のところ、医学科志望者の「偏差値」が一般的に高いとされていることは、子どもたち自身の挑戦意欲や合格時の満足度を高めているであろう。要するに、堅実な家庭の優秀な子が医学部医学科を目指すための条件は整っている。

しかし、学校の立場としては、卒業生が医療分野に集中してしまうことには大きな不安を覚える。日本の医療環境の将来が決して明るいだけではないこともあるが、卒業生全体の社会的影響力が偏ってしまうことへの危惧が一番大きい。学校というものは永く存在すべきものではあるが、そのためには、卒業生全体で広く深い社会的影響力を実現することが欠かせないであろう。実際、多様な分野での卒業生の活躍と、そういう卒業生からのフィードバックの質が学校の評価を高めるのである。

それに、余計なお世話かも知れないが、資質に恵まれた生徒が、その資質を存分に活かす上では、進路の選択が余りにも堅実にすぎはしないだろうか。確かに、附設という学校は、もともと、社会の堅実な中堅層に基盤を置いている。だが、そのことは、進路への思い込みを意味しない。

どうしてもっと自分の可能性を信じられないのか。どうして高い志を抱いて世界の未来をよりよくすることに挑戦しないのか[56]。

行政や政治に関わって地域や国あるいは世界の運営に与ることは、立派なことではないだろうか。

産業経営や経済活動に励んで世の中を豊かに暮らしやすくすることも、素晴らしいことではないだろうか。

芸術や学術への貢献で文化や文明を深め拡げて人生の価値を高めることは、誇らしいことではないだろうか。[57]

もちろん、今の附設には、こういう志を抱いているに違いない生徒たちはいる。だが、志をさらに本物にまで高めていくためには、生徒たちがしっかりとした自我を確立すること、そして、当然の結果として、精神において自由になることが本質的であろう。

我々としては、そのための道筋を示すことが何とかできればよいのであるが、それが簡単なことではない。問われるのは、結局、生徒たちの眼前にいる我々が、自我の確立した自由な人間かということに他ならない。

---

55 日本における最初の西洋医学の教師ヨハネス・ポンペ・ファン・メーデルフォールトの言葉。「医師は自らの天職をよく承知していなければならぬ。ひとたびこの職務を選んだ以上、もはや医師は自分自身のものではなく、病める人のものである。もし、それを好まぬなら、他の職業を選ぶがよい」（長崎大学医学部ホームページ）

56 ウェルギリウスの「アエネーイス」にもあるように、「工夫や発見で世を富ましめた人々」（［西洋古典A］）または「技芸を編み出して人生に潤いを与えた者」（［西洋古典B］）が死後の楽園エリュシオンに憩えるのである。この句は、ノーベル賞「化学賞」「物理学賞」「生理学・医学賞」「文学賞」の裏面の碑文でもある。

57 1830年代的ロマンティシズムのようだが、志としては、「科学の唯一の目的とは、それは人間精神の名誉なのである」というドイツの数学者ヤコービの矜持（全集第1巻。［ヤコービ］pp.454-455）は（AI時代の今こそ）大事である。

第3章　昔の校長先生

卒業生と話していると、実際に、関わったことのある先生の話が多い。したがって、卒業時期によって話の内容が違うのは当然である。校長は、生徒と直接関わる機会が少なそうだが、在校時のシンボルとしてか、卒業生の記憶に残っているようである。

1　板垣政参先生

初代の校長、板垣政参（いたがきまさみつ）先生は、附設高校の創設の昭和25（1950）年2月から昭和34（1959）年6月までの9年8箇月を附設高校長として務められた。板垣先生と久留米大学附設高校との関わりは、先生の九州帝国大学医学部における同僚であった久留米大学学長の小野寺直助（おのでらなおすけ）先生を介してであった。[1]

当時の附設高校は、現在の久留米大学御井学舎の一画、旧帝国陸軍の久留米連隊工兵隊兵舎を利用しており、学校全体が狭い範囲にあったためか、生徒と教員との物理的な距離、したがって、一般の距離も近かった。この時期の卒業生たちは、板垣校長を始め、当時の幹部の先生たちの姿を鮮明に思い出せるようである。[2]

板垣先生は、医学者（生理学）、1882年岩手県生まれ、1967年福岡県で没。盛岡中学、官立第二高等学校を経て、京都帝国大学医科大学に学び、第一次世界大戦下の欧州留学の後、九州帝国大学医学部

1　小野寺直助博士は、わたくしの母方の祖父、上野直昭（うえのなおてる）の官立第一高等学校時代以来の親しい友人であった。令孫小野寺龍太氏は、わたくしの九大工学部時代の同僚教授であった。［小野寺］参照。

2　中でも、創立期の卒業生諸氏の板垣政参校長に対する想いは極めて篤いものがあり、それは、［附設25］、［附設50A］から読み取ることができる。

教授（生理学）、同医学部長。医学部退任後、帝国陸軍司政官として、ジャカルタ医科大学長になり、現地で敗戦を迎えた。剣道に造詣が深く、この関係で編まれた随想集『葦の髄』（［板垣］）がある。

残念なことに、開校に際しての板垣先生の式辞は残されていない。入学式や卒業式における式辞類も残っておらず、附設の校長時代の先生のお姿を具体的に推測することは容易ではない。[3] 先生の世代の人たちは、一般的に、詳細な日記を遺しており、また、友人との手紙の遣り取りも盛んであった。適当な時期になれば、先生の肉声を、少なくとも一部、再現することができるのではないだろうか。今のところは、しかし、先生の思想や人物については、主に、先生の周辺の方たちから伺った逸話や上掲『葦の髄』に収められたエッセイから推し量ることしかできない。同書には、昭和9（1934）年8月「剣道所感」から昭和36（1961）年12月「試験」までが収められているが、久留米大学や同附設高校への直接的な言及はほとんどない。[4] 昭和9年から昭和18（1043）年までの記事については、仮名遣いは改めているようではあるが、記事内容は発表時点のままらしく、当時の日本社会の一般的な雰囲気を伺い知るために貴重なものである。

ジャカルタ医科大学については、板垣先生による概略説明を含む記事がある。[5] ジャカルタ医科大学の存在は短い期間であったが、医学生たちは、日本の敗戦後、インドネシア独立戦争に軍医として従軍した。このためか、板垣政参先生のお名前はジャカルタ医科大学の故事とともに現在のインドネシア共和国でも記憶されているようである。実際、先年、福岡の旅行社からの急な要請でジャカルタからの修学旅行生の一日訪問を受け入れたが、その折、校舎前の胸像に気付いた引率の教員が、板垣先生の像であるとの説明を受けて感激し、交流自体、慌ただしいものであったのに、非常にうまく行ったのである。

板垣先生は、かつての大日本帝国においては理想的とも言えるような人生を歩んでおられたように見える。[6] しかし、敗戦によって状況は激変した。特に、戦犯に指名された板垣征四郎元陸相の実兄として、戦後は辛い日々を過ごされたに違いない。先生自身、ジャカルタから復員後に「公職追放」に指定されたと聞くが、指定時期、指定理由、および解除時期は不明である。[7] 附設校長に招ばれるまでの数年間をどう過

3　なお、原巳冬「おもいで」（［久大50］）に「…本校の第一回生の入学式の日がひどい暴風雨であったので、多難な前途を危惧した（という根城晝夜先生の話）…」という一節がある（p.758）。なお、校長退任時の言葉「別離の辞」（校内誌「ふよう」第10号、再録は［附設50Ａ］p.9）は残されている。「和而不同」を唱えられた経緯も述べられている。

4　［板垣］参照。久留米大学関係は「人の命」（昭和28（1953）年7月15日）のみ。昭和28年西日本水害の際の久留米地区の洪水被害の関連で学校名がある。

5　「南方の医科大学長に」（［板垣］pp.109-110）。ジャカルタ医科大学に赴任していた医学者には後年有力医学部で後進の指導にあたった人も多いようである。誠実な「日本医学史」には、ジャカルタ医科大学を含む「外地」における医学教育や医療実践についての総括記述も必要なのではないだろうか。

6　今では完全に忘れられてしまったと思われるが、かつて「家族合わせ」という昭和戦前期の東京山の手の家族観・人生観を凝縮したような（カード）ゲームがあった。戦前の板垣兄弟は、いわば、「上がり」を実現されていたのであった。

7　［総理庁］では板垣先生の名前は確認できなかった。ジャカルタ医科大学赴任時の陸軍「司政長官」待遇が、上掲名簿添付の「連合国総司令部発日本政府宛昭和21年1月4日附覚書（公務従事に適せざる者の公職よりの除去に関する件）（訳文）附属書Ａ号Ｆ占領地の行政長官。五蘭領印度軍政監、民政長官」が該当した可能性はある。正確には、辞令あるいは辞令写しの原資料で確認しなければならない。［板垣］は、上記「南方の医科大学長に」で中断し、再開は「体育管見」（昭和25年1月15日第191号）からである。樋口忠治元校長によると、復員から半年後、昭和22年2月末から「アメリカ合衆国第三地区民間検閲局」（福岡）に勤務したことになっている（［附設50Ａ］）。日本人の私信を開封して検閲する仕事である。樋口氏の記事が事実であれば、「公職追放」の指定との前後は不明ではあるものの当時の板垣先生の苦境が偲ばれる。米軍が検閲対象とした範囲は不明だが、ある時期の亡父宛ての郵便物の封筒に開封後CENSORED（検閲済）と印字されたセロテープで閉じられたものがかなり混じっていた記憶がある。なお、南方からの復員そのものが大変であったことを当時現地で復員業務にあたった桑木務氏が述べている（［桑木］）。

ごされたのだろうか。上掲『葦の髄』には、この大事な期間についての記事が全くない。ようやく、昭和25年1月には、公的活動を再開されており、昭和25年4月の久留米大学附設高等学校の開校に先立ち、2月末には同校の校長に補されている。[8]

さて、小野寺先生は、1883年岩手県生まれ、1968年没。板垣先生の九大時代の同僚。旧制久留米医科大学を母体に、新制の久留米大学医学部・商学部の創設にあたり、併せて、附設高等学校を設けた。『葦の髄』からは、起きてしまったことについては慫慂と受け容れ、しかし、時々折々の機会では最善の仕事をしてきたことを確信し、不明は恥じても悔いはしない、という、先生の雄渾な人生観が垣間見える。

この間の事情を、令孫小野寺龍太氏は、

> (…) 直助は、(…) 久留米大学の学長に迎えられ、医学部だけだった久留米大学に商学部を作り、また久留米大学附設高校を作った。直助は、教育者になったからには長年抱懐していた理想的な高校教育を実現したいと考えたのである。([小野寺] p.235)

と記す。その高校は、母校の盛岡中学に範を取り、満たすべき五つの条件があった。それらは龍太氏に拠ると、第一に、男子校であって、久留米大学に進学するための予備校のようなものではないこと。第二に、生徒は、文武両道、すなわち、スポーツも学問もともにできること(つまり、心身の鍛錬のためにスポーツが必要なのであって)、第三に、受験などにとらわれずに純粋に勉学に励み、しかも志望校に楽に入れる実力が身に着くこと。第四に、教師に人材を得ること。そして、第五に、これがもっとも重要であるが、校長に人格者を得ること、の五つであった。以下に、龍太氏の記述を再録する([小野寺] pp.235-236)。

ここまで考えたとき直助の頭にはすぐさま板垣政参君が浮んだ。板垣先生は盛岡中学の一年先輩、九大の同僚（生理学教授）で神様のような人格者[9]であった。六十に達していた直助は、自分は俗人であって純粋な人には自分の及び難いところがあると自覚していたが、同時に、純粋な人は社会を見誤ることがあり、また、情に流されやすいことも知っていた。そして板垣君のような人格者は社会の実務より教育に向いていると考えた。こうして板垣先生は久留米大学附設高校の初代の校長となり、子供たちと一緒に山登りもし、定年退職した九大の碩学たちを教師として招いて、程度の高い、受験などどこ吹く風というような授業をさせた。後に進学校として全国的に有名になる久留米大附設の基礎を築いたのは板垣先生だったのであり、その教育の根底は直助とともに学んだ旧制盛岡中学校にあったのである。

なお、早期の卒業生から、板垣先生の涙を二度見たことがある、と伺ったことを思い出す。処刑された令弟板垣征四郎元陸相のためと刺殺された生徒のためとであったという。創設の頃の世相は、今となっては見当も付かないが、日本は米軍の占領統治下にあり、朝鮮半島は戦場と化していた。[10] 前後したが、先生は仙台の官立第二高等学校以来の篤実なクリスチャンであり、晩年の所属は、福岡市

8　[附設25] および [附設50A] 所収の「年表」に拠る。板垣校長の選任は、財団法人久留米医科大学第114回理事会（1949年12月19日）で審議された。

9　[小野寺] では「神様のような人格者」には傍点が付されている。「ふよう」15号に、大石亀次郎先生の「板垣は神と人との間ぞと小野寺知己はばからず言う」という句があり、[附設25]（p.34）に再録されている。

10　開校三年目1952年4月にサンフランシスコ講和条約の発効があったが、直後のメーデーでは、「血のメーデー事件」と呼ばれる大規模な騒擾が皇居前広場で展開された。開校四年目1953年7月に朝鮮戦争の休戦協定が成立

中央区の渡辺通り教会であった。いかにもこの年代のキリスト者らしく、皇室尊崇の念の極めて篤かったことは『葦の髄』のさまざまな記事に明らかである。そして、漢籍の素養も深かった。[11] 先生の信望は厚く人脈も広かったようである。中でも、キリスト教関係では、新渡戸稲造、賀川豊彦の両師との厚い誼が『葦の髄』から伺われる。[12]

教育界においても、大学関係、医学関係のみならず、福岡県下の中等教育界からも信頼を寄せられていた様子が、[久大50]や[附設25]所収の附設高校創設時の教員選考から推察される。

先生の墓所は、福岡市南区の平尾霊園のキリスト者墓地の一画にある。

2　原巳冬先生

小野寺直助先生は1952年12月31日付で久留米大学学長を退任した。翌1月1日付で、谷口弥三郎氏が後を襲い、同時に、板垣政参先生が学長代理を兼務することとなった。谷口氏は参議院議員でもあり、教学への専念が困難であったことへの配慮であった。板垣先生は、附設高校よりも久留米大学本部に居る時間が長くなり、1959年6月30日に附設高校長を退任し、7月1日から学長代理専任となった。谷口学長の急逝（1963年8月）後、板垣先生は学長事務取扱となり、久留米大学離任は1964年3月末日であった。

さて、板垣先生が退任された後の附設の校長は、楢崎広之助先生、続いて、大内覚之助先生が務められた。楢崎先生は附設草創以来の板垣先生の同志であった。楢崎、大内のお二人は履歴の上でも申し分のない方たちであった。[13]

大内校長は１９６５（昭和36）年３月16日に急逝され、しばらく、熊懐武文教頭が校長事務取扱を務めた後、６月に原巳冬（はらみとう）先生が校長として赴任した。当時の学校法人久留米大学の理事会の議事録から、大内先生後任の校長候補として、原巳冬先生を含め、福岡県の高校教育界で最高水準の人たちが考えられていた様子がわかる。[14]

後任選出は次年度開始までには間に合わなかった。幸い、原先生が、学校長として携わっていた福岡県立福岡中央高等学校の校舎新築工事は順調に進捗にしていた。かくて、原先生は同校校長としての仕事はほぼ済んだとの判断の上で、年度が改まった直後ながら、久留米大学からの招聘に応じたとのことである。

原先生は、１９０５（明治38）年１月（巳年の冬）生まれ。福岡師範を経て東京高等師範に学び、進化論

している。その直前６月25日には久留米は大洪水に襲われ、人的にも物的にも大きな被害が出た（附設校舎西棟「思考回廊」４回生パネル。注４も参照）。

11　樋口忠治元校長によると、板垣政参先生の祖父、政純は南部藩校「作人館」の漢学者、父、政徳は、岩手県気仙郡などの郡長を務め、また、女学校の校長などを務められたという（［附設50Ａ］）。政徳揮毫の明治29年三陸大津波の記念碑について、２０１１年に現地を慰問した久留米大学附設高等学校同窓会長（当時）長谷川房生氏が報告している（同総会ホームページ）。

12　「日本人の特性」（［板垣］pp. 22-24）、「背に腹は更えられぬものか」（同 pp.179-181）、「混乱の時に賀川先生を悼む」（同 p.225）。

13　楢崎先生は福岡県視学官、福岡県中学明善校校長などを歴任した。附設においては、大石亀次郎先生の招聘に尽力するなど、板垣先生を副校長として援け、附設高校の基礎を創った。大石先生は漢学者、第４章注８に再録した附設高校の校歌の作詞者である。「ふよう」第12号に、楢崎、大石両先生の関係を示す記事がある。また、大内先生は福岡高等学校（旧制）教授、福岡県中学修猷館館長を務めた後の附設高赴任であった。楢崎先生、大内先生の校長在任は、それぞれ、１９５９年７月～１９６１年６月、１９６１年７月～１９６５年３月16日（急逝）である。

14　学校法人久留米大学理事会議事録（昭和35年度及び昭和36年度）。

の日本への紹介で知られる丘浅次郎先生に師事した。[15] 先生は、宮崎師範の教授を経て、福岡県浮羽中学校（旧制）・浮羽高等学校（新制）の教諭を務め、福岡県立朝羽高等学校教諭に転任後、同校校長（1950年）、福岡県教育庁教務部高等学校人事管理主事（1954年）、福岡県立福岡中央高等学校校長（1959年）を歴任し、福岡中央高校長時代には福岡県立高等学校長協会会長も務めた。附設赴任以前から板垣政参先生とも関わりがあった。[16] 附設高校在任中に福岡県教育委員を務めた時期があるが、附設中開設準備のために退任している。

現在の久留米大附設は、ほぼ、原先生が敷いた路線の上を走っていると言えよう。原先生の業績で特によく目に見えるものとして、現在の久留米市野中町の校地への移転、附設中学校の併設、そして、それらに伴っての進学実績の全国的な評価の確立が挙げられよう。

前任校での原先生の経験は、野中校地への移転に際しての新校舎設計に反映された。先生以来の校舎は、現在の附設の校舎を建てるに当たり解体されたが、解体作業で露わになった当初の校舎の設計は、先生の教育観を周到に反映させたものであった。[17]

原先生は、青年時代から人生の苦悩と真剣に向き合ってきた。三十代の半ばには、健康に恵まれず、勤務もままならない状態が続いたので、宗教に救いを求めたとの述懐がある。キリスト教の素養もあったようだが、やがて、禅にめぐりあい、座禅を組み、境地を深めた。この頃のことを

（昭和）十六年九月初旬、意を決して宇都宮市西方、山中の大中寺に沢木興道老師を訪ね、正伝の道元禅を学ぶ。「只管打坐」「無所得、無所悟にて端坐して時を移さば、すなわち祖道なるべし」と、出世主義はやめ、よいと思うことをする、懸命にする、立派にする、只それだけ。「典座教訓」（寺

の炊事の長への、道元禅師のお教え）の三心、喜心・老心・大心、各人が今やっている仕事を深く思えば、みな尊い仕事、このことを感謝すれば自ら喜びが湧く、親が一子を顧る心、慈悲の心、即ち老心、大心とは偏なく党なきの心、小さな党を組んで争うことはしない大きな心、私は一生の生き方をこの頃、よく学ぶことが出来た（三五歳）。この三心は長たる者の心得でもあった。

と述べている（［原4］）。このとき以降、原先生は、毎日、早朝に香一柱の座禅を組むようになり、決して頑健ではなかった身体も安定し、仕事に集中できるようになった。附設校長時代は、生徒たちに座禅の指導もした。

原巳冬先生は、附設校長を退任後、昭和56年6月から昭和63年8月亡くなられるまで、公益財団法人黒田奨学会の理事長を務められた。[18]

15　原先生には、筑後川水系の水生生物に関する（永野巳冬名義での）論文が2篇あり、東京博物学会（第1回日本博物学会）受賞論文である（［原1］、［原2］）。論文の所在については、筑波大学附属図書館レファレンス担当の嶋田氏のご協力を仰いだ。

16　原先生が朝羽高校長のときに久留米大附設高校長の板垣先生との遭遇があり、以来、お二人に親しい交際があった（原巳冬「おもいで」［久大50］pp.157-159）。

17　新校舎造営に当たり、久留米大学の施設課に保存されていた古い資料を調べたところ、野中の校地に学校施設を増強・配置して行くマスター・プランの図面も原先生は用意されていたことがわかった。時代や環境の変化もあって、プラン通りの形での実現が難しくなり、やがて、プランの存在そのものが忘れられてしまったことが残念である。

18　［黒田100］pp.98-101。同会理事には、福岡県立福岡中央高校長時に就かれた。［瑞藤14］に原先生の黒田奨学会理事長挨拶が載っている。以後の原先生の消息は同会の会報に見える。「原巳冬先生追悼号」（［瑞藤30］）には、後任の馬奈木文衛黒田奨学会理事長による「原巳冬先生追悼記」以下、原先生の逝去に伴う諸記事が寄せられている。

3　期を画した先生たち

前述の通り、板垣政参先生、原巳冬先生のお二人は、それぞれ、高校の創設、中学の設置を担った附設史上忘れることができない校長である。板垣先生の時代は敗戦直後の混乱がようやく収まり、復興が軌道に乗り始めた頃であった。一方、原先生の時代は高度成長期とほぼ重なっていた。[19]お二人が、まさしく、それぞれの時代的要請に合う形に附設を導いたことが附設の躍進を支えたことがわかる。

以下では、昭和から平成、および世紀の変わり目に校長を務めた緒方道彦先生（平成2（1990）年4月〜平成5（1993）年3月）と樋口忠治先生（平成10（1998）年4月〜平成19（2007）年3月）を中心に附設の状況を見てみたい。[20]

緒方道彦先生は世界的な生理学者であった。在任は1期3年と短かったが、もともと附設の校長（そして、恐らくは、大学医学部教授）などを凌駕した器の人であったようである。九州山岳会に属し、南極観測隊（第1次越冬隊医師　1956〜1957）や福岡山の会ダウラギリ登山隊（隊長1970）に加わった。世界各地の生理学研究の先端機関での研究の蓄積があり、人脈においても先見性においても抜きんでた人であった。[21]

緒方先生は、まさしく自由な人であり、また、その教育観も雄渾なものであった。先述の臨時教育審議会答申についての考えも聞いておきたかったと思う。緒方先生を記憶している附設関係者は多く、当時の教員たちにも生徒たちにも、いまだに影響が残っているような感じを覚える。もし、緒方先生が少なくとも二期校長を務めていたとしたら、附設は現在とは相当に違っていたかもしれない。

樋口忠治先生は附設の早期の卒業生（第２回生）である。九州大学の教養部においてドイツ語教育を長く担当し、言語文化部長として定年を迎えた。

樋口校長の仕事としては、

第一に、久留米大学附設高等学校50周年記念行事の主催

第二に、高校からの入学者として女子の受け入れの開始

第三に、校舎の新改築の提案

の三点が大きい。他にも、中華人民共和国上海市の上海中学との交流（平成22年まで）や、卒業生を何人か招いての「進路講座」の開始がある。

以上のうち、第一点の50周年行事は、記念式典、記念講演会、記念誌発行であった。記念誌『和而不

19　東京五輪（第18回夏季オリンピック）の翌年（１９６５年）に赴任、「フォーゲル」が米国で出版された１９７９年に退任している。

20　緒方先生の前任の世良忠彦先生は、昭和54（１９７９）年4月から平成2（１９９０）年3月まで校長として在任した。先生は創設直後（昭和27年）からの附設教員（国語）であった。創設後三十年余りを経、特に、原先生の時代に全国的な進学校として世間に認知されてからは、未知との遭遇も多く、附設の管理運営に種々の苦労があったようである。また、後任の鹿毛勲臣校長は第1回生卒業生、在任は平成5（１９９３）年4月から平成10（１９９８）年3月の5年間である。バブル崩壊後ではあったが、国立大学の入学者定員臨時増が適用されていた。鹿毛氏は、福岡県の教育行政に長く携わり、県立図書館長を経て、附設に赴任された。校長としての主な業績は高校寮（扶桑学寮）の建て替えである。

21　付録A．4節参照。［緒方］がある。

同』(［附設50A］)の他、報告書『21世紀のリーダーを育てる——久留米大学附設校の教育基盤に関する報告書』(［附設50B］)も刊行された。[22]

第三点に関しては、久留米大学80周年行事としての提案であったが、久留米大学附設高等学校60周年を併せ、また、校舎の耐震化工事を図ったものであった(経過の詳細は、第4章第4節に記した)。第二点は、樋口校長の英断である。[23]

22　［附設50B］には、前述の日本や世界の転換期の困難を意識しての種々の提言が含まれている。寄稿者や同窓生からの附設や久留米市、久留米大学に対する心底からの熱い期待が読み取れる。

23　背景の社会的な事情については、第2章第5節で詳述した。次章もご覧いただきたい。

第4章

さて、わたくしの場合

1　そもそも

平成20（2008）年2月に樋口忠治前々校長から附設の校長にならないかという話が突然あった。当時の校長が急に退任となり、後任校長を緊急に探しているとのことであった。樋口先生は、九大時代に何回も学内の会議で同席していた人であり、わたくしへの信用もあるかと思われて内心うれしかったし、定年後二年の浪々の身には基本的に興味深かった。

わたくしは、しかし、附設については具体的には何の知識もなく、特に、生徒について耳にしていた噂は決して芳しいものばかりとは言えなかった。附設は、生徒たちを勉強漬けにしていて、成績さえよければ何をしてもいい、と放言するような子どもたちを育てているからだ、というような話さえも再三聞いたことがあった。しかも、この「芳しくなさ」には十分すぎるくらいの根拠があったようなのである。[1]

実際、ここが不思議なのである。今般、初期の附設の様子を調べてみたが、「紳士たれ」あるいは「気品ある生徒たれ」と当時の校長たちは生徒たちに説き、さらに、創設後15年を経て4代目校長として赴任された原巳冬先生は、最初に覚えた印象として、生徒たちの素直ながら品のある様子を挙げている（［原3］）。ちなみに、「紳士たれ」であるが、札幌農学校の開校直後に、ウィリアム・S・クラーク先生は生徒たちを集めて

1　わたくしも、附設に赴任して余り時間が経たないうちに、ある古い卒業生からお叱りの電話を受けた。電車内で行儀の悪い（附設の）生徒を注意したら、ふて腐れてこのような趣旨の返事をしたが、最近のお前たちはどんな教育をしているのだという内容であった。

（…）今後自分が諸君に臨む鉄則は只一語に尽きる、

"Be gentleman"

これだけである。

ゼントルマンというものは定められた規則を厳重に守るものであるが、それは規則に縛られてやるのではなくて、自己の良心に従って行動するのである。（…）

出処進退すべて正しい自己の判断によるのであるから、この学校にやかましい規則は不必要だ。

との訓辞を宣言されたという（[大島] p.93）。ここで、クラーク先生を持ち出すのは、いかにも唐突のようではあるが、実際に、この思想は板垣校長始め、附設の初期の先生たちの生徒観・学校観と深く関わっていたに違いないと考えておかしくはないのではないか。

しかし、このようなことは時間の経過とともにわかって来たことであった。最初の折の樋口前々校長の話が、校長はいくつかの要点さえ押さえていれば自分の時間が相当に捻出できるものであるかのように聞こえ、しかも、押さえるべき要点の類はわたくしにも何とかなりそうに思われた。となれば、受諾しない方がおかしいであろう。しかし、何分にも全く不案内の学校であったので、前々校長から手渡された50周年誌『和而不同』（[附設50Ａ]）と樋口校長時代の学校案内が唯一の予習材料であった。正式に校長就任が内定したのは、三月の最終週であり、その数日後、学校法人久留米大学の常務理事と大学の学長に紹介された。当時の附設高校同窓会長古賀暉人氏を紹介されたのは、さらに後であったと思う。

前任の校長に会えたのは3月31日、平成19年度最後の日の午後であった。引継ぎらしいものは特になかった。前任の校長古田智信氏は福岡県立修猷館高校の校長（修猷館館長）を経て、附設に赴任した人である。退任理由は体調不良ということであった。

こんなわけで、ほとんど何もわからないまま、翌4月1日に法人本部で辞令を受け取り、そのまま、附設に移動して校務分掌や新規採用の教員たちへの辞令交付を行なった。その直前に、附設の高校教頭、中学教頭に初めて会った。すべて前年度末までに手配が終わっていたことであった。

その後、年度初めの「運営委員会」[2]があり、引き続いて、翌日には「職員会議」があって、いずれでも新任の校長としての挨拶をした。

樋口前々校長からは、これら二つの会議で、校長が変わっても附設の方針、「英才教育」を行なう「エリート養成」の場であるということはしっかり守って行くことを教職員に伝えるように言われた。先生たちが不安になるからとのことであった。何も知らないまま、校長としての抱負を述べようにも、実感が伴っていなかったので、言わば、形式的な引き継ぎの表明として、赴任あいさつで、「英才」とか「エリート」とか口走った可能性はある。わたくし自身は、「英才」という言葉にはもともと興味はなく、一方、「エリート」という言葉は正確に使うべきだと考えているので、以後は、「英才」とも「エリート」とも表向きの場で口にはしなかったはずである。[3]

しかし、附設では、校歌[4]で「志」を謳い、また、「克己・立志・誠実」という校訓もある。しかし、

2　附設の運営形態については、必要な程度に、後述する。

3　これらの言葉に、通例、人々がかぶせている「想い」を知らないわけではない。しかし、現在のわが国の「エリート観」が、国際的にも歴史的にも、適切なものと言えるかどうかには疑念があり、その分析を欠いたまま、「エリート」という語を安易に用いてはいけないというのが、わたくしの考えである。なお、関連して〔藤田〕を挙げよう。

4　校歌の歌詞（大石亀次郎先生作詞、藪文人先生作曲）を再録する。
（一）高良山下の学園に万朶の桜咲きそろい若き血潮の高鳴るを見ずや希望の揺籃地

「志」は個々の人間の生き方の根本的な指針となるものであり、内容がなければならない。「エリート」なるものを目指すというような抽象的なことではない。つまり、生徒たちには、「志」というものを正しく抱いてほしいし、少なくとも資質にふさわしい自負心を持ってほしいのである。ウィリアム・Ｓ・クラーク先生の島松駅での別離の言葉、Boys, be ambitious！（青年よ、汝等は常に大志を抱き、国家有用の材たれよ・すべからく大抱負をいだき未来に夢を持て（[大島] pp.116-119））が、青年期特有の将来への漠然とした期待感と見事に共鳴したのはなぜだったのか。かれら札幌農学校の生徒たちの目線の高さはどこから来たのか。

次の難関が入学式であった。入学式はモーニング着用と決められていると、これも事前に前々校長から聞いており、お勧め通り、モーニングは作った。[5]

問題は式辞であった。新校長の最初の式辞という意味合いもある。できれば立派なものを用意したいと考えるのは当然であろう。一方、以前のものを参考にするというのも一般にはよい方法である。ところが、過去の式辞で学校に残されていたのは前任校長のもの一通だけで、しかも、わたくしの感性には必ずしも合うものではなかった。

入学式は中学高校合同で、入学生と保護者が出席し、さらに、来賓が臨席し、教員団が列席する。来賓や教員団は、式辞の直接の対象ではないが、新任の校長の式辞には関心は強かろう。そして、肝腎の新入生は、新中学生１５０名、新高校生２００名、ただし、そのうち内部進学者１５０名、という、合わせて３５０名であり、さらに、かれらの保護者数百名が見守っている。これだけ多様な集団を対象にして、なお、全体に適した内容のある話がいかに難しいか、いや、そもそも可能なのか、つくづく考えざるを得ない。せっかくの式辞ではある。出来の悪さも、わたくしの戸惑いぶりを示すものに違いない。付録Ａに、平成28年度分まで併せて再録する。実際、本稿の一番の目的は、各種の式辞類をまとめておくことで、それらが後の人たちの参考になれば頑張った甲斐があったと言えようか。

なお、この日一日だけで、「始業式」、新任の（校長も含めた）教職員紹介の「新任式」、さらに、新旧の生徒の「対面式」が行われ、その上、夕方には、扶桑学寮への新入寮者と保護者を迎えての夕食会を兼ねた「入寮式」が開かれた。

それぞれに校長の挨拶が付いており、急に忙しくなったわけである。

新学年の始まりの行事は、以上が、毎年ほぼ繰り返されるのである。

2　年間スケデュール

ここで、附設の年間行事の概要を示しておこう。これは現行（わたくしの在任最後の頃）のものであり、学校の構造の変化に応じて当然変更を迫られるべきものである。

附設の学年（学校年）は、1年度が4月1日から翌年の3月31日までの12箇月365ないし366日か

(二)　江月さえて悠久の流れは遠し千歳川高き彼岸の光明を見ずや試練の理想郷

(三)　修羅道の世を救うべく平和の偉業任として築く不朽の真善美見ずや我等の大使命

5　着用機会は、附設の入学式、高校卒業式、中学卒業式、および久留米大学の入学式、卒業式と、少なくとも年間五回あることになっていた。数年前に、久留米大学の入学式、卒業式は略礼服でよくなり、今は、附設の中学卒業式も略礼服にしたので、着用機会は年間二回に激減した。ただし、最初の年は、年末に「歌会始」に入選した中学生が現れ、したがって、校長も皇居「松の間」に参内した。モーニングの着用機会になったのである。なお、モーニング着用は、わたくしが最後になるはずである。

ら成る。
新学年の最初の週日は、校長から新任教員および校務上の重要部署[6]の責任者への辞令交付の儀式がある。引き続いて、第一回の運営委員会が開かれて新年度の方針が確認される。翌日には、職員会議が開かれ、ここで、新年度の方針、入学式、始業式などの手順を教員全員で確認し、共有することになる。なお、附設の事務部の長は、「事務室長」という。学校法人久留米大学の事務組織のもとでの名称である。学校法人の例規集第三編組織第三章事務組織に拠ると、法人の事務局長と附設の校長とを補佐すると規定されている。

さて、わたくしの赴任時、定例の「運営委員会」は月2回、構成員は10名[7]、一方、職員会議は月1回、構成員は常勤の教員で、事務室長が列席するのが原則であった。なお、赴任年度での初回の運営委員会は、各学年主任も参加する拡大委員会であったと記憶する。平成21年度から、運営委員会を（原則）毎月1回に改め、従前の委員に加えて、各学年の主任を加えて、16名構成に拡大して現在に至っている。運営委員会、職員会議は、毎月、決まった週の決まった曜日に開かれているが、年度初め、年度末は、例外である。

ちなみに、学校法人久留米大学の定例の理事会は毎月第4週の金曜日開催であるが、ここで審議されるのは、規模や役割もあって、主に、久留米大学及び久留米大学病院に関わる事項である。附設は相当の独立性のもとで運営されているわけである。実際、関心の方向性は違う。しかし、附設側が法人との情報共有を怠っても構わないということはあり得ないのだが、法人理事会の審議事項を「附設的」にどう咀嚼するかは、附設の運営委員会や職員会議では、依然課題のままではある。

さて、年度初めの行事に戻ると、入学式、始業式を経て、いよいよ新学年が動き出す。一見、ルーティンで日々が過ぎ始める。

入学式の次第を改めて述べておこう。学校法人から理事長、常務理事など、大学からは、学長及び学部長（少なくとも近くの御井学舎の代表学部長）は毎回列席している。さらに、同窓会の会長および役員、後援会の会長および役員、元校長など旧職員も招かれている。全員が揃うというわけではない。入学式は、校長が「中学新入生代表何某以下新１６０名、高校新入生代表誰々以下２００名、入学を許可する」と唱え、引き続き、新入生代表が「誓いの詞」を述べる。それから、校長告辞、学長式辞、理事長、同窓会長、後援会長の祝辞が続くという一連の挙止から成る儀式である。

附設は中学と高校でそれぞれ新入生を迎え入れているが、中学の新入生のためには、入学直後の一週間がオリエンテーションに充てられ、仕上げは、最後の数日間の九重合宿である。[8] 高校新入生は、かれらだけで一学級が編成され、一年間は中学からの内部進学者とは若干異なったメニューで授業を受けることになる。しかし、新入生も、入学後の最初の大行事である学校文化祭に参加することで早期に附設の雰囲気に溶け込んでいく。

附設の学校祭は「男く祭」という。名称は男子高校であったころの名残であり、高校生主体の学校祭で、主催する「高校生徒会」の中心メンバー、高三生の仕上げの行事として、４月29日、30日の二日間に行われるのが原則である。[9] 29日は、公開で会場は学校、翌30日は非公開で、平成28年春まで久留米市民会館が

6　附設の場合、具体的には、高校教頭、中学教頭、各学年の主任、総務、教務、生徒指導、進路指導の各部長、図書館長、寮監長である。

7　赴任時の平成20（２００８）年度は、構成員は、校長、高校教頭、中学教頭、総務、教務、生徒指導、進路指導の各部長、および寮監長、図書館長、事務室長であった。

8　九重は大分県と熊本県の県境の大分県側の高原地帯にあり、風光明媚で温泉にも恵まれている。ただし、宿泊研修施設としては、他にもよさそうなところはある。

会場[10]であった。この二日目にクラス対抗の「コーラス大会」があり、それに備えての練習で高校新入生のクラスも急速に団結する。中学生は、一日目は新入生の「歓迎遠足」として男子校時代は附設近くの高良山への縦走を行なっていたが、共学化してから歓迎行事はまだ定着した形が出来上がってはいない。なお、二日目の行事の一部には参列している。

ちなみに、附設の文化祭は、上述「男く祭」だけである。長年の伝統ではあるが、近年の附設高校生の8割、全校ではほぼ九割の生徒が中学からの入学者であることを考えると、運営の形態を含め、この状況を適当であるとは言えないと考えている。女子生徒の比率も高まっており、名称への疑義もあろうが、これについては、それこそ「歴史」とか「伝統」の象徴でもあり、絶対に変更しなければならないものであるとは、少なくとも、わたくしは考えていない。

わたくしが問題にしたいのは、高校生のみの「文化祭」でよいのか、ということである。本来「文化祭」は一部の在校生のパフォーマンスのためだけにあるのではない。生徒たちの学校における文化活動を対外的に紹介する大事な機会でもある。附設の現状を見れば、アピールすべき対象として、特に重要なのが、小学校中学年以上の子どもたちや保護者のはずである。しかし、この人たちが一番見たいであろう中学生が参加している文化的な活動が「男く祭」では全く見られないのである。

要するに、現行では、「男く祭」が附設の生徒たちの状況の反映としては十分ではなく、そして、そのためと思われるが、ある種の頽廃も生じている。このことは、かねてから指摘はしているが、現行の文化祭の体制を変えていくために障害となるものは、開催時期、長年の習慣や思い込み、広いとは言えない校地、余裕の少ない時間割、さらに、現行の生徒会の構造などと、枚挙に暇がない。角を矯めて牛を殺すことになってもいけないので、生徒たちが気づくのを待つしかないとは考えている。しかし、わたくしの退任後も附設の課題としては残るはずのことである。

さて、5月冒頭は、学校祭による代休と連休とが合わさった一週間余りの休業があり、この後に、選挙を経て、新しい「高校生徒会」が発足する。新高校生徒会の最初の行事が、夏休み前の「球技大会」になる。他方、高校3年生の受験体制入りは、「男く祭」以降に本格化し、正規の高3の授業の他に、生徒たちの志望大学に応じた過去問に基づく演習や解説などの「特別講座」が開かれる。なお、6月に入ると高3向けに第一回校内模擬試験（校内模試）が行なわれ、2箇月に一回の割合で12月初旬の第四回まで続く。以後、「定期テスト」などの恒例の学校行事を経て、夏季休暇に至る。実際問題として、夏季休暇であっても、補習授業や部活動の関係で、なかなか完全には休めないのだが、休暇は休暇であって、公立校と異なり、高3の担任団を別として、教員たちの多くは滅多に学校には出てこない。

しかし、全教員の関わる盆明けの大行事が二点あり、第一は、校内の二日間にわたる「職員研修会」であり、第二は、筑後地方の私立学校教職員合同での「私学人権同和研修会」（福岡県私学協会筑後支部主催）である。

一方、6月以降には、毎週土曜日に校長が関わるべき何らかの行事がある。6月の第一土曜日には「後援会」[11]総会があり、以後の土曜日には、生徒募集のための「学校説明会」が、熊本、北九州、福岡などで開かれ、9月末の本校におけるものまで続く。この間にも、塾主催の説明会もいくつかある。

これとは別に、各地区の保護者会の集会もあり、また、「同窓会」関係の行事も多く、特に、7月には、

---

9 4月28日は、久留米大学の「開学記念日」で、休業日である。
10 平成29年度からは久留米市民プラザに移った。
11 全校保護者の会である。各学年限定の場合は「保護者会」という。

同窓会総会あるいは福岡支部総会が福岡で開かれ、また、11月には東京支部総会が東京都内で開かれる。これらの集会には、校長の挨拶が必要なものが多い。

夏季休暇明けの9月に、高校だけの「体育祭」があり、一週おいて、中学だけの「体育大会」がある。それぞれ、高校生徒会、中学生徒会の主催行事である。体育祭を終えると、高3は、基本的に、文字通りの受験勉強三昧となる。なお、高校3年生の受験校決定などの「進路指導」は、生徒本人や保護者の希望を考慮しながら、校内模試の結果や、業者模試の成績、過去のデータに基づいて行なわれている。

前後するが、わたくしの赴任時には附設は前期後期の二期制を敷いており、10月の初旬に前期終業式を経て概ね一週間程度の秋休みがあり、そして、後記始業式を済ますと、後期の授業に移行していた。二期制か三期制かの判断は微妙な話であり、附設の場合、二期制から三期制に移行したのは、地域の他の学校で三期制が多く、高校体育連盟などの試合日程が二期制の校内行事展開と必ずしも調和しないからであった。

実際、附設の教職員や生徒たちが関係するのは校内行事だけではない。行事や儀式の形で関わるのは、部活動、特に運動部の公式戦や練習試合、あるいは、文化部の諸活動があり、顧問の教員たちは、引率や審判、あるいは運営の会議など、附設での直接の校務以外に時間を取られている。このような対外行事が夏季休暇直前の新人戦から始まって、地区大会、県大会と毎週末、何かしら行われているのである。附設は運動系の部活動を通じて全国、いや世界で通用する競技選手を育てようと考えているわけではなく、飽くまでも、学業優先であって、そういう生徒生活に花を添え、生のバランスを整えるものというのが部活動の基本的な位置づけではある。しかし、一部の競技に関しては、近隣の全国レベルの強豪校にひけをとらない成果を挙げている。

秋には、中学1年生の「校外学習」として二泊三日の鹿児島旅行が組まれており、また、中学2年生は、別府の「立命館アジア太平洋大学」の留学生との異文化体験に（つまり、語学研修ではなく）主眼を置いた交流行事を二泊三日で行っている。そして、中学3年生は、修学旅行で晩秋の奈良・京都に三泊四日の予定で旅行するが、滞在先では班別の行動が原則であり、事前準備が大変である。

なお、中3（及び後述の高2）の旅行には、慣例上、校長も同行している。校務、特に、対外的な判断を要するものが、数日とは言え、この間止まってしまうのは考えものではある。

秋から冬にかけての行事として、「進路講座」が中学3年生、高校1年生を対象に開かれる。どこの学校でもやっていることであろうが、生徒たちに社会や将来について考える機会として、毎年、社会各方面で活躍している卒業生若干名を招き、それぞれの社会生活について語っていただいている。樋口忠治校長のときに始まったが、２００９年度からは同窓会の全面的な支援によって体系化されている。

生徒会主催の晩秋の行事は、高校球技大会、さらに、昼休みを利用しての「芸術週間」がある。芸術週間で器楽演奏や声楽のパフォーマンスを示すのは、生徒たちだけではない。教員や非常勤講師として出講をお願いしている音楽家の方も含まれる。

さて、冬季休業を経て、1月に入ると、高校3年生の大学受験は本格的になる。大学入試センター試験をはじめ、私立大学の入試が続き、2月末の国立大学の前期入試があり、3月に入ってから、合格発表があり、さらに、後期入試と発表があって、この年度の受験は終わる。

この間、2月初旬には、高校2年生が北海道に三泊四日のスキー研修旅行に出掛ける。経験に応じた小班編成で、それぞれインストラクターの指導を受ける形であるが、生徒たちの上達は速い。

3月にはいってすぐに、高校3年生の卒業式、すなわち、卒業証書授与式が挙行される。卒業式は、外形的な構造は入学式と相似であるが、各卒業学級代表に対する卒業証書の授与、新入生代表に拠る「誓いの言葉」の代わりに在校生（高校2年生代表、つまり、生徒会長）の「送辞」と卒業生代表（つまり、前生徒会長）の「答辞」が、告辞、式辞、祝辞などと共にある。

その後、国立大学の入学試験の合格発表とそれに伴う一騒ぎがあって、まだ落ち着かないうちに、修了式と中学卒業式になる。中学卒業式は、高校卒業式を一回り小型化したようなものであるが、平成22年度から大幅に簡易化した。いずれ修了式に合体させるべきではないかとわたくしは考えているが、入学式に内部進学の高校生が参加するとすれば、節目の行事が必要ではないかという意見もある。

一方、卒業していく生徒たちがいれば、新たに入学してくる生徒たちもいる。私立の学校として、一年中何らかの形で入試業務に携わっているようなところがあるが、附設の中学入試日は、地域の私立中学としては遅い方だが、競合校の入試日程も参考になっている。高校入試日の設定には特有の論理もある。さて、入学試験の実施に関わる業務手順が最終的に確定するのは年が明けてからである。入試が終われば採点があり、それから合格者査定がある。合格者数は、入学定員、教室面積による物理的な上限、前例などによるが、合格発表後の「入学手続き」、「合格者招集日」、中学、高校の「入学説明会」の開催によって、最終的な入学者数の予測精度を高め、ほぼ、確定ができたところで、新学年の学級編成が行なわれる。

3　多忙だった最初の4月

わたくしは福岡市内に住んでおり、久留米には西鉄大牟田線で通勤した。例えば、福岡駅午前7時発の大牟田行きの特急に乗るためには、概ね、6時20分頃に家を出なければならず、結局、毎朝5時起きの生活になった。これで学校に着くのは、西鉄久留米駅からバスに乗ったとして、8時10分前くらいであり、夕方5時まで学校にいて、5時過ぎに学校を出て、西鉄久留米駅を5時50分過ぎに出る福岡行きの特急に乗れたとして、家に帰り着くのは7時を回るのである。実際の帰宅時間はもっと遅いことが多く、しかも、帰宅時にはかなり疲労しているのが例だから、家事が滞ってしまうのである。久留米に拠点を設けるべきかと思わなかったわけでもないが、家人の勤務の関係もあるし、下手をすればゴミ屋敷然としたものが二箇所になるだけであると考えた。

前々校長は福岡市内の自宅から久留米附設まで自家用車通勤をしたそうだが、時間的には確かにこの方が無駄は少ない。わたくしの場合なら、福岡都市高速、九州道を利用すれば、45分から1時間の間ではある。しかし、電車通勤には生徒たちの通学中の様子を観察できるという長所がある。実際、電車、バス、徒歩による通勤によって、一応、生徒たちの近くにいることで得るものは大きかった。[12]

附設における校長の一日は、校長室における午前8時10分の「連絡会」から始まる。引き続き、8時半に、職員室において「職員朝礼」がある。[13] 校長の定例行事は、これで終わりである。今も事情は変わっていないが、合理化余地は大いにあると思っている。

わたくしの校長としての第一歩は、何もわからないままの入学式、始業式等の儀式要員として始まったが、さらに、久留米大学の入学式への列席もあった。しかし、こういう式典類は式典開始を待って別室で

12　ただし、中学共学化以来、朝の西鉄久留米駅での附設の生徒のバス待ちの行列が長大になり、気候さえよければ、学校まで歩いてしまった方が気楽である。30分から40分というところか。

13　「連絡会」は、高校教頭、中学教頭、事務室長との当日の教務上の連絡事項の打ち合わせである。また、「職員朝礼」といっても、教員のもので、教頭が仕切り、校長と事務室長は列席している。

過ごす時間が重要な社交の場であって、学校法人久留米大学の理事を始め、法人関係の有力者や大学や病院の幹部諸氏と出会う機会にもなった。

特に、わたくしが附設に赴任した平成20年は、久留米大学創立80周年の年であった。赴任早々の時点で、創立記念式典が開かれ、引き続いて、懇親会があった。その機会に、古賀附設同窓会長から、懇親会に参加していた附設の卒業生を何人か紹介された。物覚えが悪いわたくしが、紹介された方たち全員を記憶できたわけではないが、附設という学校についての印象の構築には役に立った。

また、大学の入学式の学長告辞や、記念式典の講演類からは、久留米大学の歴史についての概略が見えた。この大学の前身は、昭和3（1928）年創立の九州医科専門学校であるが、設立に至る過程を含め、この地域の近代、特に、大正から昭和期にかけての歴史に深く関わっていることがわかった。

久留米大学本館を訪問すると、一番目立つ玄関のファサードの前庭には石橋正二郎氏の立像があり、また、玄関には、石橋徳次郎氏の胸像がある。正二郎氏は、世界企業「ブリヂストン」の創業者、実兄の徳次郎氏は、日本足袋（ブリヂストンのもともとの母体、後の「アサヒコーポレーション」）の経営にあたった久留米財界の大立者であった。九州医科専門学校の久留米誘致には、徳次郎氏の力が大きかったという。また、正二郎氏は学校法人久留米大学の理事長を務め、特に、附設の野中移転に際しては、社有地を提供した。[14]

久留米は、石橋兄弟のような起業家に留まらず、井上伝（久留米絣）、田中久重（からくり儀右衛門）、あるいは、有馬頼徸（よりゆき）（算学大名・久留米藩主）など、優れた発明家も産んでいる。芸術方面でも、建築家の菊竹清訓（九州国立博物館他）、画家では、坂本繁二郎、青木繁、古賀春江、高島野十郎、高田力蔵、吉田博など、文字通り枚挙に暇がない。[15] 現役のアーティスト、ミュージシャンを何人も思い浮かべることができる人も多いだろう。米どころであり酒蔵も多く、交通の要でもあって、基本的に豊かな土地であるからであろう。

実際、久留米大学、特に、御井学舎は高良山の麓に位置するが、昔から、一帯は高良山や耳納連山の麓の筑後川流域の湿地帯や有明海の水運に支えられた豊かな土地であった。その証拠として、近隣に古墳が散在している。御井学舎は、臨済宗妙心寺派の福聚寺に隣接しており、また、附設は、黄檗宗の正源寺に隣接している。久留米大学の医学部（旭町キャンパス）は、篠山城址のすぐそばであり、水天宮や梅林寺も近い。

さて、最初の4月の言わば締め括りになったのは、高校文化祭「男く祭」であった。この準備の過程で、赴任したてのわたくしのところに、高校生徒会の幹部たちがインタビューにやってきた。愛想がいいとはお世辞にも言えないような連中ではあったが、インタビューでのやりとりの印象はとてもよかった。自分の頭で、しっかりと考え、自分たちなりの意見を構成しようとしているように思われ、しかも、格段の集中力で短い時間の間に、ややこしいインタビュー稿をきちんと整理して見せたのである。素晴らしい資質の生徒たちがいる学校に来た、と、なぜか、とてもうれしくなった。この印象はとても大事で、附設での生活を本格的に始めるようになってからは多少は不愉快な経験はあったのだが、本当の附設はかれらのよ

14　久留米には、「ブリヂストン」「アサヒコーポレーション」の他に、明治早期からの足袋の製造販売の商店からゴム靴系の企業（今日の「ムーンスター」）が育った。以上、三社を地元では「ゴム三社」と呼ぶ。「ブリヂストン」は世界企業に成長したが、「アサヒコーポレーション」も「ムーンスター」も経営危機に直面した。

15　かつて、卒業生からの卒業記念品寄贈の関係で、野見山暁治画伯（筑豊出身）にお目にかかったとき、画伯曰く、久留米は天才でなければいかん、と。わたくしとの面会の事実だけは、「野見山」にある。なお、近くの八女からは田崎廣助が出ている。

うな生徒が作っているのだと思えば、全く気にならなくなったのである。

4月は、他にも、学校法人の定例理事会での新任挨拶などがあった。

4　校舎の新改築

学校法人久留米大学では、80周年の祝賀行事が終わると、周年事業の具体化が進みだした。この事業には、既述の通り、附設の校舎新改築も含まれていた（第3章第3節）。

ちなみに、わたくしの赴任時の附設の建物配置は、2号館（実は、野中移転時以来の4階建て校舎）が校地の南端の正源寺の丘の麓にあり、その北西側の低まった土地に1号館（3階建ての建物）、北東側に体育館（2階。1階は食堂、柔剣道場）、そして、体育館から東側へは、通路で、高校寮、そのほぼ南の中学寮に行けた。中学寮と2号館の間には、閉鎖された旧高校寮の建物、かつての補習科教室（浪人中の卒業生の受験対策授業用）の建物があり、2号館の南方、旧高校寮の西側の正源寺の丘の斜面には、陶芸教室棟があった。一方、1号館の西部分は、もともと図書館棟であり、2号館とは渡り廊下で結ばれていた。

さて、校舎新改築に至る経緯は、わたくしの理解では、概ね次のようであった。2号館校舎は、阪神淡路大震災を承けて強化された耐震基準を満たしておらず、耐震強化工事を行うか、建て直す必要があった。当時の樋口校長は2号館校舎の建て直しを選び（２００５年4月）、附設の2号館校舎の新改築を久留米大学80周年事業の内に含めることを提案し、学校法人久留米大学の理事会から認められた（２００６年2月）。附設の教員たちは、新校舎のアイデアのための検討を行い、また、校舎の新改築を計画中、あるいは工事中の学校をいくつか訪問し調査を行った。附設高校の同窓会からも、卒業生の建築家たちが集まって、

「アーキテクツ21」という集団を結成し、附設の校舎建て直し案を側面から支援する体制を組んだ。さらに、生徒たちも理想の校舎像を論ずる機会を作った。

こういった経過を経て、2008年3月には計画案の予算措置は済んでおり、祝賀記念行事が終わり次第、設計監理や建築などの業者選定のための入札準備が始まった。入札準備の最終段階での現地調査は5月に行われたが、そこで厄介な問題が明らかになった。新校舎設計にあたっては、かねてより福岡県から指導のあった40人学級化が読み込まれてはいた。しかし、学級サイズの縮小に対応する学級数の増が授業編成に及ぼす影響の評価が十分ではなかったのである。念のために、時間割のシミュレーションをしてみたところ、当時の附設の生徒構成を前提にしても、特別教室や実験室の個数あるいは面積が不足していることがわかった。野中の校地は、正源寺一帯の風致地区に指定されており、建築面積および建屋の高さに関して課せられている建築制限に対応して、新棟の建築は、既存施設の改築として行わなければならず、しかも、建築面積捻出には既存建物の整理が必要であった。

要するに、このときの計画案のままで校舎を建て替えてしまうと、時間割編成が困難になるなど、附設が学校として成り立たなくなる可能性が高いという何とも奇妙な帰結が予想されたのである。結局、附設の建築計画に関して、面積、経費についての再提案を学校法人の理事会に行うことにした。[16]再提案の準備作業では、福岡県私学振興課の意見も聞き、附設同窓会の建築家集団「アーキテクツ21」

16　2008年7月11日付の法人執行部向けの内部説明資料（pptファイル）によると、1. 附設校としての長期戦略の欠如、2. 附設校内での取組みの混乱と遅れ、の2点を挙げている（直接の原因は2であったが、案の不備を見抜けなかった理由は1から来た）。この資料は、いわば赴任直後の附設に対する第一印象の反映でもあった。新校舎設営の前提とされるべき、当時の附設が抱える課題についての認識の点では見当外れでもなかったことは幸いであった。

の指導も仰ぎ、また、当然ながら、教員たちの意向や将来への想いなども反映させるように努めたつもりである。久留米大学施設課からは、技術的な指導の他、附設が野中キャンパスに移転した当初の校舎の図面や、キャンパスの以後の利用計画を示すマスタープランを見せてもらった。野中移転時の原巳冬校長は、前任の福岡県立福岡中央高校長時代は、同校の施設整備に心を砕かれたが、附設の野中校地設計は老練ながら理想に満ちたものであったことがわかった。

さて、再提案にあたっては、新校舎の役割を確認することから始めた。当時の附設を成り立たせている諸条件、将来の附設が置かれるであろう環境の想定、また、当時の附設の運営上の問題などを確認し、新校舎の供用に際して、附設が対応すべき課題を知っておこうということである。新校舎の設計は、こういう課題の解決に取り組むための具体的な場の準備であるが、さらに、実社会の中での話だから、学校教育法、風致地区指定による制限や建築基準法、消防法などの関連法規、そして、もちろん、経費、その他、種々の制約のもとで、理想にできるだけ近いものを実現しようという、パズルのような作業でもあった。[17]附設の教員だけでなく、久留米大学施設課の意見や「アーキテクツ21」（特に、佐々木郁夫氏や小田恵介氏）のアイデアも借りて、附設としての仕様書を作った。新たな建築計画は、２００９年2月の法人理事会で承認された。[18]

新校舎建築の経過を詳細に述べても仕方がないが、まず、簡易プロポーザル方式によって基本設計案を公募し、設計監理会社として「教育施設研究所」が入札によって選定された。基本設計案から（実施設計の基礎になる）本物の基本設計の間には重要な作業が多くあり、素案と完成案とは似ても似つかなくなることもあると、事前に「アーキテクツ21」の小田氏から聞いていたこともあって、いわば、わたくしの考えを押し付ける形で、教育施設研究所の素案をずたずたにしてしまったが、素人のアイデアによく対応して下さった清松信氏を始め同社の皆様に遅ればせながら感謝したい。

わたくしがこだわったのは、主に三点であったろうか。第一に、新改築に伴って失われてしまう旧校舎の面影のうち、特に、校門からのパースペクティヴは留めたいこと、第二に、新校舎は建物としての機能性は重要であるが、意匠的には保守的な学校建築が望ましく、少なくとも、構造上、行き止まり感のあるところをできるだけ作らず、校舎内を一筆書きで移動できるようにすること、第三に、そのくせ、普通の学校には絶対にないという特徴をそなえていること、の三点である。夢みたいなことだが、上述の厳しい制約条件のもとで、なお、7割くらいは実現できただろうか。それでも、想像力の不足というか、素人の限界というか、出来上がってみて最善ではなかったことに気づいた箇所はいくつもあった。

基本設計がほぼ終わると、施工業者の入札が行われ、戸田建設、東光電気工事、朝日工業社の三社が、それぞれ、建築、電気、機械の業者として選任された。当時の戸田建設の井上舜三社長は附設ＯＢであり、社を挙げて、附設校舎の工事に力を入れていただいた。

一期工事は、２０１０年４月に始まり、２０１１年７月に東棟（高校棟）として引き渡しを受けたが、２０１１年３月の東日本大震災の復興工事が本格化する前でもあったので、ほぼ順調に進んだ。旧高校寮の取り壊しから始まり、東棟（高校棟）の基礎工事が終わり、建屋が出来上がり、そして、内装に移る、

17　こう書き出してみると、理想像の質と厚みがもっとも重要であって、作業の成功の鍵は、それを関係者が共有できていることであることがわかる。現実には、なかなか難しいことであって、附設の校舎新改築の場合も、出来上がってから悔いが残った部分は、前提とした理想像の甘さや関係者の意識の共有が十分ではなかったところに多かった。

18　骨子は、中・高校校舎併せて、延べ床面積１０，０００平米、工期は2期。1期：高校（設計：２００９年５月～２００９年11月、工事：２０１０年２月～２０１１年７月）、2期：中学（設計：２０１１年１月～２０１３年４月、工事：２０１１年９月～２０１３年３月）であった。第２期工事には１号館の改修も含む。

という風に、工事の進行具合を見ているのは、結構楽しいものであった。旧高校寮の取り壊しの際の重機や基礎工事のパイルの打ち込み、あるいは、各階の工事用に小型トラクターが吊り上げられているのを見ながら、建築工事の技術進化を目の当たりにした想いであった。

東棟は、できれば、ロの字型にして、1階の中庭に面する廊下は壁面をとって廻廊のようにしたかったが、いろいろな事情で無理であった。[19] ただ、中庭の敷石ブロックを黒白二種を半分ずつずらして置くことにより、上から見たときの錯視効果（カフェウォール錯視［北岡］）を実現できた。しかし、密かに意図していた生徒たちの集まる空間としては、今のところ、余り機能しておらず、意図的な利用法を考えるべきかもしれない。

東棟は引き渡しを受けた後、什器などの内装を整え、2011年10月から供用開始になった。まず、東棟に設置予定だった職員室、美術室、音楽教室、LL教室や教科研究室などはもちろん、当時の2号館にあった中・高全教室なども2期工事のために東棟に仮移転した。2期工事は、2012年11月末に引き渡しを受けることになっており、2013年3月までの1年半を、高校12学級600人、中学9学級450人は、東棟で過ごすことになった。

西棟の設計では、中学共学化の決断が避けられなかった。2005年に高校の一部共学化（2章5節参照）をしたばかりであって、評価が確立するまで待つべきだとする意見も校内にあり、附設高校同窓会にも消極的な人たちはいたようだったが、実際に同窓会の運営に当たっている人たちからは反対はなかった。むしろ、学校法人久留米大学が積極的であったとは言いにくかったが、中学に（わたくしや附設の）期待ほどには女子生徒が集まらないのではないかという経営上の危惧があったかららしい。

考えてみれば、校舎を建てたときに学校の構成は決まってしまい、この校舎が存在する限り、変更は困難であろう。しかし、当時の高校の中途半端な共学化は、恒常的に望ましい状態とは到底認められるべきものではないのだから、正常な形に近づける機会としては、新校舎建築のこのときしかなかったのである。

2期工事は、西棟（中学棟）の工事であるが、まず、2号館の解体から始まった。解体の過程で増改築の部分が消えて建築当初の姿が現れてくることがあり、当初の設計思想に改めて感服する一方、建物も何というか生き物で、成長したり老化したりすることが、まざまざと実感された。その後の建築工事は、しかし、東日本大震災の復興工事の影響を受け、他にもトラブルはあったが、とにかく、戸田建設は納期を守ってくださったのである。ただ、工事のリズム感が把握しにくくなり、特に、最終段階では、作業が急激に進んだこともあり、細かいことのようだが、鏡面の貼り付けや、ピクチャーレールの装着など、図面からではなかなか確認しづらいところに問題が残った。

西棟は、旧2号館の跡に建つものであり、校門から見通すことができる。かつて2号館の階段室の塔が見えたところに、階段室の塔を設け、校門から見た風景が余り変わらないようにした。古い卒業生の帰属感のもとであってほしいということもある。ただ、外壁はタイルにすることになったので、大きめのタイル配置と目地幅の調整により、西棟の階段塔の外壁に縦横が黄金比の長方形をいくつか潜ませることにした。階段塔の内部壁面には、思考廻廊と称する、各年度の卒業生（各回生）からのパネルを配置する木枠がある。階段塔最上階の窓には、野見山暁治画伯の作品をモティーフにしたステンドグラスが設けられており、西棟階段塔が全体として記念碑的になるようにしたつもりである。[20]

19　東棟1階には、ロの北側の東寄りの隅が切れており、また、北側と東側は1階部分に関しては壁面である。南側は、化学実験室、生物実験室などが中庭に面し、西側は廊下、水飲み場等があって開放されている。

20　ステンドグラスは58回生卒業記念品。思考廻廊は59回生卒業記念品で、制作の乗富久哉氏はＯＢ。

ともかく、こうして、2013年度入学生から、中学共学化4学級160人、高校5学級化が、年次進行で始まったのである。校長として赴任した2008年度から、まるまる5年間、校舎の新改築に関わっていたことになる。[21]

5　わたくしは何ができたか

こんなわけで、校長としての本来の用務は、2008年4月に赴任してから、どのくらい果たしたのだろうか。わたくし自身は、中学・高校での教員経験はないし、そもそも教員免許を持っていない。校長としての挙止振舞については、多くの同僚教員に心配を掛けたようであった。特に、当時の教頭の横山貞継氏からは基本について懇切な指導を受けた。横山先生は、福岡県立伝習館高校の校長退任後、附設に（高校）教頭として赴任した人であり、長く、福岡県の高校教育界に身を置いてきた。わたくしは、もともと大学教員であり、しかも、数学者であって、横山先生から見れば、全くの異人種であり、校長としてはあぶなっかしくて見ていられなかったのではないだろうか。

それはともかくとして、わたくし自身も、附設の校長とは何であるかということについては考えてみた。中学の新入生相手なら、第1章2節で述べた程度の説明でよいであろう。だが、少なくとも、生徒、保護者、教職員に対して通用するような、そういう存在としては何なのだろう。わたくしの知っている校長というのは、母校、栄光学園のグスタフ・フォス先生の印象が強い（[フォス1]、[フォス2]）。他には、全く接触のなかった小学校の頃の校長を別にすると、PTA会長を務めたときの札幌市立真駒内緑小学校の校長や福岡に移ってから息子たちが世話になった学校の幾人かの校長しかいない。その上、フォス先生が記憶にあるのは生徒向けのメッセージを毎日のように強烈に発信していたからだろうが、かれの真似はできない。[22]

校長の役廻りを検討してみると、雑用係のようであり、基本的にサービス業と考えるのが適当なようであった。[23] 相手は多様であり、状況もさまざまである。顧客の満足度を上げるように動くことが、よい結果をもたらすようだからである。実際、概ね、このような精神のもとで、わたくしは校長を務めてきた。もちろん、わたくしには原則というものがあり、サービスの内容がこの原則を歪めるようなことはしなかった（節末に具体的な「サービス」の例を示す）。

言うまでもなく、学校は教員たちの種々の校務分担によって成り立っているが、私立校の場合、教員団は流動性の低い濃密な人間関係の世界でもあり、校長は、そういう世界の善し悪しを心得た上で校務配分を設計して学校運営に当たらなければならない。こういう場合、優先順位の置き方が大事である。第一順位に、学校としての機能の発揮、つまり、結局のところ、生徒と公平公正に接することに帰し、したがって、欠かせない要件である。第二順位に、教員団の中期的な安定を目指すことを置き、第一順位と組み合

21 2012年暮れの旧1号館改修工事では、息切れしてしまい、改修結果に悔いが残った。実際、工事との関わりは、その後もしばらく続くことになった。

22 もちろん、附設も、学校として、全校生徒向けのメッセージをもっと発信すべきであるとは思うが、毎週一回の「全校朝礼」が仮に可能だとしても、それを仕切り続けるだけのタフさは、例えば、わたくしにはない。

23 ［里見］に目を通しているうちに、「サービス業」への言及（p.101 以降）に気づき、日本語「サービス」の用法が西欧語の service――本義：神への奉仕――とは全く異なっていることを思い出した。わたくしの「原則」に沿って言えば、生徒たちがやがて作り出すであろう未来の世界の可能性への奉仕ということであって、生徒一人ひとりの都合に応じての作業をこなしてきたつもりではない。もちろん、本節末で述べる医学科志望者に対する面接練習だけに限らないことである。

わせて、教員団の短期的な満足を損なわないように調整することが校長の仕事になる。

学校の機能発揮が重要なことは、教員なら誰でも心得ているから、教員団の満足を優先しても問題はないのではないか、という考え方もあるだろうが、立場により、視点の位置によって、視野の拡がりは異なる上に、関心の払い方の有無による見え方の違いもある。教員団の満足を優先させることは、学校の機能の安定的な発揮には向いていないのである。

しかし、学校の機能の発揮はリアリズムの世界で初めて成り立つことでもある。校長がその理想にこだわって、志望者が減少したり、生徒の質なるものが期待していた水準から大幅に乖離したりした結果、学校の存立そのものが危うくなるようなことは、起こすわけにはいかない。わたくしの場合なら、別項（第5章）に述べるように、独特の教育観は持っているのだが、それらは、一応、ほぼ封印して、やや力を抜いて附設の運営を行ってきた。それというのも、校長に選任されたときの事情もあり、また、それまで特別な関わりがあったわけでもないので、自由であったというか、殊更の思い入れはなかったということもあるだろう。

しかし、今思えば、「附設らしさとは何か、附設らしさの追求」というようなテーマを掲げておいてもよかったかな、とは思う。つまり、卒業してしまえば、皆、附設の卒業生である。かれらが出会ったときに、何というか、瞬時に、「もしかして、あなた附設?」と、互いに感じ合えてしまうような、そういう独特の文化というべきものの素（もと）、アルマ・マータとしての附設、をもっと前面に出しておくべきだったかなと思う。ハード的には、学年は違ったけれど、同じ時期に在学していて何かしらの体験の共有があるとか、あるいは、そういうことがなくても、ほとんど同じ佇まい、同じ雰囲気を共有したという感覚があることから始まるのではないだろうか。

赴任した当時、美術教室は1号館にあったが、そこに卒業生の作品が大量に残されていた。丁度、白壁のまま空いていた1号館の階段の壁面に、これらの作品を展示するようにした。要するに、学校に公共空間を意識し、そこに共有財としての卒業生の作品を並べたのである。卒業記念品として、モニュメント性の高いものをお願いするようにしたのも同様の配慮を働かせた。また、新校舎にいろいろと特異な仕掛けを施したのも、生徒たちの共有感を期待してのことであった。美術館化する附設とでも言おうか。

課題は、ソフト面での「共有可能な文化の醸成」で、いろいろと方策はあるのだが、ほとんど現実化はできなかった。一例を挙げれば、中学生も高校生も一体となって構成される弦楽中心の（小）オーケストラ（室内楽団）である。附設の生徒たちを組織化するだけで可能なはずではあるが、指揮者には専任の音楽教師が欠かせないであろう。教員配置の問題も絡むのである。さらに、授業や教科などの学校としての本性に関わる部分でも、卒業生が一体感を持てるように編成をすることは重要なのだが、まだ、ひと工夫もふた工夫も必要なようである。この辺は、わたくしの限界であった。

いずれにせよ、具体的に、校長としてのわたくしが建物以外のことで何をしてきたか、日常的な校務をどうこなしてきたか、となると、中等教育の門外漢でもあったので、たいしたことはできなかった。

しかし、当時の横山教頭から入口のところの手ほどきを受けたおかげで、少なくとも、対外的な交際、特に、福岡県私学協会やその校長部会筑後支部などでは、それなりに役を果たせたのではないかと思う。九州北部の地方社会という、今までのわたくしの履歴では見たことのない世界が垣間見えるところでもあり、興味津々ではあったが、ここに見えているのが、長い歴史や入り組んだ人間関係が作り上げている氷山の一角に過ぎないと思うと、感慨深いものもあったのである。

校内的には、大っぴらに言えるようなことは格別ないが、文部科学省の「全国学力・学習状況調査」の校長向けアンケート（「学校質問紙」）が、校長としての行動に非常に参考になったことは特記しておきたい。アンケート項目の設問や選択肢の設計から見えるのは、文部科学省の政策の方向性である。同省が拙速であった「ゆとり教育」導入の失敗を教訓に真剣かつ着実に教育改革の提案をしようとしているようで、特に、各教科を通じての「言語活動」の強化が数年来のアンケートでは目立っている。附設の立場としては、２０２０年の「高大接続」への対応だけが問われているのではなく、それよりも深い本来の変革の先取りを心掛けなければならないということであろうか。

一方、上述のアンケート項目で、わたくしの行動に影響したのは、校長の校内巡回の回数を問う設問であった。[24] 赴任当初は意識して校内を巡回することはなくて何かの用での校舎内移動の際に授業中の教室を覗く程度であった。この設問にも、しばらくは、週に1、2回程度という回答をしていた。実際、校長室で果たさなければならない用務も多く、人に会い、書類の読み書き、決済をするだけで、時間がなくなってしまう。わたくしは、その上、校長室で、赴任前に引き受けた本（［吉川4］）の原稿をだらだらと書いていたし、発表の予定もない（目途も立たない）研究紛いの作業もしていた。読書することもあったから、相当の意識がない限り、校内巡回の時間を捻出することは簡単ではなかった。

動機としては、やや不純であるが、上記の設問に、毎日1回はしている、と回答してみようと思いたった。校舎の主要部分は、ほぼ一筆書きで歩けるようになっているので、30分余り掛けて一廻りということを始めてみた。ところが、これが面白いのである。階段の上り下りがそれなりの運動になる上、先生たちの授業や生徒の様子が見えて、担任ならば学級運営の様子さえも想像が付いてしまう。もちろん、ここ数年の各教科の教科書に取り入れられた内容に見える知識の進歩も印象的である。教科内容の詳細はわからなくても、プレゼンテーションを眺めているだけで、感想として、「さすが」というのから、「自分ならこういう風には教材を扱わないな」というのを覚えるのまで、授業もさまざまである。いずれにせよ、非常に興味深いので、次期校長にも、ぜひ毎日1回の校内巡回をお勧めしたい。[25]

ところで、教員の授業力、教科力であるが、これは基本的にそれぞれの教科の教員同士で高め合うのが本筋であろう。教科力に関しては、附設では、毎年、高3生対象に、「校内模試」を行なっており、その出題、採点は、関係教科の教員が全員関わっており、模試の講評は（原則として）校長を含む全教員が行っている。この作業は、教員の教科力を物凄く付けるはずである。だが、敢えて、この方式の弱点を挙げるならば、大学入試の出題傾向に左右され、教科内容の体系性が二の次になるという惧れがあることである。

体系性は、授業では重要なところで、教員の本当の教科力は授業にこそ反映しているはずである。[26] 教科力と授業力の伸長はそれぞれの教科の教員たちが協同して実現していくべきものに違いないのだが、教員一人ひとりには独特のスタイルもあり、また、担当している学年による差違もある。さらに、教科によってはそれぞれの教員の専門性が高く、専門が違うと意見を差挟みにくいこともあるだろう。それでも、授業改善のための意見交換はしなければならない。比較的短時間で、しかも納得の得られやすい授業改善の手掛りが、例えば、上の模試の出題・採点などのように、習慣化されているといいのだが、附設の場合、

24 すなわち、（114）あなた（校長）は、校内の授業をどの程度見て回っていますか。
①ほぼ毎日／②週に2～3日程度／③月に数日程度／④ほとんど行っていない

25 しかし、この巡回は、毎日1回しているぞ、と言いたいためであり、また、運動のためでもある。授業評価をしようとか、教員の学級把握力を確かめたいということを目的とするのであれば、こういう形をとることはできないであろう。

26 附設には「授業は命」という表現がある。生徒向けの発信のようであるが、教員の覚悟が基本である。

教科によって差があるようである。

実は、附設では、各回の定期試験の後で、学年ごとに非常に丁寧に生徒の成績検討を行っている。その際、試験問題自体は議論の基礎にはなっていないが、時々、試験問題の難易や適切性が表面化することがある。初歩的なことが多いのだが、新任教員や非常勤講師の場合に起きがちではある。定期試験の問題は授業と密着しており、試験問題についての知見を共有することは、比較的簡便な授業の質の向上のための手掛かりになるのではないか、と、最近思うようになった。つまり、毎回、定期試験の終了後に、教科内でそれぞれの試験問題を持ち寄って、長い時間を取らなくても、単に話題にするだけでよいのである。学年が違い、経験が違っても、あるいは、専門に若干の相違があっても、何がしかの意見の交換はあるだろうし、ヴェテランの教員でも気づかなかったこともあるだろう。実際の教科の授業では、対象の学年に応じて、また、担当教員の個性や経験によって、いろいろな違いが生じているのは不思議ではない。しかし、甲先生の授業はすごいが乙先生のはどうも、とか、丙先生でよかった、などと、生徒（や保護者）が思わないようにするためには、甲先生にせよ、乙先生にせよ、あるいは、丙先生にせよ、授業上のことで情報を交換し、経験、技術、知見の共有を図っているということを、外からはっきりと見える形、つまり、各教科の運営内に制度化しておくことが欠かせないようである。[27]

実は、わたくしが赴任した頃、附設の教員団編成は、関西方面の某校の方式を範にとって、学年団の教員構成が6年間不動であることを理想としていたようである。現実には、教員数の制約もあって、完全には実現できない話ではあったけれど、この方式には深刻な欠陥があることは看過されていた。少なくとも目先の教育上の効率は高いということであるが、その結果、同一学年間の結束は強くても、異なる学年との間が、たとえ、隣接学年との間でも、疎遠になるという傾向が強くなってしまうのである。

ところが、卒業生は、社会に出たとき、出会った人たちから附設の卒業生であるかどうかは評価されても（年齢はともかく）何回生であるかどうかには興味は持たれまい。世間から問われるのは、結局、附設の教育であって、（附設の）特定回生だけに向けた教育ではない。回生ごとに教育の質や内容に多少の差が付くのは、そのときの生徒や教員の組み合わせにもよることで、これは避けがたい。だからこそ、「附設の教育」を目指しているという共通理解を抱いているという姿勢が大事なのである。

さて、この項の最後に、校長はサービス業であると言う手前、どんなサービスをして来たか記しておきたい（サービスとはどういうことかについては、注23参照）。附設は医学部医学科を受験する生徒が多い。この現象について、わたくしが個人的にどう思うかは別として、こういう生徒たちのためにできる限りの便益を計ろうというのは、サービス業の当然の務めである。医学科は面接を課しているところが多く、そこで校長が面接の練習台になる。これは、わたくしよりも前の校長から行っていたかどうかは定かではないが、わたくしは赴任した最初の年から生徒の相手をしてきた。印象に残った生徒たちが、今やというか漸くというか、医師のひよこになったのである。

とにかく、効果のほどは明らかではないにもかかわらず、受験生は藁をつかむ、というか、時期になると「面接練習」に校長室に来る。わたくしには、面接の「作法」の指導はできず、ここ数年は、もっぱら生徒とのお喋りになっている。一応、定番の約束事は尋ねているが、実際の面接試問で想定されている時間の倍は費している。子ども相手と言いながら、こちらも教えられることは多い。医師家庭のお子さんの場合など、親御さんの医師としての姿勢も覗かないわけでもない。わたくし自身、面接練習のためもあっ

27　従前なら、個人間レベルで、必要な時のみ情報交換がなされてきた。ただ、制度化・習慣化しておかない限り、教員の「附設観」は個人的なレベルから広がらないだろう。

て、医療関係の本に注意して目を通すようにもなった。

こういう面接を通じて感じることは、医者とは何であるか、社会の中で果すべきその役割は何かを考え続けることとの重要性が、案外、医師志望の若い人たちに伝わっていないということである。なぜ、医者が特別な養成のされ方をし、また、免許によって保護されているのか。それは、かれらが負っている社会的な義務の重さがあるからではないのか。もちろん、人の生命を救いたいという想いは、初心として、大事なことではあるけれど、生命を救うということなら、病気の場合でも、余り適当な例ではないかも知れないが、大村智先生と天野篤先生とでは、数の上で格段の違いがある。その上、どこの国でも、非常のときには、国内なら、消防や警察、対外なら（信じられないかも知れないが）軍隊も、そういう役割を担っている。言うまでもなく、「公正で安定した社会」というものが多数の生命の安全の基礎であり、政治家や行政家の役割は、本来、そういう社会を実現することにある。それでは、医者は、こういう社会的な「装置」とはどこが違うのか、また、医師はなぜ保護され、生涯にわたる資格を保証されるのか、そういう医師の特権めいたものは当然と考えられることなのか、など、「面接練習」の生徒たちを、まあ、挑発したりして時間を過すことになる。

最近は、「18歳選挙権」が導入され、社会的な関心も多少は強まったかと思うが、かつては、これら受験生諸君の社会的な視野の狭さは腹立たしいほどの水準であった。医者は健全な社会あっての仕事だろう、君が働くことになる社会が、もし、健全でなかったら、一体君はどうするのか、と尋ねたこともある。いろいろな想定が絡んでおり、問いとして成立するかどうかも怪しいし、仮に成立しても正解があるわけではないが。

第5章

拙見——浅薄であること

見識と言えるほどのものではないが、わたくしにも独特の物の見方はあり、多くは、経験や出会いについて反芻しているうちに何となく形をとったものである。附設の校長になったこともそれなりの経験であったから、その反映もあろう。こうして沈殿してきたものが入学式や卒業式の式辞などの背景に潜んでいるはずではある。

1　健全なる素人

では、わたくしの人間観、ものの見方と言うべきだろうが、その基本は何だろうか。それは規範形として「健全なる素人」なるものを念頭に置くことである。「健全な素人」でもよさそうだが、「健全なる素人」と言うと、「健全性」と「素人性」がほぼ同格の印象になるであろう。対極にあるものとしては、「不健全な業界人」という語を念頭に浮かべるのであるが、これも合わせて説明が要るだろう。

このアイデアは、米英語のアマチュア（愛好家）に触発されたものなのだが、[1]一世紀余り昔ならともかく、今日では、相当の説明を要する代物には違いない。わたくし自身、「健全なる素人」を体系化できたわけではないが、定義の試みはある。すなわち、

1　［アイヴィンズ］の前書きで著者 ウィリアム・M・アイヴィンズ・ジュニアは、［美術の価値や意義についての直覚を論じて］〝By its very nature this task can only be done by the amateur, for no man can possibly be expert in the length and breadth of such a field.〟と言っている。「in the length and breadth」が、いわば、肝であって、そこで、わたくしは、「such a field」を人生とか社会に読み替えてみたわけである。アイヴィンズは、さらに、〝But, perhaps, after all, in all questions of value, it is the amateur and not the specialist who has the final word.〟と続けている。重要な表明で、本章は、これを敷衍したものであるとも言える。

理想形としての「健全なる素人」とは、少なくとも一分野では卓越した専門家であり、それ以外の分野では、卓越性を獲得した分野での訓練や経験を通じて得た洞察力に基づく直感的な判断力が発揮できるような人物を指したい。

ここで、一分野での卓越性は瞬時に獲得できるものではない。そうして、他分野でも有効な洞察力はそういう意欲をもともと仕込まれていないと育って行かないであろう。「健全なる素人」は「歴史性」との親和性が高い存在ということになる。

「素人」と言いながら「卓越した専門性」も要求するのか、という感想を覚える向きもあろう。しかし、誰であれ、すべての分野で卓越した専門性が発揮できるわけではなく、実際、大半の分野では「素人」である。だからこそ、堂々として、しかも、誠実な「素人」でなければならないのである。

なぜなら、「素人」であっても「専門家」に伍して判断をしなければならないことは多い。なぜ、そのような判断が可能であり、その根拠は何なのか。一方で、また、自らが「専門家」として対処できる場合でも「素人」の関与が通例であろう。「素人」の判断や批判は、なぜ尊重に値し、信頼がおけるのか、いや、おかれるべきなのか。ここは真剣に考えなければならないところである。

大人一人ひとりは、それぞれの専門性に基づいて、つまり、「専門職業人」として、社会生活をおくっていると本人も周囲も思っているはずである。が、ちょっと振り返ってみるだけで直ちに思い当たることであるが、本当に、専門職業だけで渡れる社会の部分というのはごく狭く、家族や近隣の人たちはもちろん、一般に人との交際にしても職業的な関わりだけでは成り立っていない。むしろ、専門性以外の面が実は非常に大きい。

確かに、「健全なる素人」というアイデアは、規範としての理想ではある。専門性の獲得も大概の場合その分野でしか通用しない程度で十分とされ、他分野での専門性には同情心が湧かないままというのが普通だろう。一歩間違えると、（後述の）「不健全な業界人」としか言いようのない、視野が狭く他分野には全く関心のない人間になる――しかし、それに甘んじていては、現代を生き抜けまい。

しかし、社会生活は否応なしである。専門職業以外の面での参加や関与は本来欠かすことができない。それでも、そういう場合に、距離を置く、少なくとも、余り深入りしない、とする態度はあろう。また、自分なりの意見を持つよりも、自分が取りあえず信用できると思っている人の後に付いて行こうとする態度もあろう。

これらの態度には、少なくとも、三つの要素が含まれていよう。第一に、誰もが、それぞれの専門職業上の問題解決で忙しいということもあり、したがって、第二として、専門職業以外のこと、つまり、素人として接せざるを得ないことについては判断を放棄するのは仕方がないのだとし、その上で、第三として、その方面の専門家はいるはずで適切な判断はかれらが下すだろうから他人任せの方がむしろよいとして、一般的な社会生活への参加や関与において積極的になろうとしないのである。しかし、これらの態度は間違っている。社会生活において直面する事柄について、自身の素人性を自覚している場合でも、その事柄に関係する専門性や下すべき判断の方向性は直感できなければならない。そうでなければ、判断を委託すべき専門家なるもの、つまり、自分がとりあえず信用することができるとする人の選別は不可能であろう。

要するに、こういう態度は、他者に対する無関心、あるいは、自己の独立した社会人としての存在の拒否に他ならない。したがって、このような態度の持ち主だけをいくら集めても、そこに社会は成立しない。そして、典型としての「不健全な業界人」は、この態度に加えて、自己の「専門分野」とされるもの――

業界——への他の専門分野の人間の関与を許さない。要するに、社会というものを拒否するのである。

そこで、思考実験として、仮に全員が「不健全な業界人」からなる集団を想定してみると、互いに没交渉の「業界」が並立するだけで、全体として「社会」と言えるようなものは構成できないだろう。一方、全員が「健全なる素人」からなる集団の場合には、一体感に溢れた「社会」として機能するであろう。なぜなら、情報や判断の共有に障害や困難がないからである。現実に「社会」が動いている以上、ほとんどの人は「健全なる素人」と「不健全な業界人」との間にあることがわかるが、だからこそ、規範形として「健全なる素人」を掲げることが意義深いのである。

ところで、これらの人間類型は機能的な性格のもので、定義上、道義性や精神性は条件になってはいない。しかし、「健全なる素人」は、筋として、しかるべき倫理性は備えていることにはなろう。誠実さや真摯さ、つまり、倫理性を欠いては、付与されるべき機能性は発揮されず、「健全なる素人」は成りたたないからである。注意すべきことは宗教性と道徳性とが別物であることであって、傑出した宗教家であることと「不健全な業界人」であることとは矛盾はしない。教団という「社会」においては、発揮が許される能力はもともと限られてしまっているのである。

要するに、「健全なる素人」が倫理性を内包することは論理的には必然ではあるが、整理しておく必要はあろう。したがって、「健全なる素人」の倫理性を

「健全なる素人」は、他者の生を自らの生として感覚できなければならない

として、明示しておこう。

では、具体的には、どんな人が「健全なる素人」の見本に近いのか。格別に深い議論もなしに、卒業式式辞（例えば、付録A、10）などで何人か名前を挙げたが、改めて、以下の第3節、第4節で丁寧に論じたい。

ところで、古典的な見本では、ルネッサンスの「万能人」のように、文芸、芸術、土木、軍事など、非常に広い範囲での卓越性を示した人間もいる。虚構の人間像では、ゲーテのファウストは万能人であり、ゲーテもそれに近かったのであろうか。時代を画したとされる人たちは、当時としては、ただ一つのこと、一本道をひたすら進んでいただけで、いわば、その一筋の道からのいろいろな枝分かれという形で、後世というものが出来上がったのであろう。例えば、産業革命の場合なら、ジェームズ・スチーブンソンなどは典型であろう。一人の人間が卓越性を発揮できる分野は、時期や環境によって流動するのでもある。

時代を画すという意味では、例えば、織田信長は「健全なる素人」と考えてよいか、という問いも立てられよう。そう考えてもいい要素はあったのではないか、とも思われるが、内面の非常に深いところで従来からの仕来りを純化しようとしたのではないか、つまり、「不健全な業界人」と解すべきではないかと見るのが正しいようである。信長の理想は、自身と世界の一体化であり、万人の幸福を目指すようなものではなかったから、結局、破綻したのであり、「健全性」は欠けていたわけである。

2　健全なる素人はナイーヴであってはならないこと

前節で「健全なる素人」の条件として、ある分野における卓越性を要求した。当然、ナイーヴであるはずはない。ところが、我々日本人は、「ナイーヴ」を「素直」と読み替え、しかも、「素直」という語が示唆しがちな「穢れていない」という肯定的な語感を「ナイーヴ」にまで移出してしまいかねない。前後したが、「ナイーヴ」について確認しておこう。原義は、「生まれたままである」、「まったく加工されていない」ということだが、転じて、「そのままでは使い物にならない」、「粗野である」という意味になる。成長の停止が含意されており、「純粋である」、「穢れていない」、「何にでもなる」、「可能性に満ちている」という解釈とは相容れない。

「ナイーヴ」であることによって起きうることを見たい。「ナイーヴ」な人は、思い込みに捉われ、事実のごく一面しか見えず、感情に支配される。その主張は、事実や論理に基づいた検証には耐えられない。高純度の「ナイーヴ」な人間は存在しえないかもしれないが、しかし、ある場に登場したときには、すでに、ほとんど固化してしまった状態にあるという意味での「ナイーヴ」な人間は決して少なくはないであろう。その場に立ち現れたままの状態であり続けることは固い信念の持ち主のようではあるが、実態は、場との交感や交渉を拒み、自らを発展させることができないからである。「健全なる素人」とは交差するところはないのである。

遺憾なことに、日本の伝統社会は「ナイーヴ」な人間に対して甘いところがあり、[2]「ナイーヴ」な人間が影響力のある地位を占めるということが起きないわけではない。事柄の性質上、具体的な事例は挙げにくいが、周辺に無用な混乱が生じるのが通例である。思い当たることはないと言える人はほとんどいないのではないだろうか。まして、「ナイーヴ」な人間が責任ある地位に就くようなことが起きてしまうと――皆無とは言えないようだが――組織自体の存立が危機にさらされてしまい、実際、破綻に至った事例も決して少なくはないのではないか。

一方、「ナイーヴ」の対極にあるのが「洗練」である。洗練には、しかるべき訓練と教育と経験が不可

欠であり、したがって、

「事実」というものと、きちんと直面し、感情に引きずられずに、論理的に物事の把握に努めた上での、合理的な「事実」解釈の構成力の獲得

として、「洗練」を特徴づけることができるだろう。「健全なる素人」の「卓越した専門性」の基礎にある姿勢であり、したがって、「健全なる素人」は「ナイーヴ」の対極にある。かくて、「健全なる素人」について

他者の生への同情心を備え、卓越し、洗練された職業人ながら、非専門分野における洞察力の持ち主

といった、複層的な要請をしたことになる。だが、果たして、そのような見本となる人は実在するのだろうか。

2　日本の文化では、（実は、吟味ということがあるのだが）一見、手を入れていないということを尊ぶ慣わしがある。現象としては、刺身を賞で、白木造りを評価し、赤子の穢れなさを慈しむ。大人は一般に汚辱に満ちた存在だが、禊によって、幼児同様の穢れなき姿にもどることができるとする。日本文化は、未加工の存在に神性を認めて、「素直」として称揚するのであろう。当世風の言葉に「初期化」というのがあるが、「素直」は「初期化」とは違うし、「ナイーヴ」に潜む硬直性とはむしろ正反対である。だが、これらの言葉が詳細な分析を伴った上で通常の日本語生活において用いられることは稀であり、不都合な混同が生じてしまっていることは否めまい。

3　見本となる人たち（一）

先年、知人のご紹介で久留米東ロータリークラブの例会（2014年8月25日）に招ばれ、卓話の形で「健全なる素人」について論じた。たとえ「健全なる素人」を目指しているとしても、実際は「不健全な業界人」の要素に満ちみちた「ナイーヴ」な人間であるわたくしが、「健全なる素人」の見本を挙げようという極めてあぶない話ではあったが、多少の熟成を経た手直しを以下に述べる。

「健全なる素人」として思い浮かぶ人間は決して少なくはないが、真っ先に、梅棹忠夫やウィリアム・M・アイヴィンズ・ジュニアを典型として挙げたい。梅棹忠夫という人の名前は聞かれた方も多いだろうが、アイヴィンズはほとんどの方がご存じあるまい。

その一方で、「健全なる素人」の理想型に近い人としては、福沢諭吉が挙げられるのではないだろうか。実際、『文明論之概略』を読んでみると、福沢先生が、事実に即し、表裏に目配りし、周到で、緻密、かつ決して一方的ではなく、飽くまでも論理的であって、「ナイーヴ」とは全く縁遠い人であることが、ひしひしと伝わって来る。福沢先生が辛辣な言を弄しているから「ナイーヴ」ではないというわけではない。辛辣さはレトリックなのである。

さて、アイヴィンズであるが、この人は、青年期を20世紀初頭の欧州で過し、いわゆる相対論の衝撃による古典的な価値観への深刻な反省を体感し、相対論の挑戦に真面目に応えようとした人であった。ハーヴァード・カレッジを経て、ドイツに渡り、ミュンヒェン大学で過し、帰国後、コロンビア大学を修えて、ニューヨークで弁護士を開業した。欧州滞在中から収集した近世版画をメトロポリタン美術館に寄贈し、後に、管理のために入館して、版画部キュレーターを務めた。青年期に受けた相対論の衝撃の40年余りにわたる熟成の結果が、同館の退職後に発表した小冊子 Art & Geometry である。今は、ドーヴァーのペーパーバックとして、簡単に読むことができる（[アイヴィンズ]）。

このArt & Geometryは、メソポタミア、エジプトから20世紀中葉までの西洋美術史数千年を100ページ足らずに収めてしまった驚くべき通史である。重要なところは、副題のA study in space intuitionsが示すように、空間認識の変遷を追っていることで、ここに、著者の青年時の相対論の衝撃の痕跡を見ることができよう。同書の特徴として、特に、古典ギリシア文化の相対化を挙げることができる。アイヴィンズは、弁護士、美術史家であって、数学者としては素人であったが、西欧近代が、古典ギリシアとは本質的に異なる幾何学の上に成立しているということを喝破し、特に、微分積分学——西欧近代文明の基礎——の基本中の基本である「無限」と「運動」というアイデアの適切な把握が古典ギリシア人には無理であったことを指摘したのである。

アイヴィンズの時代、メトロポリタン美術館の版画部はギリシア・ローマの展示室の奥にあったそうで、毎日、ギリシア・ローマ室を通っているうちに、古典ギリシア・ローマ美術についても自然と詳しくなったという。アイヴィンズは、ギリシア美術史の深刻な問題点として、ギリシア美術品が、史資料として見たときに、非常に質が悪い、つまり、オリジナルがほとんど伝来しておらず、ローマ時代の複製とされるものばかりということに注意を喚起する。19世紀のウィーン学派の美術史家による古典ギリシア美術の理想化は、実は、真正の古典ギリシアの美術作品に基づいて下されたものではなく、当時の時代的な風潮——ある種の古典主義イデオロギーのもとでの古代ギリシアの理想化——の一端であったと判断する。そして、古代ギリシアも、今から見れば、所詮は原始社会とアイヴィンズは切り捨ててしまう。

アイヴィンズの議論の意義は、個々の文脈とは独立の分析原理の抽出に成功し、それに基づいて、西欧美術史の各時代を同じ姿勢で概観してみせたことにある。その立脚点は、人間の空間認識の機械的構造と文明との関係であって、接触筋肉感覚的（tactile-muscular あるいは haptic）なものと視覚的（visual）なものとに二分される。

両者の違いは、幾何学的には、ユークリッド幾何、つまり、図形について形や大きさは変わらないということを前提にしている幾何学[3]と、射影幾何、つまり、図形について点の位置関係は変わらないとする幾何学、ということになる。美術史的には、古典ギリシアは接触筋肉感覚的、ルネッサンス以降は視覚的ということである。接触筋肉感覚的ということは、実際に腕を伸ばして届く、あるいは、掴んだり触ったりすることに基づいた人間の感覚能力内に留まることを意味しており、したがって、細部は詳細になるが、メリハリは付かない。古代ギリシア陶器類の表面装飾として残っている人物群像が前列後列を重ねることなく上段下段に振り分けられて、それぞれ、ほぼ全身が描かれたわけである。一方で、当然ながら、高速の運動や無限というものが、古典ギリシア人には、適切に把握できず[4]、関心も十分ではなかったということも、こう考えると納得がいく。

さて、ここでは、アイヴィンズは飽くまでも「健全なる素人」の例として挙げたつもりではあるが、もう少し続けたい。アイヴィンズは、その空間認識についての発想のそもそもはデューラーの版画に見られる遠近法への疑問[5]からであったと言う。「遠近法」、正確には「正統作図法」は「視覚的」空間認識の基本であって、ルネッサンスの万能人レオン・バッティスタ・アルベルティの『絵画論』[6]で最初に展開されている。

アルベルティはフィレンツェの亡命貴族で教皇庁の高位聖職者であった。アルベルティは本当にすごい人で、かれのアイデアには今日の情報科学や3D複写機にも通ずるものがあったが、日本では余り知られていないようなのは、日本のために非常に残念である。[7] ともかく、「正統作図法」によって、はじめて、無限遠方が運用可能かつ操作可能なアイデアとして把握され、それに伴って、「一様、等質で切れ目のない空間」が認識されるようになった。絵画制作は、計算づくの知的作業になり、それはそれで問題が生じたが、ともかく、ピエロ・デラ・フランチェスカの『絵画における遠近法』[8]、デューラーの『測定法教則』(〔下村〕)、ガリレオの『二世界対話』、ケプラーの『天空の調和』と系譜を辿って行って、ニュートンの『原理』に至り、相対論以前の宇宙観、世界観が出来上がって来たと言えるであろう。

　一方、空間認識において、接触筋肉感覚的なものと視覚的なものとを対比させるというアイデアは、西欧文明以外の観察でも示唆に富む。例えば、日本の空間認識の構造の基本は何か、また、その変遷はどうなっているか、そして、こういう空間認識の構造と日本の社会的な認識構造とを対応させることができるか、といった興味深い問いが立てられるだろう。ただし、アイヴィンズが上掲の小冊子で依拠した眼科学

3　「合同変換」によって変わらない図形を対象とし、特に、「距離」が変わらない。古典ギリシアの幾何学、つまり、ユークリッドの幾何学の基本的な性格は、まさに、こういうものなのである。アイヴィンズは、若いときに勉強したエンリケの相対論の解説書にこの趣旨の記述があったことを注意している。なお、古典ギリシア美術の専門家に伺ったところ、古典ギリシア美術の基本構造が接触筋肉感覚的であるというのは、今日では、定説化しているとのことである。

4　いわゆるゼノンの逆理。ただし、通常の逆理解釈では、この点に言及しない。

5　アイヴィンズのデューラーの遠近法理解への批判は、〔下村〕に詳しく紹介されている。

6　『絵画論』は、フィレンツェの建築家ブルネレスキに捧げられている(〔アルベルティ〕)。

7　〔グラフトン〕がある。

8　例えば、(仏訳)〔ピエロ〕(挿図が丁寧に再構成された図版を含む)。

的あるいは外科学的な知識は20世紀中葉までのものであり、当然、今日の脳科学や心理学、まして、社会学的な知見との対応は十分ではない。したがって、アイヴィンズの議論そのものを単になぞることには意味はなくて、こういう最新の知見に基づいて再検討しなければならないことは明らかである。大事なことは、かれが事実に基づいての検証可能な議論を展開しているということである。

Art & Geometry は、ここに挙げた紀元前数世紀の古典ギリシアと15世紀のイタリアだけが論じられているわけではなく、むしろ、古典ギリシア的な束縛から人間が解放され、さらに発展してきたというプロセスを描いているとも言える書物である。無限概念の把握においてキリスト教が果たした重要な役回りは認めているが、全体としては、ヨーロッパ文明の基本と考えられてきたギリシア・ローマの古典文明やキリスト教思想を相対化した展開になっている。この意味で、大変物議を醸したし、今でも、挑発的だという評価があるようである。

いずれにせよ、アイヴィンズは、同書の結論において、

滅多にはっきりとは指摘されないことだが、思想というものは語や句だけのものではなく、内容や関連、含意があるものであり、しかも、これらは新たな組み合わせで用いられると基本的に変質してしまうものである。句が成り立っている文脈や想定が変わると、その内容や性格も変わってしまう。思想も、年齢を重ね、かつて有効性が明白な事実であった時代からかくも遠くなってみると、健全性が疑わしくなるのではないだろうか

と述べ、「思想」には成立の際の環境という本来的に属している文脈の存在を注意した上で、その文脈を

支えている環境は時間と共に摩耗してしまうことを指摘している。

4 見本となる人たち（二）

さて、前節では、「健全なる素人」の例として、アイヴィンズに加えて、梅棹忠夫、さらには、福沢諭吉を挙げた。

梅棹先生は小学校5年修了で京都府立第一中学校に進み、さらに、4年修了で（官立）第三高等学校進学という典型的な秀才の道を歩んだ。、第三高等学校時代に、探検部を作り、犬橇での樺太踏査などで二年遅れ、本来なら、退学放校処分になるところを特例措置で在学を認められたという。その後、京都帝国大学理学部動物学科に進み、卒業後、人類学のフィールドワークを戦時下の大陸で開始する。先生のお仕事は多岐に亘っているが、門外漢には『文明の生態史観』が有名であろう。最晩年のインタビューをまとめた本（[梅棹小山]）を見ると、梅棹先生のアプローチとして、

第一に、常に自分の目でじかに見、自分の頭で考え、自分で確かめようとすること

第二に、目下のことが先行きどういう効果を産みうるかということへの配慮があること

の、少なくとも二点が読み取れる。

福沢諭吉については一々説明することもないとは思うが、一生に二つの人生を経験したと福沢先生自ら述べているように、大きなカルチャー・ショックを乗り越えて来た。[9] もともと幕府系の人であったが、彰

義隊の絶望的な戦闘の銃声や砲声を耳にしながら、義塾の講義は粛々と進められたということだから、この先の大事ということについての冷静な判断と覚悟があったことがわかる。この判断や覚悟のもとになったのは、咸臨丸による渡米、さらに、幕末の渡欧の際に受けた文化衝撃があったものと推察される。

ただし、わたくし自身は、父方にも母方にも年寄りには慶応義塾に縁のある者がいたにもかかわらず、最近まで福沢先生の著作にちゃんと眼を通したことはなかった。先日（２０１４年初夏）、行きつけの本屋で「丸山真男生誕百年フェア」というのに遭遇し、その際、買い求めた関係書のうちの福沢先生の『文明論之概略』をリズムに乗せられて一気に読み通したのが最初である。理解・解釈は熟成から程遠い状態のまま、言及をしてしまっていることは釈明しておかなければならないだろう。

順序は前後するようであるが、アイヴィンズや、梅棹忠夫、福沢諭吉など、上で挙げてきた人々に共通な点は、まず、以下の４項に整理できるであろう。

1. 独立した自我が確立していること、したがって、ものごとに接するに当たり、自らの目、頭、手によることを基本としていること
2. 知見を得るに際し、実地での検証によって、運用可能性の獲得も図ること、あるいは、それができないような知見は相応の留保のもとでのみ扱っていること
3. 知識・経験を体系化して把握しようとし、大局観を失わないこと
4. 人生の理想、あるいは、社会の未来の可能性、そういう個々の人生を超えたものへの信を失わないこと

アイヴィンズはアマチュアであることを強調し、また、福沢諭吉は偉大なる啓蒙家であるが、お二人とも何かある際立った分野における卓越性は見えにくいかもしれない。しかし、この人たちの見識が出来上がっていく過程を思い浮かべると、アイヴィンズも福沢も弁護士や漢学者としてのキャリアがあり、また、それ以外の分野にも深い関心を持ち、感覚を育てて来て、総合性を獲得したのであり、やはり、ある分野における卓越性は認められるのである。

5 『論語』をどう考えるべきか

附設には初代校長の「和而不同」という色紙が残っており、高校創立五〇周年の記念誌の表題にも取り上げられている。この句は、先述の通り、孔子（孔丘）の『論語』から採られている（第2章第3節 注29）。この例でみられるように、『論語』は、日本教育界の歴史上、非常に重要な位置を占めてきた。「君子」という語は『論語』の基礎語彙である。われわれは条件反射的に、立派で模範的な人、つまり、社会における指導的な人物を指すものと思ってしまう。[11] ところが、『論語』には「君子」の定義はなく、いくつもの属性が孔子の言として示されているものの、的確な「君子」像を帰納することも簡単ではない。

9　あたかも一身にして二生を経るが如く、一人にして両身あるが如し（［福沢］緒言）。なお、［山口］、［慶應］も参照。

10　久留米東ロータリークラブの卓話の準備も兼ねて、泥縄気味ではあったが。［福沢］、［丸山］、［竹内］。［竹内］は、丸山氏の理解の一助にした。

11　例えば、［井波］の学而篇一の注釈では「君子」とは「ひとかどの立派な人物」とし、解説では、「君子」が社会から超然としている存在でもあるとしている。

「君子」とは何であるかについて、今、われわれが依拠するのは、結局のところ、後世の解釈と、（これも後世の）「君子」とされる人々の実態についての知識である。この意味での「君子」が、孔子が意図していたものとどの程度一致しているかは、孔子の生きていた社会をいくらかでも再現するための手段に相当の不足がある以上、わかりようがないのである。

ところで、孔子の『論語』には「子曰、君子不器」（為政篇第十二章）という章句がある。わたくしは『論語』を通読しながら、この章句に逢着したとき、まあ、感動のあまり「君子不器」の四字を、篆書、楷書、行書、草書、それぞれの書体での書道手本として、当時附設に出講していた書道の先生に書いてもらった。「君子」は「健全なる素人」、むしろ、「万能人」であるとも解されるのではないか、と思ったからである。しかし、どうもそれは単純すぎる反応であったようである。

この章句の理解は、「君子は細部に拘泥することなく大局において正しい判断をする」から「君子は細部には関心を持つべきではない」、さらに、「君子は直ぐの役に立とうというようなことを考えるべきではない」、敢えて言えば、「君子は現場に関心を寄せずに空論にふけることが許される」までの幅があったようである。[12]

それでは「君子」とはどういう存在か。『論語』を眺めまわす限り、「小人」なる存在と対比されるものであり、しかも、「小人」には頑張れば「君子」となる道が開かれていたというものでもなかったようだということが推測されよう。

要するに、「君子」とは、ある種の階層的な人物像であり、その階層内での、しかるべき身の処し方を心得た人物を指すと理解すべきではないだろうか。そして、「君子」が属している階層は堅固なものであり、しかも、一種の自律性があったようで、特に、「小人」の構成する社会とは一線を画していたように読み取るのが自然ではないだろうか。これが孔子の時代の社会ではなかったか。「君子」の階層を（男子の）統治者の層、あるいは、征服者の層とみなし、「小人」の層を被統治者の層、あるいは、被征服者の層とみなしてもよいのかもしれない。それに加えて、「君子」の周辺の「女子」の階層があったのであろう。

誰でもが「君子」というわけではなく、しかも、もともと階層的な存在であれば、「君子」になるための手続きというものを論ずる必要など想定外であり、「君子」の階層における規範性だけが『論語』で扱われているのは当然だったわけである。かくて、「君子」であるとはどういうことかについて明示的には言及せずに、むしろ、「君子」にふさわしくない、つまり、「君子」としては避けなければならない振舞いを指摘しているのは、こういう事情が働いているからではないだろうか。上述の「君子不器」も、こう考えると、「君子」は「小人」ではないという命題以上のものではなく、自明と言えば自明である。

一方、「君子」の階層の人々の間にも種々の社会があった。君臣、父子、兄弟などはそれらの典型であった。『論語』が強調していることは、「君子」によって構成されている社会では成員間に整然とした序列が成り立ち、序列に応じた振舞い方があることである。上位者から下位者への関係は典型的には「礼」であり、下位者から上位者への関係は、社会の形態によって、「忠」、「孝」、「悌」などと言い分けられている。なお、これらの語彙の解釈は別の話である。また、『論語』が想定している社会では、成員間に対等な関係が存在するかどうかの関心は希薄である。さらに、『論語』の基礎語彙「仁」は、社会関係として

12 ［子安］第13講「君子たること」に我が国における理解と西欧系の理解とを対比した詳細な議論がある。子安先生は、「君子」について、さらに、為政第二第十四章、子路第十三第二十三章、学而第一第十四章、雍也第六第十三章を取り上げている。なお、「君子」の実態については、［平野］に興味深い指摘がある。

は上位者から下位者に向けて働くべきもののようではある。作用原理は余り鮮明ではないが、作用対象は「君子」の階層だけに限定されず、「小人」のものも含まれている。

『論語』は、今からおよそ2600年以上昔に活動していたという孔子（孔丘）とその弟子たちの言行を留めたものというが、現存する最古のテキストは、ほぼ2100年前のものであり、孔子自身の時代より概ね500年を経ている。[13] もちろん、現存最古のテキストはより古いテキストがあったことを示唆するわけであり、『論語』が漢の時代に重要視されていたことの確かな傍証にはなるであろう。そして、孔子が活動していた時代と『論語』が重視されるようになった漢の時代との間には400年近い時の流れがあり、しかも、この間もユーラシア一帯の民族社会の激しい変動が続き、東北アジア全体の統治構造や統治思想が根底から揺さぶられてきたということにも考えを及ぼすべきであろう。

言うまでもなく、漢の時代から今日に至る2000年の間にも、いろいろなことがあった。一般論であるが、ある地域での文明は、その繁栄が域外勢力の干渉や侵入を招き、かれらの支配や統治を経た新たな文明として、不断に変貌・変質を遂げて行くものである。これは漢代以降の中国史の栄枯盛衰でも通則であり、当然、漢代以前もそうであったろうと推測されるのではないだろうか。漢代以前の信頼できる一次史資料は希少であるとのことであるが、正統的とされる中国史の記述が自律的な歴史展開に終始しているとすれば、後世の補綴というべき部分が多いのではないかとするのが合理的ではないだろうか。[14]

孔子や『論語』があやしいというのではない。言いたいことは、孔子が活躍していた時代の社会と漢の時代の――明白に『論語』が尊重されていた――社会の、この二つの社会が全く同じ性格のものであったと考えることは果たして適当なのかということである。社会の、いわば、骨格部分が、『論語』が前提としている社会のものと共通性が高いようであれば、『論語』の有効性も相応に高いと考えることには間違いはないだろう。

そこで、改めて『論語』が前提とする社会の骨格部分を整理しなおしてみよう。すでに注意したように、『論語』は、「論語的理想社会」と言うべき、「君子層」と「小人層」の二層に分割され、しかも、「君子層」においては規範的な垂直関係が成立しているという社会を根底に置いていると考えられる。副次的ながら「女子層」も想定はされている。しかし、孔子の時代でも、現実の社会と「論語的理想社会」とには乖離があったことは疑いようもあるまい。原型としての『論語』は、当時の社会を「論語的理想社会」に近づけるための提案を含むとともに、「君子層」における規範的な垂直関係の推進や維持について述べたものであったと言ってよいのではないだろうか。[15]

『論語』のテキストは漢字の羅列である。解釈の柔軟性が否めないところではある。しかし、その解釈が何であれ、「論語的理想社会」と同様の社会、つまり、上下の二層に分かれ、上層については垂直関係が細やかに成立しているという社会を前提にしない限り、現実的な有効性は期待できないであろう。しかも、『論語』は、漢族を中心とする世界で代々承継されてきたものであり、「本家」の意識(あるいは矜持)というべきものが存在する。ここが非常に大事なところであるが、時代が経ち、社会が変ろうとも、解釈の主導権は自分たちにある、とするのが「本家」なのである。実際、21世紀の中華人民共和国においても、『論語』は尊重され、しかも、毛沢東の思想と矛盾しないとされているようである。[16]

13　「論語」の原型はもとより、孔子と同時代からの章句がどのくらい残っているかはわからないという(〔宮崎〕)。なお、〔湯浅〕に近年の考古学資料の話題がある。

14　例えば、「周」の史的な位置づけである。孔子の時代には衰えていたというのではなく、もともと「地方政権」の一つであったとして何か不都合はあるのだろうか。

15　宮崎市定先生は、「論語は職業学校の校長の精神教育の報告書」と言う(〔宮崎〕)。

ちなみに、中国共産党指導者は『論語』に造詣が深く、周恩来が田中角栄に「言必信行必果」（子路第十三第二〇章）を色紙に認めて贈ったという逸話[17]など、そのことを示す事例は枚挙に暇がない。周の色紙の句は『論語』の文脈では「小人」の特性であるが、日本の伝統的な倫理文化では基本的な重要性を持っていた。例えば、太宰治の「走れメロス」や、古いところでは、（白話小説の翻案というが）上田秋成の「菊花の約」（『雨月物語』）の中心的な倫理は「言必信」に相当する。

一般的な『論語』解釈に従って、この色紙は、周が田中を「小人」視していた証しで失礼であるという批判が当時の日本にあったようだが、日本伝統の倫理文化に基盤を置いてみると、そのような批判は出てくるような性質のものではないだろう。[18]日中は「友好」と言っても「両者の伝統的な価値観は相容れませんね」という示唆を周はしたのであると捉えておくのが正しいのではないか。実際、われわれは、『論語』を日本語の一種に書き下したものを通して理解しており、「北京語」や「上海語」、「広東語」、「福建語」など、孔子やその一統が使っていた言語と系譜的に近いものに拠っていない。『論語』の受容が「本家」のものと異なってしまうことは不思議ではない。[19]

さて、21世紀の日本において、『論語』はどう扱うべきか。われわれが生きている現代日本の社会は、もともと「論語的理想社会」とは無縁なものである。これから若い人たちが作り上げていこうという日本や世界の社会も、「論語的理想社会」のような、階層や序列を前提とするものではあるまい。『論語』は現代の日本と無縁と考えるべきであろう。しかし、現代の日本でも人口に膾炙している『論語』の章句は多い。わたくし自身は『論語』の章句を口にすることはないが、他人がそうすることの邪魔はしていないつもりである。

16 〔小倉1〕参照。また、胡錦涛時代であるが、〔ユ〕は現代中国の『論語』の公式の解説であり、毛沢東の詩も引用されている。中国共産党は「徳」の独占者であり、「民無信不立」（顔淵第十二第七章）の説明は、通常の日本的解釈の対極にあるが、根底には、中国伝来の社会観・統治観と日本伝来のものとの違いが反映しているのであろう。

17 〔山本1〕に拠る。周が日本人というものを的確に把握していたことを表す例としている。〔小倉1〕も参照。しかし、「君子」と「小人」の二層論的把握に従えば、日本人はアプリオリに「小人」に分類されるべきなのだから周の行為は当然でもある。

18 むしろ、「言必信行必果」に相当する行動倫理についての評価は、「論語」と切り離して行わなければならない。後段の「行必果」は、軽率で粗暴な行動に対して十分に否定的ではない。日本の社会においても、軽率で粗暴な行動は規範的な行動倫理ではない。

19 なお、〔金〕には仏典受容を巡って興味深い叙述が展開されている。

第６章　持論――暴論――について

ここでは、日本の教育システムの根幹に影響を与えるかもしれない、したがって、現実化の困難なことは承知の上で、（教育機関、研究機関の年単位、すなわち）「学校年」（または、「学術年」）についての問題提起を行ないたい。

結論から先に言えば、日本の教育機関は、幼稚園から大学まで、学校年を北半球温帯域（中緯度地帯）標準に揃えるべきであるというのが、わたくしの意見である。学校年の実質的な開始時期を（初）秋とし、実質的な終了時期を初夏とすべきであるということであるが、特に、重要なのは、実際上は、夏季休暇が連続する学校年の境目になることである。

現行では学校年と会計年は一致しているが、日本の地理的、気候的、さらに、国際的な条件からみて、これに執着することは適当か、という問いをたてよう。会計年は4月1日からだから、提案すべき学校年の開始とは（それが7月1日でも）数箇月のずれはある。しかし、税務年は、会計年とは一致せず、暦年である。行政それぞれの特質に基づき、関係する行政年が設定されるのは当然のことではないだろうか。

1　東京大学の秋入学問題

先年（2011年7月）、東京大学の濱田純一総長は、入学時期の9月への移行を表明し、4年後には完全実施するとしていたが、紆余曲折の末、結局、見送りということになった。当初の表明に至る議事の詳細が公表されておらず、また、見送りに至った経緯も明らかではないが、一応は世間を騒がした提案であった。「秋入学」について経緯を丹念に分析した報告書を出すのは、東京大学としての務めであろう。

ともかく、東京大学では「秋入学」の代わりに「4学期制」というのが導入された。日本の学校では従来から2月、3月の「年度末」は繁忙期であるが、実は、目下の国際的な研究・教育環境のもとでは、日本の一流大学の運営上の課題は、基本的に、6月、7月の2箇月間の研究・教育の管理のはずである。[1] 東大の4学期制は、結局、この2箇月間の対応だけに学事暦改革を絞り込んだ結果のようである。

東大では、平成27年春、総長が五神真氏に交代した。ホームページでは、濱田前総長の談話類は今しばらく閲覧できるようであるが、「秋入学」の大学発表記事は残っていない。サイト内検索では「秋入学」の関連記事はかなり見つかる。[2] それらから推測すると、十分な理念的な土台を築かずに「秋入学」の提案がなされていたように見える。「秋入学」の必要性の説明で、学生の国際経験の強化・推進が第一に挙げられたのも不思議と言えば不思議ではある。その上、そもそも「秋入学」の提案は東大の都合を表に出しすぎた印象を振りまきはしなかったか。

さて、東大の「秋入学」の提案の技術的な特徴は、4月から翌年3月までという日本の学校年の中に、東大に限ってであるが、9月入学相当の学事暦を嵌め込むことにあって、現行の学校年との矛盾は東大が背負いこむ形でしか解決ができないものであった。日本のメディアの関心事は、制度的には4月入学だが実質的には9月入学であるために生ずる4月から8月までの5箇月間――ギャップ・タームと称した――の使い方であった。主なメディアは、「受験勉強」で単調化した学生の価値観を青年本来の柔軟なものに回復させるために有効な経験の場に生かせるに違いないと評価してみせた。[3]

しかし、東大の提案で真っ先に目立った不備は、まさしく、この5箇月間の扱いであった。ギャップ・タームの中心となる時期は、6月、7月の2箇月になるが、この時期は、主要国では長期休暇に入っており、東大の新入生に適しているはずのアカデミックな交流活動を「大学の責任で」編成することは容易ではない。「秋入学」提案は、ギャップ・タームと馴染まず、新入生のためとは言い難いものではなかったか。その上、「秋入学」への移行は、特に、東京大学のように、しっかりとした教養課程（教養学部の前期課程）があるところでは必然性はなかった。「進振り」によって、各学部の後期課程は、実際上、二年次の秋から始まっており、理工系のように大学院課程までを含めてカリキュラムを組んでいるところでは、修士課程修了までの時間があるので、入学時期自体はことさら問題にはならないはずである。一方、大学では管理できない環境、すなわち、（国内の）各種の資格試験の時期や就職活動の時期設定などの困難をそのままにして、大学だけが「秋入学」導入を図ることも乱暴というべきであろう。

当時は、経済界を中心に「グローバル人材」の育成が叫ばれていたこともあり[4]、東大の「秋入学」もこの文脈で理解されていた面もあったようである。実際、関連する日本経済新聞社主催のシンポジウムが何回か開かれ、わたくしも二回（2012年7月、12月）ほど覗きに行った。実際には、新聞社の販売促進

1　アメリカの大学の夏季休暇の中央部分。大規模な国際研究集会や宿泊型の国際共同研究の編成に最適であり、世界中の活動的な研究者にとって貴重かつ重要な時期である。

2　平成28（2016）年8月20日確認（アクセス）。

3　多くのメディア報道の趣旨は、イギリスの大学では「ギャップ・イヤー」という制度のもとで入学後の一年間を大学外で種々の経験を積んで新入生が人間としての幅を拡げることができるとし同種の効果をギャップ・タームに期待するというものであった。ギャップ・タームを「受験勉強」による価値観の単調化対策とするのなら、全大学への波及を期待するところまで踏み込むのが筋の通った姿勢であったろう。主要メディアでは「日本経済新聞」だけが日本の「学校年」そのものの移行を提案している（平成24（2012）年1月21日付社説）。なお、東大に限定されない広い文脈での議論は、文部科学省のホームページに「学事暦の多様化とギャップイヤーを活用した海外学修プログラムの推進に向けて」（意見のまとめ）の掲載（2014）がある［2016年9月確認］。

4　提言［経団連］が出されたのもこの頃である。提言内に「大学に求められる取り組み」という項もある。なお、「グローバル人材」についての拙見は、付録Aの「平成25年度入学式式辞」（第11節）に展開してある。

の一環であったのかも知れない。それでも、二回目は、濱田純一総長の話を直に聞けたのが収穫であった。[5]

濱田氏は、「秋入学」提案の理由を三点挙げた。第一に、学事暦の国際化、第二に、社会の意識改革とカリキュラム改革、第三が、日本と世界とを同じ地平に置く、ということの三点である。要するに、「秋入学」の提案の根底には、日本の現実を踏まえつつ、東大の、あるいは、日本の若者たちの意識を国際的地平のものにしたいという（提案者側の）意志があった。技術的には、第一の学事暦の国際化に伴い、高校卒業が3月である限り、4月から8月いっぱいまでの期間、ギャップ・タームをどうするかという問題が生じる。第二の点も絡めて、この期間を青年たちの多様性獲得や意識改革のために充てたいというのが当初の目論見であったらしい。しかし、大学入学や卒業後の就職活動などを含む社会的な習慣が醸し出している強い慣性と直面せざるを得ず、濱田氏が社会の意識改革を強調した所以であろう。[6] そして、第三の日本と世界とを同じ地平に置くということは、従前の日本型「成功モデル」の終焉の自覚と従来型「成功モデル」に代わる人生階梯モデルの設計の話というのである。

したがって、濱田氏の強調によれば、「秋入学」の提起は、実は、日本の「社会システム」の変革とその完成を目指すという「社会プロジェクト」であり、東大の学事暦の変更は、いわば、そのための効果的な手段であるということであった。しかし、これでは、東大の独善性について、あまりにも無反省ではないだろうか。

濱田氏が東大の「秋入学」の理由として挙げた三点は、日本全体の課題ではあるまいか。その解決を東大だけで図ろうとするのは傲慢ではないだろうか。そんなことは百も承知のはずの東大が、敢えて、この形での「秋入学」を提案しなければならないと考えるに至った本当の理由は何なのか。また、我が国の研究や教育を主導する大学群が追随の姿勢を見せたのはなぜなのか。そこが問題の本質なのである。

なお、東大に限って言えば、結構難題を抱えているようで、女子学生比率にあるという二割の壁や地方公立高校出身の学生の逓減など、国際交流以前の本来の、東大生の知的資質の多様性の向上や交流のために不可欠な基礎的な条件がなかなか改善されないことへの苦慮も濱田氏の口からは漏れた。

女子学生2割の壁と地方公立高校出身者の逓減とは同列に論じられない。後者に関しては、30年ほど前に始まった地方の生産拠点の首都圏や海外への移転が地方社会の構造変化を起こしてきたことの反映である可能性は高い（第2章第4節）。地方の公立高校の生徒の質が、ここ四半世紀余りの間に変わってしまっているかもしれないのである。[7]

2 学校年の意味を考える

東京大学の「秋入学」は、学事暦の変更の提案という体裁であり、「学校年」あるいは「学術年」を本格的にいじろうというものではなかった。これらに（行政上の）特定の数え上げによる指定（番号付け）を

5 濱田氏の講演では、事前資料の配布もスライド使用もなかった。以下は、当時のわたくしのメモに基づくものである。

6 濱田氏の講演時には、すでに、ギャップ・タームは東大学内での特別カリキュラムで対応する方向であるとの話であった。教養学部の「類」再編も視野にあるのかという感想を覚えた。

7 統計的な検証を要する事柄であるが、とりあえず、利用可能なデータとして文部科学省の「全国学力・学習状況調査」を思いつく。ただし、研究上の利用には、法律上、また、制度設計上の難点があるようである（「中室」参照）。地方の社会構造の変化を検証するための統計データは、文部科学省だけでなく、総務省、経済産業省、厚生労働省などの省庁に散在していると思われるが、それらを統合して理解することも欠かせないだろう。なお、第2章注34、注35参照。

籠めたものが「学校年度」あるいは「学術年度」ということになる。

それでは、「学校年」とは何であろうか。一般論を少々展開してみよう。

「学校年」あるいは「学術年」は、教育あるいは学術研究のための時間単位であって、連続した12箇月から構成される（すなわち、1年相当の長さの）期間である。この12箇月間には気候変化があって、教育や研究の活動をする上では必ずしも望ましくない期間もある。また、教育や学習、あるいは研究に関わるのは人間であり、適切なリズムが効果を支える。さらに、社会的な配慮も加味して、この12箇月間に休暇期間をいくつか挿入して、実際の「学校年」あるいは「学術年」における教育や研究が進められることになる。

さて、日本のような北半球の中緯度地帯には四季がある。夏と冬が気候条件としては厳しい。特に、昨今の「気候変動」のもとでは、夏は猛暑期と化し、しかも、その期間も伸びている。また、冬も厳しくなっており、近年は、降雪量が安定しない。

気温が極端に高い、あるいは低い時期は人間にとって活動しにくいと考えれば、猛暑期や厳寒期に休暇があるのは自然ではあろう。仮に、長期の休暇を、夏季休暇2箇月、冬期休暇1箇月とすれば、残り9箇月について、夏から冬に掛けて4箇月、冬から夏に掛けて5箇月として、それぞれの間に1週程度の短期の休暇を適当に挟んだ上で、なお、延べ35週弱の実際の教育活動の期間を確保できることになる。[8]

さらに、学校年度あるいは学術年度という趣旨にこだわれば、幼稚園から大学、大学院まで、基本的に同様の学校年の編成で進行することが望ましいであろう。実際、教育・研究機関は、社会において重要な位置を占めているのだから、個々の教育機関の都合で「学校年度」が混乱すること、つまり、個々の機関の「学事暦」がばらばらであることは不都合であろう。[9]

以上は、全くの一般論である。

具体的な例として、日本の場合を見てみよう。日本の学校年は、暦年の4月から翌年の3月までの12箇月間であり、会計年と一致している。会計年と学校年の一致は、国際的には稀有であり、何か日本固有の事情が働いていると思われる。[10]

日本の学校年のもとでは、夏季、冬季、春季の休暇があり、さらに、秋季の休暇がある場合もある。これらの休暇によって学校年は区切られるのである（学期）。三学期制の場合は、秋季の休暇はないが、二学期制の場合は、秋季の休暇を学期の境目に設けるのである。春季の休暇は、古い学校年が終わり、新たな学校年が始まる学校年度の更新の時期である。冬季の休暇は、古い暦年が終わり、新たな暦年が始まる時期である。季節的には、春季の休暇は春分に、冬季の休暇は、冬至に隣接はしているが、行政上、あるいは、慣習上の配慮による設定であろう。

夏季の休暇の趣旨は何か。小学生に対しては、よく遊び、身体を鍛える時期だという考えもあったろう。大学生なら、涼しい土地で過ごして、しっかりと勉強せよ、ということだったかもしれない。気候の問題

8　単純計算で、週5日制で175日、週6日制で210日。週5日制で210日の確保には42週必要で、休暇週は10週になる。現行の日本の標準では休暇週はもっと少ない。なお、教育の国際比較では、前提とすべき標準化のための補正要素が、授業時間を始め、その他社会的条件まで実に多岐にわたることに注意を払うべきであろう。

9　日本の場合、管轄者、すなわち、国、県、市町村の違いに拠った結果であったとは即断できることではないが、かつては、高等教育機関は二学期制、中等・初等教育機関では三学期制、さらに、初等教育機関では地域により「農繁期」休暇があった。

10　国の行政の水準では、「税務年」は暦年と一致しており、「会計年」とは3箇月のずれがある。書初めなど日本古来の学習行事は暦年対応であった。なお、「学校年」が整う遥か以前のことであるが、明治半ばの慶應義塾では暦年と一致していたのかもしれない。父方の祖父の名前と明治24年12月正科卒業との記載のある名簿（慶応大学福沢研究センター蔵）の写しが手元にある。

は確かにあり、年々歳々、夏の気温は上昇しており、勉学条件は悪化しているから、夏季の休暇は重要視されるべきだろう。

ところで、よく考えてみれば、現行の日本の学校年は、戦前の、それも基本的に大正期の（今から思えば、牧歌的な——異論はありうるが——）教育制度のもとで機能していたものが、そのまま維持されて今日に至ったものである。この百年間に日本の社会環境も教育環境も全くと言っていいほど変わってしまったことを思うと、学校年の設定思想が百年前のままでよいのだろうかと、こう考えない方がおかしいのではあるまいか。

現行の場合の三学期制について見てみよう。高等学校までなら、基本的に、第一学期は4月の初旬から7月下旬までの約14週、第二学期は夏季休暇の後、9月初旬（8月下旬）から12月下旬までの約15週、冬季休暇を挟んで、第三学期は1月初旬から3月下旬までの約10週である。二学期制の場合なら、第一学期（春学期）は、4月上旬から10月上旬まで、そして、秋季休暇を挟んで、第二学期は10月中旬から3月下旬までとすることが多いようである。

もし、それぞれの学校がほぼ単独で学校年を過ごせるのであれば、その学校の都合で細部の編成をすればよい。その際、配慮すべきことは、地域の気候や行事および関連する行政日程など、その学校の生徒、保護者や教員を巡る環境だけであろう。こう考えると、複数の学校であっても、環境の条件が共通であれば、学校年の編成が共通であることは不思議ではないだろう。

そして、学校が教育課程ごとにほぼ閉じた世界にあり、課程間の連携あるいは接続の問題が存在しないとするならば、それぞれの学校種別固有の事情だけで学校年の編成ができるはずであり、そういう結果として、ある地域では小学校、中学校、高等学校などによって学校年編成に違いがあるという事態も不思議なことではないということになる。しかし、学校には生徒・学生と教員だけがいるわけではない。それぞれに家族がおり、社会生活は複層をなす。学校についても、教育課程ごとにほぼ閉じた世界にあるようだからと言って、種別ごとに全く違う時制が採用できるわけではない。それどころか、同じ種別の学校においても、各自が独自性の極めて高い——恣意的と言ってもいいような——時制を採用できるわけではない。東大の「秋入学」提案が、主要な大学にも学事暦の検討を喚起したかのような現象が生じた一因ではある。

3　機会としての長期休暇

ところで、濱田純一氏が「東大の秋入学」提案において、第三の理由として「日本と世界を同じ地平に置く」ことを挙げた（第1節）。当然のことであり、重要なことは濱田氏の指摘を待つまでもないであろう。[11] しかし、この語句の真の重要性は、大学生よりも、むしろ、中学生や高校生を対象とした場合にある。日本の中学生や高校生には、一般に（つまり、多少の例外を除いて）、「世界と同じ地平」に置かれる機会がない。濱田氏もそれが当然だと考えていたからこそ、大学でのギャップ・タームということになったのであろう。

後述のように、この年代の海外の少年少女たちは、長期休暇を利用して、学校とは独立な、しかし、良質な経験を獲得することができるような、適切に管理されたプログラムに参加できるのである。日本からの参加は期間や費用の点で一般的ではあるまい。

11　「日本と世界を同じ地平に置く」ことの捉え方については、付録A第11節参照。

極めて限られた生徒たちしか参加ができないようなプログラムでは、そこでの体験を多くの日本の青年が共有し、共感するということは全くあり得ないことである。それなら、海外ではなく国内の施設を利用して、同様のプログラムを編成し、内外の少年少女たちの参加を期待するということはどうだろうか。内外の参加となると、どうしても時期的には夏になるだろうが、こういう4週間程度のプログラムを、学校とは独立に、例えば、ホスト国である日本の一般の高校生多数が、しかも、それぞれに独立した個人として参加することを前提にして、組むことができるだろうか。実際、こういうプログラムを、特に、将来の日本や世界で大きな活躍を期待されるような、そういう日本の子どもたち多数が積極的に参加するような形で運営できるならば、そのことには大きな意味があるのではないだろうか。もちろん、言語は日本語中心でよいのであるが（むしろ、それがよい）。

ところで、ある年の8月初めに、前年秋からアメリカのハイスクールに在学中の（元）生徒が校長室に立寄った。[12] ハイスクールの夏休みプログラムによる1箇月の中国滞在を終え、アメリカの学校に戻る前に実家に寄ったついでに附設まで来たということだった。進路の方向性や翌年秋のアメリカでの進学先の希望などを一通り述べてから帰った。

かれが応募した夏季休暇のプログラムの内容は実に多種多様で、他にも、例えば、イタリアに行ってパスタ料理を学ぶなどというのもあったという。[13] 夏期プログラムへの応募には成績基準があるとのことだったが、プログラムの本当の提供者は学校とは別の組織であり、応募資格はこの組織が設定しているのであろう。

夏季プログラムは、他にもあるだろうし、また種類も豊富ではあろう。しかし、いずれも在籍校の学習プログラムとは全く独立なものとして（つまり、夏季休暇中、在籍校は閉鎖されるのだから）、学年と学年の境目の時期に実施されることが重要なのである。時代は違うが、ハイスクール時代の学業を離れての夏季休暇の体験の重要性はノーベル賞受賞者ワトソンの自伝からもうかがえる（[ワトソン]）。

考えてみれば、夏季休暇は、まとまった時間であり、自己可能性の拡大のために本当に貴重な時間である。このような重要なものが、日本の（標準的な、普通の）高校生には、どのように消費されているのか。附設の場合なら、1学期の修了式の後、7月中は課外の補習を行なっている。8月は、高3に対して最後の週に課外補習をやっているが、他には、特に、学校としては何もしていない。先生たちも、常駐しているわけではない。他の学年の生徒たちはと言うと、夏休み明けの体育祭のパフォーマンスの練習に来ている連中は多い。

高校によっては、夏休みは、学校挙げての対外試合の出場や応援で明け暮れているところもあるだろう。高3、高2の生徒は学校に集められて大学受験のための集中特訓を受けているという学校もあると聞く。生徒も保護者も、こういうことを承知で学校選択をしているのだから、「お好きなように」と思いたいところであるが、本当にそう言い切ってしまっていいのだろうか。何か非常に硬直的な思い込みが、この辺りに潜んではいないだろうか。

12　かれは中学生の時から福岡県のプログラムの一環の形で英国や米国での夏休みキャンプに参加してきた。しかし、参加者数は極めて限られており、期間的にも長いとは言えない。「トビタテ！留学 Japan」や県など自治体の補助がある場合でも、保護者の「持ち出し」も大きい。この方向の拡大は、一般的には望みにくいし、望むべきではないだろう。

13　正確には、参加プログラムは、Student Diplomacy Corps（SDC 学生外交団）と言う。かれの場合、6月29日から7月27日まで中国滞在を果たし、簡単な語学研修を始め、家庭滞在、セミナー参加、見学旅行と非常に濃密な時間を過して来た。

要するに、日本の高校生は、夏休みになっても、形はさまざまであるが、学校から離れることができない。学校も夏休み期間でも開いている、つまり、営業中である。高校生の場合、本当の意味での自由な自分の時間は、学校から離れることによって得られるはずだが、その機会としては、日本の夏休みは機能しないのである。

それでは、日本の高校生、例えば、附設並みの学校や公立の進学校の生徒たちは、一体いつ自由な時間を得るのだろうか。それは高3の最後の1箇月、高校の卒業式から進学先の入学式までのわずかな期間だけではないだろうか。しかし、この期間には入試結果の発表の他、入学手続きなどもあるわけだから、本物の自由が味わえているだろうか。これはギャップ・タームあるいはギャップ・イヤーをとやかく言う前のことであって、大学に入った青年たちに自由な時間をあてがって自発性を高めてもらおうという発想自体、筋がおかしくはないだろうか。

現行の日本の学校年において、特に、中等教育段階での夏季休暇の意味付けは便宜的なのである。この年代の少年少女たちに、良質な自律的な体験を獲得するための適切な機会を保障するという機能は、中等教育における夏季休暇の前提とはされていない。もちろん、かれらに良質な自律的な体験を獲得させるということは、長期休暇の時期設定とは独立のことではあるが、生徒たちが国際的に体験を同期させることができれば、一層意義深いであろう。しかし、現行の日本の学校年は北半球中緯度地帯の国々の一般的な学校年と乖離しており、日本の夏季休暇に国際的な拡がりを期待することは、そもそも自然なことではない。

本来、わたくしたちが問われていることは、

若い人たちの成長のための正当な機会をどう保障すべきなのか

ということであり、さらに、

日本は若い人たちに成長のための正当な機会を保障しようという（国としての）意思を持っているのか

ということを改めて確認することなのである。

いみじくも濱田氏が注目されたように、「日本と世界を同じ地平に置く」ことは、この問いへの解答の最初の手掛かりではある。しかし、解答そのものへの接近は、まさしく濱田氏が挙げた提案理由の第2点の根幹である「日本の社会の意識改革」、すなわち、「日本の社会システム」の変革に挑戦しない限り、成り立つようなものでもないこともわかる。濱田氏は「東大の秋入学」がこれらの実現の第一歩だと述べられたが、それでは堂々巡りで、若い人たちの機会は失われたままになってしまう。濱田氏の挑戦の失敗によって確認されたのは、「日本の社会の意識改革」は、明治大正の頃ならともかく、今日では、東大どころか個々の大学水準で対応できるような事柄ではもはやないということではないだろうか。

では、どうすべきなのか。わたくしは、この章の冒頭に述べたように、日本の学校年を、会計年（あるいは一般の行政年）から切り離し、北半球中緯度地帯の標準的な学校年、つまり、晩夏・初秋開始、初夏終了、長期夏季休暇型のものに転換させることに、国として日本は取り組まなければならないと考えている。しかし、現行のものと余りにも離れすぎており、当然ながら、相当の理由の説明が不可欠である。特に、移行期間の手当てや、移行期間および転換後に起こりうる「副作用」の評価と対策が周到になされなければならない。

学校年の転換を論ずる前に、若い人たちの成長のための機会でもある外国交流制度、あるいは、（短期）外国留学制度を支える（彼我の）思想を、「トビタテ！留学 Japan」と「ＳＤＣ」（注13）それぞれのホームページをもとに検討してみよう。

基本的な性格が違うので、比較は意味がないと考える向きもあるかもしれない。実際、「トビタテ！留学 Japan」は、日本人学生が対象であって、通常の授業課程から一定期間離れて海外の機関で研修を受けることが前提とされ、他方、「ＳＤＣ」は、学年の間の長期休暇に1箇月程度の（組織化された）研修を受けるように設計され、もともと通常の授業とは競合しない。[14] その他、政府主導型であるか、民間型であるか、また、基金構成の構造などに目立つ違いがある。

しかし、これらは表面的な差異ではないだろうか。より深い差異、世界認識、自己認識の差異がこれらの制度設計に反映しているように見えないだろうか。少なくとも、わたくしはそう見ることができると考える。要点は、自己を世界に対して他者と把えるか、一体化したものと把えるかの違いがあるのではないか。[15] 自己の外に世界はあるべきだとするか、自己の内に世界はあるべきだとするかの違いと見てもよいかもしれない。「トビタテ！留学 Japan」の根底にある思想は前者であり、「ＳＤＣ」の依拠する思想は後者ではないかと思われるが、どうであろうか。

世界と日本との関係、あるいは、他者と自己との関係、この二つはカテゴリーが違うので、本来は、比較不能ではあるが、しかし、ある種の相似が成り立つ。そして、「トビタテ！留学 Japan」と「ＳＤＣ」との間にも、まさしくこの相似関係が認められるのである。

ここまでは、いわば、ファクトである。問題は、こういう事情が、わたくしたちの貴重な子孫たちに何をもたらすか、ということであり、そういう意味では決して他人事ではない。この辺りを、学校年の在り方と絡めて次節で論じたい。

4　4月新学年の問題点――世界認識の困難

「なぜ4月新学年ではいけないのか」というやや稚拙ながら直線的な問いをたてよう。ここまで論じてきたことに基けば、いけない理由を二点指摘できる。第一に、北半球中緯度地帯の学校年と適合していないということ、第二に、夏季休暇の意味付けが浅くなることである。

後者、つまり、夏季休暇の意味づけの浅さについては、さらに、二点挙げられる。まず、気候的な条件として、日本の夏の現状は人工的な負荷を掛けて（つまり、空調その他の人為手段が用意されて）初めて快適に過ごせるような状況下にあること、次に、文化的社会的な観点からは、若い世代の「自律的な」成長に資する機会としての機能が積極的には予想されていないことである。

さて、敢えて確認をすれば、日本の「これまでのやり方」は、北半球中緯度地帯の標準的な学校年との適合性への関心は希薄であり、また、夏季休暇も基本的には学校年内の長めの休暇という設定のものであった。今も変わってはいない。実際、「これまでのやり方」で万事回って来たではないか、何の不都合があるのか、という話になるかもしれない。しかし、「これまでのやり方」は「今まで」日本が置かれてい

14　なお、「SDC」の場合は、日本流には、高1、高2が対象である。
15　一体化と言っても、世界に自己が包括されるというよりも世界と自己とを同期させようとする姿勢である。

た環境下での話であり、実は、その場合でも他のやり方（体制）のもとなら結果はもっと良かったかも知れないという可能性を考えてみたかと言うことはできるであろう。

まして、日本の置かれている環境はかつてとは変わってしまっているのではないかと思うなら、そして、その趨勢はますます強まるだろうと思うなら、「これまでのやり方」のままでは不具合が生じ、あるいは、増えていくかも知れないと、一応は考えるべきではないだろうか。つまり、「これまでのやり方」は絶対ではないのではないか。また、日本の学校年が、北半球中緯度地帯の標準とは異なることに、何か積極的な意味があるのかどうかも考えてみるべきではないだろうか。

それにしても、なぜ日本の学校年は四月開始なのか。なぜ、夏季の休暇は学校年内の長めの休暇という便宜的な位置づけなのか。上述の濱田氏の講演では「秋入学」に対し「桜花」の時期との乖離を挙げての反対論が寄せられたとの話があった。この趣旨のことは、「臨時教育審議会」の中間答申で「学校年」の開始時期への言及に対してもあった。当時、札幌にいたので、この手の議論の余りの不真面目さに驚いた記憶がある。4月第1週が桜の開花期と重なるのは、当時でも本州の一部であったはずであり、今日では、開花期は春分の頃にまで繰り上がっているところも多いだろう。そもそも「桜花」云々式の発想で沖縄から北海道までの長大な日本の事情を論ずることはできない。いい歳をした大人の議論なのだから、ただの情緒についてのことではなく、利害も絡むことかもしれない。しかし、仮に、学校年の設定が絡む利害があるのなら、それらを明らかにした上で、それこそ得失を冷静に論じておくべきであり、情緒が大切というのであれば国の全体に関わるようなものであるべきであろう。

結局、なぜ日本の学校年は四月開始なのか、という問いには、「ずっと」四月開始だから四月開始なのであるとしか答えようがないことになろう。しかも、「ずっと」と言いながらも、日本の近代学制が15

0年程度の歴史しかないのだから、近代日本のある時期には、実は、それなりの必然性があったはずであるが、今日では、その必然性なるものをもはや直感することができなくなっているということにも思い当たるわけである。

例えば、黒の詰襟の学生服は明治期の陸軍の軍服を模した名残であるし、蛇腹の付いた紺の場合なら、海軍士官の制服の名残である。女子生徒のセイラー服は海軍水兵の制服を模したものである。「桜花」にも近代国家としての明治日本の追憶が潜んでいるはずである。現在の学校、特に、初中等教育の具体的なあり方、特に、外形的な部分には、明治期の日本の社会・経済構造、国防・軍事構造、通商・外交構造などが醸しだしていた雰囲気——ある種の昂揚感——の記憶に他ならない部分が、潜んでいる、つまり、われわれの意識には、もはやそれとははっきりとわからなくなっているのである。

問題は、明治期、そして大正期には、いわば、必然であったものが1世紀以上経った今なお適当であろうか、ということである。もちろん、それには今日の条件下での適当な姿を探っておくことが前提になる。そして、今日的に適当と認められる姿と現行のものとが乖離していたら、時代に合った改編に努めるのは当然のことではないだろうか。

議論を進めるために、「日本」と「世界」との関係性のあり方を「対立型」「協立型」の二つの型に大別しよう。すなわち、「対立型」では「日本」と「世界」とを対立するものとして意識し、「協立型」では、「日本」を、それぞれに特徴のある他の部分と同等の、しかし、独特の部分として、「世界」の成り立ちに加わっていると見るのである。

明治・大正期の近代日本の対外関係は、明白に「対立型」であった。当時としては必然性があったとも言えよう。しかし、「協立型」に切り替えることができないまま、「対立型」の極端な帰結である戦争に至り、敗戦を経て今日の日本があるわけである。しかし、現代の日本でも、依然として「日本」と「世界」とは対立するものとして把握されていないだろうか。「鎖国」だ、「黒船」だ、「外圧」だと浮足立つ向きがあるのは、そういうことの表れではないだろうか。

しかし、その実、世界についての正確で詳細な知識は簡単に得られるわけではないから、「世界」とは現実の世界ではなく、自分が認識したい様態のものとしての「世界」である。一方、その対比としての「日本」も現実の日本ではなく、自分が認識したい様態の「日本」ということになる。したがって、対立型の世界認識、すなわち、「世界」を「日本」と対立させて把握しようとすることは、実は、「日本」の独善に他ならない。これに対し、協立型の世界認識、すなわち、「日本」を「世界」の一部と見ることは、これも現実の世界の不完全な解釈ではあるものの、独善性は少なく、自然に近い。協立型に添うことが、将来の世界においても発揮できる「日本の魅力」[16]というものの成長に資するものになろう。

実は、純日本的と考えられる物事の扱いは、対外認識が対立型であるか協立型であるかによって大きく異なるものである。純日本的と考えられているものでも、「対立型」の日本特有という主張が、単に、日本側の視野の狭さや意外な理解の浅さのゆえの思い込みに基づいていることがある。対立型では、彼我に実質的に同種のものがあっても、彼我共に、それらを同種と認識することには消極的で、日本も世界も並立するだけである。一方、協立型の対外認識の場合は、基本にある種の相対主義があり、純日本的とされる物事についても普遍性の検討が付いて回ることになる。そして、その結果、千数百年にわたってほぼ独自の発展を遂げてきた日本文化の豊饒性には世界を一変させてしまうくらいの可能性が秘められていることに、世界中が気づくことも起きるのである。要するに、協立型の世界認識の日本は、対立型の場合と比べ、総体としての今後の世界で果たすことになる役割が遥かに大きく深いと言えよう。

四月新学年の話が大げさになったように思われるかも知れない。しかし、四月新学年が日本の対立型の世界認識の象徴とも言えることに思いを馳せてほしい。四月新学年であっても、日本が対立型の世界認識でなければならないということが前提とされているわけではなく、むしろ、協立型であろうとする努力は、特に、近年強められている。上述の「トビタテ！留学Japan」などは、そういう努力の表れでもある。

だが、協立型の対外認識は一方通行的なものではない。同じ年齢層の内外の青少年が、言わば、一堂に会すことができるような機会が重要である。多数の、しかも、一般の青少年を送り出し、あるいは、受け入れることが自然であるような交流[17]、それも、キャンプなどの施設利用の（中期）滞在型の交流の機会を賄うものとしては「トビタテ！留学Japan」などでは限界がある。要するに、四月新学年では、夏季の長期休暇が学年の中間にあるために、適切な休暇として機能しないのである。

中期的な交流機会は夏季休暇以外にもありうる。北半球と南半球の交流ということになると、休暇を合わせるのは難しいかもしれない。この関連で思い起こすのは、校長就任時に表敬のつもりで訪ねたイエズス会系の学校長から、海外の姉妹校から3箇月くらい、ある学年を挙げて相互交換留学[18]という提案があっ

16　本来、魅力は独善から遠いものである。「おもてなし」も独善となれば不愉快なものになる。「おもてなし」の学術的研究（[小林他]）もある。また、[アトキンソン]も、盲点の指摘でもあって、興味深い。なお、付録A第12節参照。

17　内外の参加者において、参加前と参加後の学業生活に多大の影響が生じない範囲で遂行されているのが現行の方式であるが、そのため、短期にならざるを得ない。長期となると、文字通りの留学になり、参加資格が限定されることになる。内外の一般の生徒たちの大量の交流参加が可能な中期型（数週間程度）のものが望ましいのではないだろうか。

18　こちらの高1が先方の学校に3箇月行き、その間、先方の高1相当がこちらに来るという形である。

たと聞いたことである。宿泊や世話を考え、経費はもちろん、生徒たちの年齢や性別を考慮すると、実現の可能性は高いとは思われないが、それでも、こういう発想を得ることは大事だろうと、その時思った。内外の同じ世代の青少年を協同して一緒に育てようではないかという構想にも繋がりうるものが基礎に認められたからである。

わたくし自身の個人的な感情に近いところも述べておこう。わたくしは、かつて大学に勤務していたときは2月3月の繁忙感が嫌であった。入試の採点やら、研究報告書の作成やら、成績報告やらが集中し、作業量のわりに達成感の得られない時期だからであった。一方、初夏に1箇月ほどパリにいたときは、夏季休暇を利用して滞在中の、というか、同宿のアメリカの学者たちとも交流ができて、得るところが多かった。インディアナ州ウェスト・ラフィエットのパデュー大学で一年過ごすことになったのも関係があった。当時、アメリカの夏季休暇とフランスの夏季休暇には数週間のずれがあり、フランス人の教員たちは、秋からの授業の準備に集中していたが、こうしておけばすべてを忘れてヴァカンスを楽しめるという次第のようであった。学年の境目に夏季休暇が来ることには、いいことが多いなとその時思い、さらに、入試も、この時期に済ませておけば、学期中は授業に集中できるなとも思ったのである。

もとより、これら逸話的な事情は、それぞれのシステムから垣間見えていることである。わたくしの場合なら、1箇月パリに行くためには、授業の調整は当然必要であったし、1年間アメリカに行くとなれば、ある学年の後期の授業と次の学年の前期の授業はできなかったわけで、2学年に影響が及んだ。しかも、当時の勤務先では通年の授業も多数あったので、これらの学生や担当の教員に迷惑を掛けたことになる。

後に移った大学では、大学設置基準の大綱化や大学院重点化の時期に巡り合い、その結果、大学院研究科の創設に関わった。それを機会に、研究科教員の担当する授業を原則として半年で交代可能の形にしてみた。研究科教員の内外交流の便宜を優先したつもりであった。しかし、しばらく運用してみて問題点も見えてきた。わずかとは言え、かつては確かに存在した「学問が生まれてくる姿」を見せるような、同一講義者の複数年にわたる授業というものの編成が困難になったことも言っておかなければならない。薄っぺらになってしまったのである。

もちろん、大学だけが秋から新学年で済むことではないから、わたくしは、学校年の北半球標準への移行を唱えることになるのではあるが、附設の校長として中等教育に関わるようになるまでは、高等教育機関や研究機関の都合を中心に考えていた。しかし、大学の場合は、いかに日本の大学生が（国際的には）幼いとは言え、一応は大人である。まだ多大の可能性はあるから大事に育てなければなどと言っては、失礼にあたるだろう。

実際、中等教育に関わってみると、日本にとっての課題は少年少女たちのスケールを大きくすることではないか、と痛感するようになった。附設のような進学校の場合は、大学入試によって制約を受ける面はあるが、６年一貫校であれば、６年間のカリキュラム編成、特に、中１から高２までの編成を工夫することによって、相当のことはできる。学校に度胸があり、そして、保護者の理解が得られれば、夏季休暇を学業から切り離してしまうことも理屈の上では可能であろう。しかし、附設は、あるいは、一般に、６年一貫校は、日本の教育システムの中にあり、このシステムの標準から外れることは現実にはできない。その上、自分たちさえうまくやれればいい、という話でもない。日本の少年少女たち全員に対し、かれらのスケールを大きくする方向に舵を切るべきであり、第一歩として協立型の対外認識を育てていくことが大切である。結局、学校年の（実質的な）開始時期を秋に移行し、夏季休暇を学校年の境目に移さなければならないと一層強く思うようになった。

小学生以下も当然秋からということになろうが、これは、５歳児の秋からの小学校入学という線が自然なのではないだろうか。将来、就学年齢の引き下げが課題になるというのなら、そういう機会を目指して、社会制度的にも整備しなければならないことが多々あるはずであり、調整のための経過期間を置かなければならないのであれば、学校年の設定移行のための機会にもなるであろう。

学校年の設定になぜこんなにこだわるのか、と問われるかもしれない。この問いを再考するために、一度は、日本は来るべき世界においてどういう役割を担うべきかという問いを自らに発し、さらに、その条件を検討してみることを強くお勧めしたい。[19]

未来の世界の姿かたちについては、いろいろとありえようが、安定した平和な未来世界の実現には、それぞれの国が対外認識において協立型でない限り、一歩も近づけまい。少なくとも日本は従来の対立型の世界認識から協立型世界認識に転換を図らなければならない。ただし、学校年が秋開始ならば無条件によいというわけではない。アメリカも中国も学校年は秋開始であるが、いずれも世界認識は協立型とは言い難く、むしろ覇権型の二類型を示しているようである。しかし、これらの国々の少年たちには、現行の日本の制度のままだと、長期休暇を日本の同世代の人たちと一緒に過ごすための機会がほとんどなく、日本的な見方というものに生で接する機会も限られてしまうのである。

日本が北半球温帯域の標準的な学校年の設定に移行していくことには、具体的な利益も多く認められるが、このような理念的な意義もある。さらに、このような発想のもとで初めて「日本の魅力」というものについて我々も正しく理解できるようになるのではないだろうか。[20]

19　［野林納屋］で示されている緒方貞子氏の活動は参考になろう。

20　アメリカ人の見方の例として、「プレストウィッツ」（特に、Conclusion）を挙げよう。日本の見解を表すものとしては、［鈴木］を挙げておこう。両者の意見は方向性においても根底の発想においても一致しない。鈴木先生は、有限の地球という環境の中で多様性を大事にしつつ人間社会が存立するためには、「日本語」と「日本文明」の経験を世界が共有することが基本になろうと注意している。先生は、「タタミゼ（畳化した）効果」（仏語風にタタミゼ tatamisé 畳化した）という、西欧系文化で育ち、なお、ある程度の期間の在日経験のある人たちに観察されるという（わたくし流に言えば、対立型から協立型への）対人観の変化に着目し、この変化を好ましいものとして論を展開する。これに対し、Prestowitz 氏は、有限の地球という発想に触れず、また、アメリカの立場からであるが、世界の長期的、安定的な繁栄と平衡のためには、対立型世界に同化した、経済的・外交的、そして、軍事的に、健全な日本が不可欠だというのである。現在の日本社会の常識的な「グローバル人材」観は後者のもののようである。海外の中・高校生たちが長期休暇を日本の同世代とともに日本国内で過ごすという組織的な機会がないことが、彼我共に、世界観を硬直化させてしまっているのではないだろうか。なお、特に、鈴木先生の「タタミゼ効果」と逆の効果が日本青年の海外滞在の結果生ずることもありえるので、若年時の世界観の拡大経験についての実証性に富んだ議論の展開は（「大風呂敷」のようだが）世界の将来のためにも喫緊の課題ではないだろうか。西欧優先主義においても中国型の「華夷秩序」方式においても、前提にあるのは、暗黙か明示かの相違はあっても、単線型の価値観である。今こそ、そのようなアイデアが永続的な人間社会の存立を保証するか、という問いに真剣に対峙すべきではないかということである――わたくしなどから見れば「後は野となれ山となれ」と言いたいところだが、今の状況のままでは野も山もなくなってしまうのではないかとの危惧も否めないので――。

付録Ａ　式辞類

以下の式辞類では、本来、冒頭で、学校法人や大学の役職者、同窓会、後援会長が列席していることへの謝辞が述べられ、また、末尾には日付と校長名があるが、これらはすべて省略した。なお、式辞の性格上、校歌の字句への言及がある。校歌は、第4章の注4（71ページ）に全文再録した。

1　2008年度入学式　＊日本語力

さて、校長として、改めて、新入生と保護者の皆さま方に祝辞を申し上げたいと存じます。

新入生の皆さんは、晴れて久留米大学附設中学校・高等学校の生徒になりました。

保護者（ご父兄）の方々もさぞやお喜びのことと存じます。校長として、心より、おめでとうございますと申上げます。さらに、わたくしたち教職員一同、お子様の人生の将来に関わるという責任を皆様と共有できるということを大変誇らしく思い、かつ、また、その重みをしっかりと受け止めて参りますと決意していることを申し上げたいと存じます。

ところで、本校（久留米大学附設高等学校）は昭和25（1950）年に創設され、来年は60周年を迎えます。第一回生は、七〇代にお入りになりました。まだ、社会の現役としてご活躍の方も多いとは存じますが、余生を楽しまれている方もいらっしゃいましょう。60年というのは、意外に長く、ひとりひとりの人生だけでなく、社会的にも、実に、いろいろなことが起きうる時間でもあります。実際、本校創設の時期は、まだ、日本はアメリカ軍の占領行政のもとにあり、社会は敗戦の痛手やら将来への不安やらで、今となっては想像もできないほど混乱しておりました。この時期に、本校は、初代の校長の板垣政参先生のご見識を反映した建学の精神

真に国家社会に貢献し得る誠実にして気概に富む人材を育成する

に従い、ぶれることなく、先生の教育方針通り、

豊かな人間性と優れた学力とを備えた人間を育成すること

に励んで参りました。その結果が、皆さんもご承知のように、本校卒業生が今や内外の第一線で指導的な立場で活躍をしているという形になって現れてきております。

皆さんが本校を志望されたのは、まさに、こういう本校の伝統と歴史に参画したい、つまり、加わり、さらに、進めて行きたいということだと思います。実際、これからは、皆さんも、本校の一員として、新たなページを書き加えていくことになります。また、わたくしたち、本校の教職員一同も、そういう皆さんの志の実現のために、今まで皆さんの先輩たちにそうしてきた以上に、力を添えたいと考えています。

さて、この機会に何か、わたくしから新入生の皆さんに伝えられることはないだろうか、新しく中学生になる人たちにも、あるいは、高等学校の生徒になる人たち、特に、中学から進学してきた人たちにも新たに加わってきた人たちにも、それぞれに意味があることを伝えられないか、考えてみました。お伝えすべきことは山ほどあるのですが、こういう機会には滅多に話題にされないし、また、当たり前のようだけれど、真剣に自覚しておかなければならないことがあるということをお話しておきたいと思います。

そこで、わたくしが自分の子供に日頃言い続けてきたことに近いことでありますが、

豊かな想像力を養ってください

と申し上げ、その意味を説明しようと思いました。しかし、よくよく考えてみますと、そもそも想像力とは何か、どうしたら養えるのか、また、なぜ養わなければならないのか、を述べるためには、まず、言葉、つまり、日本語を使わなければなりません。われわれには日本語こそ、すべての基本です。そこで、ここでは、

日本語に練達してください。正しく上手に使いこなす努力をしてください

と申し上げることにしました。

わたくしの友人たちには海外に移住した人たちが何組かおりますが、かれらが子育てで一様に苦しんでいたのは、子供たちが中学校くらいから上の年齢になると、相当に努力しても、子供たちの日本語の力が止ま

ってしまい、日常会話程度ならともかく、高級な話題となると、結局、現地語、友人たちの場合は大概米語でしたが、現地語でしか考えられなくなってしまうということです。もちろん日本語特有の重層的な感性の世界からも縁遠くなってしまい、とても惜しいとも言います。

どうしてそういうことになるのか。それは、つまり、中学生くらいから抽象的な概念が当然のように使われるようになるからなのです。抽象的な概念には、正確な使い方の訓練、つまり、教育ですが、それが欠かせないのですが、それは現地の中学・高校でなければできないことなのです。

実際、小学校までと中学以降の教育の意味はまさにここにあるわけです。考えてみれば、わたくしたちは、マナーを守ろう、責任を自覚しよう、といった標語を唱えます。しかし、これらは皆ただの音の連なりではなく、意味のある言葉からなっています。意味が正しく理解されるか、正しく伝えられているか、そこがいちばん大事なところです。ここが言葉の不思議なところで、わたくしたちの場合は、日本語を正しく上手に使うということができないと、実は、安心して生きていくこともできないということでもあります。

それでは日本語に練達するためにはどうしたらよいか。まず、とにかく、そういうことを思うことが大切です。わたくしなりの意見はありますので、尋ねられれば申上げることもあるかも知れません（例えば、［吉川3］付録B）。

しかし、皆さん自身で、これから、多分、生涯を通じて考え、工夫し、試みてください。今は、まさに、出発点だということであります。高等学校入学生の方々は、今頃こんな話をと、ご不満かも知れません。しかし、人間の一生は勉強の継続ですし、何かを始めるのに遅すぎるということも決してないということも申し添えておきましょう。

以上で、わたくしからの祝辞を終えます。

本日が新入生の皆さんの大切な思い出の一日になりますように。

ご清聴ありがとうございました。

2　2008年度卒業式　＊為他の気概　1

本日、久留米大学附設高等学校は第57回の卒業証書授与式を迎えました。

さて、卒業生の皆様、そして保護者の皆様、ようやく本校の卒業証書を手にするときが参りました。保護者の皆様には、よくここまで頑張ってくれたとお子様を改めて誇らしくご覧になっておられると存じます。また、卒業生の皆様は、この日を迎えて、保護者や先生、それから、同級生、先輩、後輩と自分たちを支えてくださった人たちを思い起こして、改めて喜びと感謝の気持を味わっていると思います。

この卒業は、考えて見ますと、卒業生の皆様にとっては新しい世界に踏み出すための一歩に過ぎません。もちろん、千里の道も一歩からというような言葉もあるように、どの一歩も大切ですが、その中でも極めて大事な意味がある一歩ではあります。取り敢えずは、大学に進む、まだ、この時点では入学試験の結果がはっきりしていない人が多いでしょうが、少なくとも向う何年かは学生として保護された環境で過ごすつもりでいることができると思います。それでも何年か経ちますと皆さんが先頭になってより積極的に世界を少しずつ動かして行くようになります。

世界を動かすなんて、そんな思い上がりなどとんでもないと考えているかも知れません。全く他人の言いなりに行動するだけというのならともかく、どんな場合でも自分なりに仕事の計画を立て実行していかなければならないのですから、自分の働きで世界が動いているのは考えてみれば当然です。ですから、ここで、敢えて覚悟という言葉を使いますが、自分の働きで世界が動くだけではなくて実際に少しずつ変わっていってしまうということはしっかりと覚悟して受け止めておかなければなりません。

つまり、問題は自分が関わることによる世界の変わり方です。自分の働きが世界を変えているかも知れないという感覚、自分の働きで世界を変えられるかも知れないという自覚、さらに、自分は世界をこう変えていきたいという意識の間には大きな差があります。だが、思い通りではなくても自分が動けば世界も変わってしまう。言い換えると、自分は一人だけで生きているわけではない。自分の動きが予想外の結果をもたらしたり、他人の働きが自分に影響したりするわけで、そういうことは多かれ少なかれ今までもあったはずです。しかし、こういうことの意味を改めて考えたことが皆さんにあったかどうか。

一体、皆さんに何を考えてほしいと、この機会に問いかけているのでしょうか。結局のところ、自分にとって人生とは何か、人として生きるとはどういうことか、つまり、生きるということはどういうことか、そういう問いを皆さんに考え続けてほしいと言っているのですが、これは昔から誰もが考えてきた問いで完全な答えがすぐに出るわけではありません。わたくしも自分なりのヒントしか持ち合わせがないというか申し上げられません。

それどころか、昔は、生きるとはどういうことか思い悩んで先に進めなくなってしまった人も多かったようです。しかし、生きるということを追求することは、現に生きていて、なお、その価値を探り続けるということであるはずで、ただ、生きるということだけを問いとして切り出せると考えるということは問題への取り組みが最初から間違っていたことを示します。そして、そもそもの間違いは、生きるということを自分だけのことと把握した点に尽きるわけです。人間は自分だけから成り立つ世界では生きられない、この自明なことが承認できないどころか全く思い浮かばないから、そして、まさにそのことを証明するように、答えらしきものに一歩も近づけないまま、今自分が生きているということへの悦びもなかなか感じられないということになってしまうわけです。

実は、本校の建学の精神がこの問い、生きるとはどういうことか、という問いに答えるための大きなヒントになります。建学の精神は、かつての原巳冬校長先生が整理された形で復習いたしますと、

国家・社会に貢献しようとする、為他の気概をもった、誠実・努力の人物の育成

です。特に、「為他の気概」という言葉、これは、人のため世のために正しいことを果たそうとする信念と言い換えられると思いますが、この言葉こそが生きるということの根源にあると思います。[1]

1 『正法眼蔵』の中の趙州禅師の言として「為他知而故犯」（他のために知ってことさらに犯す）がある。他のために泥だらけになるとわかっていてもその泥の中に敢えて入って行為するという意味である。立花純二教諭のご教示による。

人間は自分だけから成り立つ世界では生きられない、つまり、人間は他人がいる世界で初めて生きていくことができるというわけですが、これは一体どういうことなのでしょうか。

それは、つまり、自分だけではない、他人も同時に生きていて、しかも、お互いに生かしあっている、さらに、一歩進めれば、他人に喜んでもらうことが自分の喜びであり、また、他人から喜びをもたらされることが自分にはうれしい、そういう意識に目覚めることであろうと思います。

何か、こう言うと、極めて陳腐で、あちこちに掲げてある標語と全く変わらないようですが、字面や上面のことだけではなくて、こういうことを多少とも実感できるかどうか、それが生きるということではないでしょうか。わたくし自身は、まだまだ未熟なものですから的確には答えが出て来ないのですが、誠実に生きれば段々と実感も深まっていく、そういうことだろうとは薄々ながらわかります。

繰り返しますと、人に親切にする、人の親切に感謝する、そういった水準のものから人のために働く、人に喜んでもらえるような仕事ができてうれしい、今この世にある人たちだけでなく、また、周辺にいる人たちだけでなく、未来の人たち、遠くの人たちにも役に立つような仕事をしたい、そういう思いがいささかでも実感できること、それが生きるということではないでしょうか。

これはわたくしからのヒントでしかありませんが、これから皆さんに自分なりの答えをじっくりと出してほしい、そして、必ず出してくれるだろうと信じています。

皆さんには、久留米大学附設高等学校の卒業生として、先輩たちや、やがて皆さんの後に続いてくる後輩の人たちと一緒に、これからの長い人生を、国家・社会、さらに、世界全体に、為他の気概をもった誠実・努力の人物として、しっかりと貢献してくださることを期待して、わたくしの式辞を終わります。

3　2009年度入学式　＊為他の気概　2

さて、校長として改めて新入生と保護者の皆さまがたに入学のお祝辞を申上げます。ご入学おめでとうございました。新入生の皆さんは晴れて本校の生徒となりました。おめでとうございます。

保護者（ご父兄）の方々もさぞやお喜びのことと存じます。校長として、心より、おめでとうございますと申し上げます。さらに、わたくしたち教職員一同、お子様の人生の将来に関わるという責任を皆様と共有できるということを大変誇らしく思い、その重みをしっかりと受け止めて行く決意をしております。

昨年、この学校の母体である久留米大学は創立80周年を祝いました。附設中学校も昭和44（１９６９）年の設立から40年目が過ぎたばかりになります。さらに、附設高等学校は昭和25（１９５０）年に創設されておりまして、今年は丁度60年目の学年にあたります。新入生のみなさんは、こういう歴史と伝統を背に、新しく、わたくしたち教職員一同とともに、学校の未来を切り拓いて行くことになります。

実は、物理的にも新しい学校を作る、つまり、新しい校舎の建築の工事がこの学年の終わり頃、来年の年明け早々には始まることになっており、万事順調に行けば、みなさんは新しい校舎から巣立っていくことになります。もちろん、工事期間に事故が絶対に起きないように、学校行事の見直しも含めて、十分に努力して行きますが、このことは、また、みなさん自身が、まさに、この学校の歴史のページを新しくめくって、そこに黒々と美しく文字を書き始めることも意味します。皆さんには本当に宜しくお願いします。

そういうわけで、新入生の皆さんは先輩の諸君ともまた何年か後に入学してくる後輩の諸君とも違って、新しい校舎、それはまた新しい学校でもありますが、そういうものが出来上がっていくという過程に立ち会うことができるわけです。こういう機会はなかなか得られるものではないので、きっと皆さんの将来にいい影響を及ぼしてくれるだろうと思っています。

そこで、本校の歴史を少し振り返ってみましょう。今、申し上げたように、本校は60年前に高等学校として出発しましたが、今日のような評価が定着したのは中学からの最初の卒業生が、何というか、進学実績で世間を驚かせてからですから、35年くらい前からになります。もちろん一番大切なことは進学実績そのことにあるのではなくて、それ以前からも含めての卒業生の皆さんたちが本校での教育を基盤にして社会の第一線で大活躍をされ、重きを成しておられるということです。その後も学校はいろいろと成長を続けております。高校では男女共学になり、今年で5年目になりました。

皆さんからご覧になって左手の壁に校歌が掲げられていますが、これは創立当初の漢文の先生が、建学の理念を念頭にお作りになったものです。意気軒昂、血気盛んな感じで、新設の学校の雰囲気が思い起こされます。初代の校長先生は建学の精神として

> 真に国家社会に貢献し得る誠実にして気概に富む人材を育成すること

を掲げられました。その後、中学が創られたときに、そのときの校長先生が、新しい解釈によって補い、

> 国家・社会に貢献しようとする、為他の気概をもった、誠実・努力の人物の育成

と言い換えられて、本校の学校案内のパンフレットにあります「教育のねがい」をその建学の精神から導く形で定められました。

このときの新しい解釈で、ことさらに加えられたもっとも重要なことは、「為他の気概」という言葉でしょう。これは、実は、日本に曹洞宗の禅を齎した道元禅師の書物『正法眼蔵』から採られたものです。「為他」とは、「為」とは「ため」、「他」とは「ほか」、つまり、「他人のため」ということですが、それを意識の表面に挙げたということです。つまり、世のため人のために正しいと信ずることを、自らを犠牲にしても、しっかりと果たそうとする志、これが「為他の気概」となりますが、そういう志を備えて世のために尽くす人物を目指せ、と生徒たちに訴えかけたことになります。こう改められたのは、中学生と高校生の違いということを考えられたということもあるでしょうし、時代が変わったということもあると思います。

今、わたくしたちも、学校の置かれている環境が40年前とは全く違ってしまっていることを考えますと、建学の精神、今申し上げた「国家・社会に貢献しようとする、為他の気概をもった、誠実・努力の人物の育成」というものに、さらに新しい解釈を加える時期が来ているのかなとも思います。ただ、そういうものは、そのときどきの校長が頭の中で単に思いつけばいいというものでは決してないので、目の前の生徒たちや保

護者の皆さまが、わたくしたち教職員ともども、ここまでの建学の精神に基づきながら、その根幹、つまり、為他、気概、誠実、努力という言葉の意味を、尊重し、維持し続けながらも、学校を日々作り上げているという実感を共有しているうちに、時代や環境の変化が反映する形で、新しい意味づけがおのずと生まれてくるものだろうと思います。

この入学式式辞は、そういう意味で、ここにいる皆さんと一緒に新しい学校を作って行こうという宣言でもあります。具体的な肉付けは、生徒の皆さんのしっかりとした成長を促しながら、保護者の皆さまのご協力も仰ぎつつ、わたくしどもが責任を持って行なって参ります。

繰り返しになりますが、新入生ならびに保護者の皆さま、本日は本当におめでとうございます。

4　2009年度卒業式　＊道のない山

本日、久留米大学附設高等学校は第58回の卒業証書授与式を迎えました。

さて、高校三年生の皆様、そして保護者の皆様、ようやく本校の卒業証書を手にするときが参りました。正式には、皆さんはまだ今月一杯は本校の生徒なのですが、卒業生と言い切ってしまいましょう。皆さん、ご卒業本当におめでとうございます。

保護者の皆様には、おめでとうございますと心より申し上げます。皆さまには、よくここまで頑張ってくれたとお子様を改めて誇らしくご覧になっておられると存じます。

卒業生の皆様は、この日を迎えて、保護者や先生、それから、同級生、先輩、後輩と自分たちを支えてくださった人たちを思い起こして、改めて喜びと感謝の気持を味わっていると思います。

この卒業は、考えて見ますと、卒業生の皆様にとっては新しい世界に踏み出すための一歩に過ぎません。もちろん、千里の道も一歩からというような言葉もあるように、一歩一歩が大切ですが、その中でも極めて大事な意味がある一歩ではあります。取り敢えずは、大学に進む、まだ、この時点では入学試験の結果がはっきりしていない人が多いでしょうが、少なくとも向う何年かは学生として保護された環境で過ごすつもりでいることができると思います。それでも何年か経ちますと、皆さんが先頭になって、より積極的に世界を少しずつ動かして行くようになります。

ところで、この時期には、本校の関係者は、今年度の最後の仕上げだけではなく、新年度の準備にもすでに取り掛かっております。今、卒業式を迎えた諸君については、中学からの諸君も、九重でのオリエンテーションは経験して来なかったとのことですが、来年度の新入生のためには準備が始まっています。わたくしがパンフレットの巻頭言の準備をしやすいようにとのことで、以前の校長の書かれたものを見せていただきました。卒業式でこんな話がなぜと思うかもしれませんが、かつての、ほぼ二十年前の、緒方道彦校長のことばがすばらしく、ぜひ、みなさんに紹介したいと考えたからです。緒方校長先生については、先日のNHKで、皆さんの先輩、上田泰己さんのことが放送されたとき、上田さんに強い影響を与えた人として述べておられましたから、ご記憶の人も多いと思います。

緒方先生は生理学者で、特に、神経生理学については先駆的な研究をなさった方で、その流れの方向には、神経興奮の基礎的な研究業績でノーベル賞を受賞したホジキンとハクスリーの研究があることからわかるように、本質的な洞察力があった方です。他方、登山家でもあり、医師として、南極観測隊にも加わっておられます。緒方先生寄贈の南極の石が地学教室の脇[2]に展示されていることもご承知でしょう。この方は、附設の校長を一期しかお務めにならなかったのですが、今でも慕っている先生が多くおられるように、強い人格的な影響を周辺に及ぼしました。

この緒方先生が、九重のオリエンテーションのパンフレット序文に何を書かれたか。オリエンテーションの意義について一通り説明された後、山の話をしよう、と先生は言われます。

> 人が登ったことのある山には道がある。初めてのひとでも、その道を辿れば頂上につける。登りは辛い。来なければよかったと後悔することもある。登山はひとりで行くよりも、一緒に苦労する仲間があると心強いし、楽しみも大きい。
>
> 頂上の眺めは素晴らしい。それも自分の足で登って、仲間と眺めるときの気分は最高である。何かをやり遂げた充実感・満足感がある。

この話は中学新入生向けですから、人が登ったことのある山には道がある、そして、そういう道を辿れば、頂上に行けるよ、とおっしゃっておられるわけです。皆さんは、いわば、附設という、これまで多くの先輩たちが登ってきた山の頂上に辿りついたところなわけです。

しかし、人生の山は附設という山だけではありません。緒方先生は引き続いて、ヒマラヤの未踏峰に登ったときの話をされます。

> ヒマラヤの、人が誰も登ったことのない山を目指したことがある。
>
> 登る道は自分で拓かなくてはならない。それまでの経験を活かし、仲間の力を合わせて、七千メートルの頂上に着いた。道のない山に挑戦するのは面白い。

緒方先生の話は、もともと中学新入生のための言葉ですが、卒業式のことを英語ではコメンスメントとも言うように、皆さんも実は人生の新入生でもあるわけです。皆さんは、今、附設という山に登り終えて、さらに、人生という未踏峰に登るための、いわばベースキャンプの設営をようやく始めることができるようになったところだと思います。しかし、その後、登るべき道は自分で拓かなければなりません。緒方先生の言葉は大変含蓄があると思います。しかし、実は、人生の場合、山の形も山の全体像もはっきりとはまだ見えてはいません。人生は航海に譬えられることもあります。どこかの港に入れるかそれとも大海原をひたすら漂流することになるか、それはわからないけれど、常に順風満帆というわけではないことは覚悟しておかなければなりません。そこで、よい羅針盤が欠かせません。それが皆さんが本校で培ったもの、建学の精神の核（コア）というべき「為他の気概」です。常に研鑽を積む努力を重ね、為他、つまり、世のため人のために誠実に働こうという強い意志です。

考えて見ますと、わたくしから見ての親の世代、今

2　旧校舎。現在は東棟1階の陳列棚中にある。

ご存命なら若くても90歳くらいの方々は大変な修羅場を生きて来られました。附設は、そういう人たちが創設した学校ですでに60年になりますが、建学の精神や校歌には、そういう方々の人生経験が結実していると ころがあります。板垣政参先生の当初のことばを原巳冬先生が若干語順を変えて補われたのは、それなりの感慨があったのかなと思いますが、わたくし自身共感するところも強かったので、原先生の補われた形で、建学の精神を述べるようにしました。念のために繰り返しますが、

国家・社会に貢献しようとする、為他の気概をもった、誠実・努力の人物

を附設は育成しようとしているということです。皆さんが、こういう志を羅針盤として、これからの人生をしっかりと乗り切って行くことを念じて、式辞といたします。

58回生の皆様、保護者の皆様、本日は本当におめでとうございました。

5　２０１０年度入学式　＊修羅道の世を救う

新入生の皆さん、こんにちは。最初に、入学のお祝辞を申し上げます。新入生の皆さんは晴れて本校の生徒となりました。おめでとうございます。保護者の方々にもお出でいただいておりますが、さぞやお喜びのことと存じます。校長として、心より、おめでとうございますと申し上げます。

さて、保護者の皆様、言うまでもないことながら、わたくしたち教職員一同、お子様の人生の将来に関わるという責任を皆様と共有できるということを大変誇らしく思い、その重みをしっかりと受け止めて行く決意をしております。ご安心くださいますよう、宜しくお願い申し上げます。

ところで、附設高等学校は昭和25（１９５０）年に創設されておりまして、今年は丁度61年目の学年にあたります。附設中学校は昭和44（１９６９）年の設立ですので42年目になります。新入生の皆さんは、こういう歴史と伝統を背に、新しく、わたくしたち教職員一同とともに、学校の未来を切り拓いて行くことにな

ります。

　何と申しますか、昨年までの入学式であれば、こういう伝統をしっかりと守って参りましょうという趣旨のお話をすればよろしかったのですが、中学入学生の皆さんには少し難しいかも知れないけれど、高校入学の皆さんからはそんな気楽なことでいいのかとお叱りを受けてもおかしくないくらい、わたくしたちを巡る環境は変わってしまっております。

　そういうわけで、高校設置の頃を思い起こしてみたいと思います。昭和25年というのはどんな時代であったのか。実は、わたくしは、久留米育ちでありませんので、正直のところわかりません。わたくしが育ったのは、関東の南部、東京駅まで電車で一時間ほどのところでした。記憶に残っておりますのが、横浜、鶴見、川崎と電車で通過しますと、つまり、かつてというか、戦前からの工業地帯を通るわけですが、荒れた工場の建物が立ち並んでいたことです。今となっては想像も付かないと思いますが、穴の空いた三角屋根に破れガラスの建物が線路沿いに並んでおりました。これはアメリカ軍の爆撃や機銃掃射の名残であったと思いますが、非常に情けない状態であったわけです。そうこうしているうちに、朝鮮戦争が起き、さらに、いろいろなことがありました。子供心に覚えておりますのは、小学校の校庭でアメリカ兵が機関銃の組み立てや匍匐（ほふく）前進の訓練をやっていたことです。わたくしたち自身も空襲に備えての避難訓練を経験致しました。附設高等学校の創設は、こういう時期と重なるので、校歌の「修羅道の世を救うべく」という一節が大変な実感を伴っていたことは皆さんにぜひ知っておいてほしいところです。そして、「平和の偉業を任として」という言葉の重さも、本当に深刻なことだったのです。もちろん、戦争に負けてしまったということが背景にあったわけですが、そもそも勝ち目のない戦争になぜ飛び込んでしまったのかとなると、話は簡単ではないので、ここでは申しません。

　要するに、皆さんに知っておいてほしいことは、附設高等学校が出来た頃は今となっては想像もできないくらい大変な時代であったけれど、皆さんの先輩たちは、そういう時代を立派に乗り越えて来たということです。今、わたくしたちの前には、必ずしも順風満帆とは言えない難しい時代が待っているようだけれども、大丈夫、きちんと乗り越えられるぞ、ということでもあります。

さりながら、そういうことは無条件でできることではありません。やはり、伝統の正しい継承が鍵ということになります。核になるものは何か。先ほど、校歌三番の句をいくつか引用いたしましたが、校歌は、創立当初の漢文の大石亀次郎先生が、建学の理念を念頭にお作りになったものです。

そこで、建学の理念について復習を致しましょう。初代の校長先生板垣政参先生は建学の精神として「真に国家社会に貢献し得る誠実にして気概に富む人材を育成すること」を掲げられました。その後、中学が創られたときに、そのときの校長先生原巳冬先生が、新しい解釈によって補い、

国家・社会に貢献しようとする、為他の気概をもった、誠実・努力の人物の育成

と言い換えられ、さらに、今も本校の学校案内のパンフレットにありますが、「教育のねがい」をその建学の精神から導く形で定められました。このときの新しい解釈で、原先生がことさらに加えられたもっとも重要なことは、「為他の気概」という言葉でしょう。これは、実は、日本に曹洞宗の禅を齎した道元禅師の書物『正法眼蔵』から採られたものです。「為他」とは、「為」とは「ため」、「他」とは「ほか」、つまり、「他人のため」ということですが、それを意識の表面に挙げたということです。つまり、世のため人のために正しいと信ずることを、自らを犠牲にしても、しっかりと果たそうとする志、これが「為他の気概」となりますが、そういう志を備えて世のために尽くす人物を目指せ、と生徒たちに訴えかけたことになります。実際、わたくしたちは一人では生きていけません。他人との関わりに人生の要諦があるわけですが、「為他」あればこそわたくしたち一人ひとりが世にあることができるわけです。

今、学校の置かれている環境は40年余り前とは全く違ってしまっています。建学の精神、今申上げた「国家・社会に貢献しようとする、為他の気概をもった、誠実・努力の人物の育成」というものに、さらに新しい解釈を加える時期が来ているのかなとも思います。ただ、そういうものは、そのときどきの校長が頭の中で単に思いつけばいいというものでは決してないので、

目の前の生徒たちや保護者の皆さまが、わたくしたち教職員ともども、ここまでの建学の精神に基づきながら、その根幹、つまり、為他、気概、誠実、努力という言葉の意味を、尊重し、維持し続けながらも、学校を日々作り上げているという実感を共有しているうちに、時代や環境の変化が反映する形で、新しい意味づけがおのずと生まれてくるものだろうと思います。この入学式式辞は、そういう意味で、ここにいる皆さんと一緒に新しい学校を作って行こうという宣言でもあります。具体的な肉付けは、生徒の皆さんのしっかりとした成長を促しながら、保護者の皆さまのご協力も仰ぎつつ、わたくしどもが責任を持って行なって参ります。

繰り返しになりますが、新入生ならびに保護者の皆さま、本日は本当におめでとうございます。

6　2010年度卒業式　＊創造的な人生

皆さま、おはようございます。

本日、久留米大学附設高等学校は第59回の卒業証書授与式を迎えました。

さて、高校三年生の皆さん、そして保護者の方々、ようやく本校の卒業証書を手にするときが参りました。正式には、高三の皆さんはまだ今月一杯は本校の生徒なのですが、卒業生と言い切ってしまいましょう。皆さん、ご卒業本当におめでとうございます。

保護者の方々には、おめでとうございますと心より申し上げます。皆さまには、よくここまで頑張ってくれたとお子様を改めて誇らしくご覧になっておられると存じます。

卒業生の皆さんは、この日を迎えて、保護者や先生、それから、同級生、先輩、後輩と自分たちを支えてくださった人たちを思い起こして、改めて喜びと感謝の気持を味わっていると思います。

この卒業は、考えて見ますと、卒業生の皆様にとっては新しい世界に踏み出すための一歩に過ぎません。皆さんも薄々と感じてはいると思いますが、前途は決して容易なものではありません。これからの皆さんには覚悟というべきものが要ります。幸い、皆さんは附設に学びました。そういう覚悟というべきものの萌芽はしっかりと植えつけられているはずです。そして、これからの皆さんの人生において芽吹き、風雨に晒され、あるいは、旱魃などの困難も乗り越え、枝振りのよい大木に育って行くことを信じております。

それでは、そもそもの覚悟の種は何であったか。それは、志であり、為他の気概ということに要約されましょう。それは、まさに、自分はどう生きるべきかという問いの形を借りた決意でもあります。それは、また、根でもあり、幹でもあって、そこから、さまざまな枝が出て、葉が茂ります。太い枝、例えば、和而不同や自主自律もあれば、もっと細やかな枝もあるでしょう。

実は、わたくしには、まだ、卒業式の式辞を述べる機会がこの後にも三回あることになりましたが、その一方で、そろそろ遺言ともいうべき発信の準備をしなければならないなと最近思うようになりました。そういう気持ちを籠めて、最近読んだ三冊の本の話をしましょう。

最初の一冊は、中山敬一氏の『君たちに伝えたい三つのこと』で、ダイヤモンド社から昨年の夏に出版されています（参考文献［中山］）。著者は九州大学大学院医学系研究院の教授で、本書はもともとは生命科学の研究者を志向する学生たちに向けて発信されたものですが、その内容は非常に基本的なので、意欲ある若い人たちからの好意的な反応があり、ビジネス書としても通用する体裁に書き改められて本になったものです。中山さんの三つのことの要点は、創造的な人生を設計する上で必要な要素は

「志」「目標」「戦略」

の三つであり、そして、重要度、優先度のヒエラルキーは絶対にこの順番でなければならないと言っています。「志」をどう立てるか、それは抽象的なことではありません。そのための勉強は欠かせませんが、一種の直観が先行するかも知れません。人生観や向き不向きということもあるかも知れませんが、一旦「志」の方向に確信を得たら、目標に邁進し、しかも、妥協しないことが鍵になるでしょう。多少の挫折は避けられませんが、自分への甘さが大きな挫折のもとになるということはよくわかります。まあ、これは経験上の苦い告白ではありますが。いずれにせよ、著者の仰っていることは正論であり、基本として、何よりも意欲ある青年、特に一流の研究者を志す皆さんは、絶

対に心得ておくべきことです。意欲ある若者の典型ともいうべき、ここにいる附設生の皆さんには、ぜひ読んでおいてほしい本として強くお薦めします。

二冊目の本は、梅棹忠夫・小山修三両氏の『梅棹忠夫　語る』で、日本経済新聞出版社から去る九月に出版されました（［梅棹小山］）。読んだ人もいると思います。梅棹忠夫という一種の天才の最晩年の意見ですが、「ものを見る」とはどういうことかを教えてくれます。また、梅棹さんが一緒に仕事をする人たちに望んでおられたことが、

「ふかい学識」、
「ひろい教養」、
「ゆたかな国際性」、
「柔軟な実務能力」、
「行き届いたサービス精神」

の五点であったことがわかります。これは大変大事なことで、皆さんも、これからこの五点について強化を図ってほしいと思います。この本は示唆に富んだ言葉が随所にあります。お薦めできる本です。

三冊目は、村上隆氏の『芸術闘争論』を挙げましょう（［村上］）。これは幻冬舎から十一月に出版されました。著者の村上氏は、現代美術家として、ここが大事なところですが、世界的な文脈で、つまり、新しく世界を作っていくということに積極的に参画するという形の活動をしています。本書の冒頭の口絵写真にも、昨年の秋、特にフランスで散々物議を醸したヴェルサイユ宮殿での村上氏の展覧会の作品が並んでいます。この本は、実際に世界の一線で活躍できるような芸術作家を目指す人たちを対象にしているようですが、現代の世界で生きる、あるいは、世界を作り上げていくということの意味がよくわかります。皆さんは、クールジャパンという言葉を聞いたことがあるかも知れません。村上氏はクールジャパンの代表的な旗手のように、クールジャパンを論ずる人たちから見られているようですが、氏はそういう範疇に収まる人ではないし、また、氏自身がそういう意識を持っているわけではないようです。このことは、ヴェルサイユ宮殿の展覧会の折にフランスの新聞に載っていた村上氏のインタビュー記事から推察できましたが、本書で確認ができました。卒業生の皆さんのうちにも、日本の文化や文明

を背負いながら世界的な文脈でこれから生きていくことになる人が恐らく出て来ると思います。ぜひ、村上さんの冷静な観察力や分析力、そして戦略力を読み取ってほしいと思います。村上さんの言葉は、中山さん、梅棹さんのものと通ずるところがあります。村上さんは、

> ひと口に作品を売って「金を儲ける」といいますが、自分の手に持っている職で金を儲けるには種も仕掛けもない。自分の持つ正義への忠誠心に忠実に生き、こつこつとモノを創造し、社会に問い、そしてその問いかけに対しての評価が下る。良い時も悪い時も、自分の正義に忠実であってそれが社会から信用を勝ち得た瞬間しか儲けを手に入れることはできません

と言っています。自分の正義とは、つまり、志のことでもありますが、村上さんのこの本は、具体的なだけに想像力を駆使して読み替えなければならないところもあり、決して易しくはありません。今読めとは申しませんが、できるだけ若いうちに読んで欲しいと思います。

以上、わたくしから卒業生の皆さんへのはなむけとして、中山敬一さん、梅棹忠夫さん、村上隆さんの最近の本を紹介しました。

本日は、大変おめでとうございました。皆さんが立派な人生を歩まれることを心より願っております。

7　2011年度入学式　＊3・11後の世界

新入生のみなさん、そして、ご列席の方々、こんにちは。

新入生のみなさんは、晴れて本校の生徒になりました。後ほど、中学新入生、高校新入生の代表の方からの誓いの言葉が予定されています。誓いの言葉は、学校に対するだけではなく、ここにいるすべての人たちに対しての誓いでもありますし、恐らくは、この場以外の社会の全体に対する言葉でもあるとして受留めたいと思います。

まだ、誓いの中身は知らないのですが、みなさんが有意義で楽しい附設生活をおくろうという決意を表しているに違いないでしょう。もちろん、みなさんの有

意義で楽しい附設生活を先生たちやわたくしも期待しています。そのための手伝いは、わたくしたちの厭うところではありません。たがいに頑張って行きたいと思います。

ところで、みなさんの有意義で楽しい附設生活とは、一体、どういうことでしょうか。大事な前提条件があります。それは、みなさん一人ひとりが附設生であることの意味をしっかりと理解し、そして、ふさわしい心構えを備えることです。このことは決して当たり前のことではありませんから、説明が必要になります。

まず、みなさんは今どんな立場にいるか確かめるところから始めましょう。つい先日のことですが、３月11日に東北地方太平洋沖大地震が発生し、引き続いた大津波とともに、岩手、宮城、福島、茨城の四県を中心に、大惨禍を引き起こしました。死者、行方不明者は合わせて三万にも達しようという状況ですし、津波が襲った地域一帯の様子の報道に接しても、何と表現すべきか言葉が見つかりません。さらに、福島第一原子力発電所の制御機能喪失による炉心溶融の結果、水蒸気爆発、原子炉建屋の崩壊や放射能漏れが生じました。この東日本大震災の全貌は、まだまだ、明らかにはなっては来ないと思いますし、ここにいるみなさんは、遠い土地のことで、大変だ、お気の毒だ、何ができるだろう、と思うだけで、自分たちのこととしての実感は薄いかも知れません。しかし、すでに、附設も無縁ではなくなっていて、残念ながら、みなさんにも深刻な影響が及んできます。今の段階で詳しくは述べられませんが、恐らく日本中至るところで似たようなことが起きつつあると思います。日本は、いつの間にか想像していたよりもはるかに脆弱な国になってしまっていたとつくづく感じます。

要するに、ついこの間までの日本と東日本大震災後の日本とはまるで違ってしまったということです。みなさんの置かれている状況とは、今、目の前に現われつつある大震災以後の日本としっかりと向き合っていかなければならないということです。しばらくはこの間までの日本のことは忘れなければなりません。しばらくと言いましたが、五年か十年か、あるいはもっと長いかもしれません。この大震災の結果として、みなさんが一線で活躍することになる十数年後の社会、日本、世界は今とは全く違っているでしょう。このことをよくよく考え抜いてほしいと思います。

今度は、みなさんが本校を志望した理由を思い起こしてみてください。もちろん、しっかりと勉強して、しかるべき進路を目指したいということがあったと思います。もっとも、中学への新入生のみなさんは、まだ、自分の適性や興味もはっきりしてはいないと思いますので、当然、具体的な進路の問題はいろいろと勉強してからのことになるでしょう。一方、高校への入学生のみなさんは、ある程度、具体的な人生を考えている人もいると思いますし、進路への想いが勉学の動機になってくる時期だと思います。

しかし、人生は知力や学力だけで過ごしていけるものではなく、人間としての高い志を支える総合力が鍵になります。そういう総合力の基盤をなすもの、それが、建学の精神です。本校を志望したみなさんは、言うまでもなく、本校の建学の精神がある程度わかっていると思います。また、保護者の方々には、それに同感できるところがあったので、大事なお子様を本校にお預けいただくことになったものと、わたくしどもは理解しております。そして、附設がこの建学の精神を掲げ、すでに60年余りの歴史があるということを、今、確認しておくことは、これからの日本や世界の様子がつい1箇月近い以前とは全く変わってしまうであろうことを前提にすると、大変重要なことになると思います。

本校のホームページでは、建学の精神として

国家社会に貢献しようとする、為他の気概をもった、誠実・努力の人物の育成

と書いてあります。実は、この表現は、中学を創設されたときの校長である原巳冬先生が、初代校長の板垣政参先生の創立時の世情を背景に示された言葉

国家・社会に貢献しうる誠実にして気概ある人物の育成

を、『附設高校二十五年史』(〔附設25〕)の序言の中で、言い換えられているものです。「為他」という語が明示的に加わってはいますが、内容的には、板垣先生が意図されていたものと変わらないと思います。わたくしは校長になってから附設の歴史を多少勉強し、原先生の言葉の方が、今の時点では、わかりやすいと考え

ましたので、一昨年から、建学の精神としては、こちらを表に出すことにしました。キーワードは「為他の気概」であると申せましょう。

人間は一人ひとり独自の個性を持ち、そういう意味では皆違いますが、一方、一人では生きていけません。人のために働き、社会を形作り、おたがいに、尽くしあい、感謝しあって生きていきます。「為他」ということですが、しかし、それは他人に迎合することでもなく、調子を合わせることでもありません。何をなすべきか、何がただしいか、そのことをきちんと心得てこそのことであり、「誠実にして気概ある」ということです。「国家社会」については、板垣先生の60年余り前、原先生の40年余り前と違って、少し注釈が必要になっているかも知れません。しかし、それを「世界」と言換えてしまうと、勘違いのもとになります。わたくしたちは、いきなり、「世界」につながっているわけではなく、まず、「日本文化」という独自のものを背負って生きています。「世界」への貢献は、日本の文化文明を身に付けているからこそ可能になっているのです。みなさんが将来の職業として考えているものの中には、日本の社会の中でしか通用しないものもあるでしょう。しかし、日本の社会を健全に維持するという地味な仕事をする人たちがいればこそ、全体として、世界に貢献できることにもなります。日本を考えることが同時に世界を考えることでもある、そういう時代にわたくしたちは生きていることを自覚しましょう。

以上が、本校の建学の精神についての説明です。附設の生徒であるということは、このようなことが、いわば、心身にしみこみ、さまざまな行動の規範になっているということになります。

そこで、本校の新入生としてのみなさんには、本校での生活を通じて、建学の精神を体現した立派な青年に自らを鍛え上げ、ゆくゆくは現在の困難な状況を自ら乗り越えられる、そういう力を養ってほしいと思います。このことは、どのような職業を選ぼうとも変わりません。繰り返しになりますが、東日本大震災は今後の世界の形を変えてしまうくらいの深刻な影響を今後に及ぼすだろうと、わたくし自身は心配しています。1箇月前まであった、元気がなくなっていたとは言え、繁栄していた日本はもうありません。多分、大震災の本当の影響はみなさんが社会の第一線で活躍することになるはずの10年後20年後にはっきりと見えてくるだろうと思います。それが関東大震災の10年後や20年後とは違う形であることを切に願うものですが、そうであるかどうかは、偏に、まあ、そう言っては言い過ぎでしょうが、ともかく、みなさんのこれからの働きに掛かっています。

みなさんは、ここにいる大人たちからみれば、まさに、虎の児、いや、獅子の児と言った方がいいかもしれません。大事な、大事な存在です。附設は、千尋の谷ではありませんが、それでも、大事な、大事なみなさんを、しっかりと、鍛えます。みなさんもしっかり鍛えられて、大成し、成獣として、獅子吼する日を迎えてください。期待しています。

8　2011年度卒業式　＊想像力の質

皆さま、おはようございます。本日、久留米大学附設高等学校は第60回卒業証書授与式を迎えました。

高校三年生の皆さん、そして、保護者の方々は、これから間もなく、本校の卒業証書を実際に手にします。しかし、正式には、高校三年生の皆さんは、三月一杯は、まだ本校の生徒であります。ここでは、もう卒業生と言い切ってしまいましょう。そして、皆さんに申し上げましょう。

ご卒業、本当におめでとうございます。保護者の方々も大変お喜びのことと存じます。おめでとうございます。

この式典は、皆さんの卒業式ですが、門出の式でもあります。長い間の努力が報われたという証でもありますが、新しい世界に挑戦しようという志を改めて確かめるときでもあります。

さて、卒業式は門出の式でもあると申しました。確かに、英語ではコメンスメントとも言います。コメンスは「始める」という意味がありますし、フランス語なら今も日常的にコマンセという言葉は使われています。アメリカでは、ゲストによるコメンスメント・アドレスという習慣があります。最近亡くなったスティーヴ・ジョブズさんのスタンフォードでのコメンスメント・アドレス、七年前になりますが、非常に有名で、特に、その一節、ステイハングリー、ステイフーリッシュという言葉、がつがつしていろ、利いた風になるな、とでもいうのでしょうか、この言葉はよく引用されています。しばらく前に読んだティナ・シーリグというスタンフォードの先生が書いたウォット　アイウィッシュ　アイニュー　ウェンアイワズトウェンニ（What I wish I knew when I was 20）という本（『シーリグ』）に何かコメントがあったような気がしてざっと眺めてみたのですが、どこだったか見つかりませんでした。この本を敢えて挙げたのは、日本とアメリカがどう違うかがよくわかるからなのですが、この本自体は著者の一人息子が一六歳になったのを機会に親としていろいろと伝えておきたいことをまとめているうちに、こんな本になった。息子の二十の誕生日プレゼントになったと最後にあります。格調の高い本ではありませんが、一種の卒業式の祝辞でもあります。若い人向けの書物という意味で、お勧めします。元気が出ます。いずれにせよ、このくらいの英語の本は怖がらずに挑戦してください。

もちろん、日本はアメリカとは違うので、校長としての式辞を用意しました。今しばらく我慢してください。今回、式辞がなかなか用意できなかったのですが、その理由は、この一年間に起きたことをいろいろと思い起こしたからでした。学校でも新しい校舎への移転があり、実際に、新しい校舎に入ってみると、まだ、半分だけということはありますが、予想していなかったことがいくつもありました。皆さんにも何か落ち着かなかったという点もあったでしょう。でも、何事も経験で、万事が思っていた通りに行くという方がおかしいのかも知れないと感じていただければ、それはそれで学ぶ点があったので、これからの人生に生かしてください。

学校外のことでは、間もなく一年になる東日本大震災、大津波による被害、そして、福島第一原子力発電所の水蒸気爆発以下一連の事故、と枚挙に暇がありません。わたくしから見れば、一般に、起きてしまったことについては時間を元に戻せませんから、問題は、事後をいかに適切かつ迅速に処理していくかということだ、と考えています。残念なことに、あの3月11日の震災の処理がいまだに混乱していますが、それは、発生後の数日以内、せいぜい一週間までの間に行なっておくべきであったことが全く行なわれなかったからだと、少なくともわたくしは判断しています。しかし、今となっては、そして皆さんの前で、この点を論じても仕方がないと思います。むしろ、なぜ、こういうクリティカルな時点に限って有効であるような、適切かつ迅速な対策ができなかったのだろうか、という分析をすることが、これからの皆さんにとっては一番重要なことだと思います。

ところで、3月11日の東京都内での人々の行動の話を思い出すと、本当に無事でよかった、都内にいた人たちはたまたま運がよかっただけだと思うことがたくさんあります。皆さんに身近なところでは、あのときは、国立大学の後期試験の直前で、皆さんの先輩もかなりの人たちが11日晩に東京宿泊の予定を立てていました。夕方東京に着いた人たちは、停電と余震の続く中、交通機関が皆止まっていたものですから、何と、空港からホテルまで歩いたと後で聞きました。都内で働いていた人たちも何時間もかけて自宅まで歩いて帰ったということが報じられました。結果的に大事に至らなかったからよいようなものの、実は、とんでもないことであって、多数の人たちが大きな危険性の中に放置されてしまっていたのでした。どうして、こんなことになっていたのでしょうか。

いずれも想像力の質が問題なのだろうとわたくしは考えています。それは、どういうことなのでしょうか。

つまり、想像力を駆使して、何が起きるか、どうなるか、あるいは、起きたことから逆算して実際に起きていたことは何か、という判断をする。さらに、こういう風に日頃から想像力を働かせているか、ということもあるでしょう。想像力のためには、理詰めに考えるだけでなく、視覚的な描像も駆使しなければならないでしょう。課題それぞれによって、まわりの事情も異なりますが、それらを読み込みながら、想像力を動員した上で、すべき行動を選び出している、と、わたくしたちは、まあ、こんな風に生きているわけです。通常は、起りそうなことは、その……、いわゆる「想定内」のことだけなので、想像力を意識して鍛えようとはなかなか思わないわけですが、しかし、そこを意識して行ない、想像力をさらに分析的に駆使する習慣を身に着けてほしいと皆さんにお願いします。その一方で、自分が関わっている事柄について、自分なりの理想像のようなものを、しかし、思い込みや思い入れではなく、自分自身に確実に見えたものから出発した上で作る、むしろ、育て上げるように日頃から努める、実は、これも想像力の課題なのですが、そのようにしていると、何か異様なことが起きても、その異様さの程度を、自分の理想像の中で評価できるでしょう。そして、理想像との乖離の度合いから、とるべき対策の全体像が、たとえ、おぼろげであっても、すぐに見えて来る、とわたくしは信じています。

皆さんにお伝えしたいメッセージは、ぜひとも良質な想像力を育んでください、ということです。つまり、皆さんの前にはこれからいろいろなことが起きます。いいことも悪いこともあるでしょう。しかし、皆さんはこれから出会うことになるものごとのひとつひとつに、皆さん自身の考えというものを持って立ち向かわなければなりません。それにはどうしたらいいのか。自分にしかない経験の活かし方や判断、そういうことを通じて、皆さんをめぐる総合的な世界というものを作り上げてください。もちろん、その世界は刻一刻と変わりますし、変わらなければならないものですが、その変わり方の把握や理解には、実は、皆さん一人一人の価値観が反映します。その意味で、正しい価値観を養うことと良質な想像力を育むことは直結します。附設の卒業生として、皆さんには、国家・社会に貢献しようとする、為他の気概をもった誠実努力の人物を目指しているという自覚があると思いますが、これこそが皆さんの価値観の基礎をなすものです。皆さんの前にすばらしい人生が開けますことを祈念し、わたくしの式辞を終わりにします。

本日は大変おめでとうございました。

9 2012年度入学式 ＊自分の人生

皆様、こんにちは。久留米大学附設中学校第44回・高等学校第63回入学式を迎えました。新入生の皆さん、入学おめでとうございます。保護者の方々も大変お慶びと存じます。心よりお祝い申し上げます。

さて、本校の入学式の式辞は、わたくしにとって5回目にあたります。いつも思うのですが、式辞の準備はなかなか大変なのです。まず、ここには小学校を卒えたばかりの新中学生がいます。それから、附設中学校からの内部進学の新高校生がいます。そして、新たに、附設高校に入ってくる諸君がいます。そして、それぞれの保護者の皆様がいらっしゃいます。皆さん全体に共通の話題は何だろうか、新中学生と新高校生の双方に意味のある話はどう組み立てられるのか、なかなか難しいことだということは、想像できると思います。ところで、皆さんは、中学、高校の違いはありますが、同じ理念のもとで運営されている学校で十代の大事な期間を過ごすことになるという点では共通しています。そういう意味で、この学校を成り立たせている理念を確認することは、こういう場では欠かせないことであるし、また、適切なことでもあります。しかし、それをどう皆さんにとって印象に残るように行うか、それはまた大問題であります。

この学校の理念は、

国家・社会に貢献しようとする、為他の気概をもった、誠実・努力の人物を育成する

ことであると、さまざまな場で述べてきました。為他という耳慣れない言葉、読み下すと、他の為、ということになると思いますが、この言葉が鍵だと思います。これは、創立後四半世紀経った頃に、禅に造詣の深かった当時の校長、原巳冬先生が、創立時の板垣政参先生の言葉を言いなおす時に付け加えられたものです。

しかし、為他とは何だ、というと大変むずかしい。道元禅師の『正法眼蔵』にあるのですが、禅問答の中に出て来るわけですから、簡単にはわかりません。簡単にはわからないからこそ、まさに、人生の基本を象徴しているのかも知れないと思うことにしましょう。なお、板垣先生は、熱心なクリスチャンであり、原先生も禅に辿りつく前にキリスト教と出会っておられます。「為他」という言葉には宗教的なものを感ずるべきかどうかは別として、人間が決して一人だけで生きているのではない、さればこそ、自らの生きることが、世の中が少しでもよくなることに結びつくように、誠実に努力を重ねて行こう、と、本校の理念は読めると思います。

さて、新高校生諸君の場合は、ある程度、今後の進路について具体的に考えるようになっているでしょう。しかし、新中学生の場合は将来の道について何らかの思いというようなものが本当の意味で、自分のうちからわき出て来るということは、まだ、ないのではないでしょうか。新高校生諸君も中学に入りたての頃のことを思い出してみてください。多分、あれも面白そうだ、これは意味がありそうだ、こういう仕事をしてみたい、と、こんな風に、自分の世界が広がるにつれて、次々と興味深そうな分野や仕事が見えてきたのではな

いでしょうか。

皆さんの人生は、しかし、これからです。この先、何が皆さんの課題として待ち受けているかはわかりません。半世紀余り昔、わたくし自身が中学生や高校生であった頃に漠然と期待し想像していたようには、実際の日本の社会は、これまで展開してきませんでした。皆さんの場合を考えると、言うまでもなく、先のことはわからないことだらけなので、今という時に即しすぎた判断で、将来を決めるような行動をすることは勧められません。心掛けとしては何が起きても対応できるように、皆さん一人ひとりが自らの総合的な人間力というべきものをひたすら高めることが望まれます。それにはどうするか。絶対に忘れてはいけないことは、

　皆さんの人生は、皆さん自身、皆さん一人ひとりのものだ

ということです。他の誰のものでもありません。皆さんのご両親のものとも違いますし、将来、お子さんができたとして、お子さんのものとも違います。しかし、全く違うというわけでもない。皆さんはご両親の生き方から受け継ぐものがありますし、お子さんに伝えていかなければならないものもできてくるはずです。そういう意味では、皆さんは、ご家族の歴史を生きていくことになりますし、また、育った社会や国の歴史を作っていくという役割も担ってはいます。けれども、それは決まった形のものではなくて、結果としてそうなるというようなことなので、皆さんとしては、何よりも自分を信じることしかありません。

問題は、しかし、なかなか信ずるに値する自分というものを作り上げることができないということなのです。強い自分、意義ある存在としての自分、そういう自分というものは、どういうものなのか。人間であるということに根源的な価値があるわけではありますが、一人ひとりの立場としては、その上に、人それぞれによる違い、各人に与えられている条件、つまり、素質を活かして、それらを全面的に伸ばしていくことが望まれているわけです。そうして、総合的な人間力を備えた、特別な自分というものに至ることになります。しかし、伸ばすと言っても、その方向性は何に基づくのでしょうか。

ここで、附設の理念の核を成す言葉「為他」を思い

出してみましょう。そう、ここまで皆さんは、どちらかと言うと、受け身の、つまり、あてがわれたことだけをこなしてきました。しかし、皆さんが今まで出会ってきた大人の人たち、みなさんのご家族、先生、それ以外でも、街で働いている人たちも、どなたも、受け身だけで生きているわけではありません。皆さんが世話になっているということは、皆さんの世話をする人たちがいるからですが、やがて、皆さんも世話をする方に回ります。しかし、それがどんな形であるかは、皆さん一人ひとりの志に拠ることになります。そして、その志とは、皆さんがこれからいろいろと勉強して、それこそ自分だけのものとして、育てていくものです。

附設の建学理念の背景は、改めて振り返ってみると、皆さんは、この世に生まれた以上、価値ある自分の実現を目指し、そのために誠実な努力を怠ってはいけない、そして、実は、皆さんが生きていくことになる社会が、結果として、よりよいものになっていくということになるという信念でしょう。附設から皆さんへのメッセージは、この信念を自覚し、その確信のもとで振る舞う人物になってほしい、ということだと思います。念のために申し上げると、しかし、今の皆さんには、こういうメッセージは、まだまだ、難しすぎます。しかし、もう少し時間が経てば、このメッセージが発信している元気の素が、必ず身に染みて来ると思います。

新中学生の皆さんは、まだ、自分の世界を広げるための真剣な努力を続けなければなりません。つまり、しっかりと勉強しろ、ということに尽きるのですが、それは自分のため、自分自身の成長のためでなければなりません。もちろん、ステップとして、何がしかの点数を目指すのは悪いことではありませんが、どこでも、どんなときでも通用する自分というものは、点数で測れるような単純なものではありません。本質とか基本とかいう言葉を覚えて、その意味を反芻しましょう。新高校生の皆さんは、もう少し、具体的な目標があると思います。何とかいうブランド大学に入りたいとか、安定と尊敬の得られる職業に就きたい、というようなことはあると思います。そのためには、厳しい勉強も欠かせませんが、ここでも合格とか資格取得だけでなく、深く広く、ものを見ることができるように、自らを鍛えてほしい、そのための基礎を附設でしっかりと身につけてほしいと思います。

まだまだ抽象的ですが、皆さんの附設生活を通じて、徐々に具体的な中身が増えてくるはずです。皆さんの課題はわたくしたちの課題でもあります。新入生の皆さん、一緒に、すばらしい学校生活を実現しましょう。

10　2012年度卒業式　＊健全なる素人

皆様、おはようございます。本日、本校は、第61回目の卒業証書授与式を迎えました。

61回生の皆様、また、保護者の皆様には、本日を迎えられたことに、大変感慨深いものがおありと存じます。特に、61回生の皆さんは、十代の難しい時期を経て、まだまだ、研鑽の時期は続くと思いますが、やがては、新しい世の中を切り拓いて行くことになります。今の段階では、皆さんは海のものとも山のものとも言えない状態であろうと思いますが、目指すべき方向性はそれぞれにおありでしょう。わたくしからも、ぜひとも目指してほしいということがありますので、今日は、そういう話をしたいと思います。

まず、最初に、本校の建学の趣旨にある「国家社会に貢献しようとする、為他の気概をもった誠実・努力の人物」を実現してほしいと思います。そして、また、附設の校歌の凄さ、附設草創期の熱情溢れる老漢文教師の青春への想いの凝縮された姿を味わってほしいと思います。なかでも3番は殊更に意義深く、初期の先生たちの人生も投影されていると思います。時代は変わりましたから、込められている感情を追体験し、共感することは、もう誰にもできないかもしれません。しかし、皆さんにも、このメッセージ性だけはしっかりと胸に刻んでおくことができるでしょう。

こういうことを念頭に、皆さんは、それぞれに、「高度の専門職業人」として活躍されることが期待されています。その上で、わたくしからは、皆さんに、充実した人生を実現してください、という言葉を贈りたいと思います。これは皆さんに関わったすべての人たちの希望でもあるわけでもあります。式辞としては、これだけを言ってしまえば、後はもういいと思う人もいてもおかしくはありませんが、もう少し辛抱してください。まだ、考えてみなければならないことがあるのです。

皆さんは、まだ、一人前でも何でもない、ヒヨコでさえもないからこそ、申し上げるのですが、ただの「高度の専門職業人」であればいいのか、とお尋ねしたいと思います。この問いは、これからの皆さんの自己研鑽に欠かせない「覚悟」というか「志」のようなものを問題にしているわけです。もとより、修羅道の世を救うために、為他の気概を支えに、少しでも貢献したいと答えるのは間違いとは言えないでしょうが、そういう貢献ができるかもしれない人間とはどんな人間なのか、そういう人間に近づくよう、自らを鍛え上げられるか、というのが、この問いの趣旨です。

考えるまでもなく、「高度の専門職業人」であろうが、なかろうが、誰でも社会生活をおくっており、しかも、専門職業を通じて関わる部分というのは意外と小さいものです。もちろん、一人ひとりの生活や人生は専門職業に依存しているわけですが、家庭生活でも、近所付き合いでも、あるいは、社会人としての一般的な生活でも、専門的な職業的な知見を超えた判断が欠かせません。実は、専門的な職業分野でも、その訓練課程で身に付けた知識技能や経験はすぐに陳腐化してしまい、分野が大事であれば大事であるほど知識や技術の革新が盛んなので、早く役に立たなくなりがちだというのが実情でしょう。もちろん、皆さんには、立派に、「高度の専門職業人」になっていただきたい。しかし、「高度の専門職業人」であるということの内容は、時々刻々変化していきますし、ある意味で、どんどん特化を進めなければならないかもしれません。皆さんには、こういう「高度の専門職業人」であることが実現できれば、万事解決というわけではないことを意識してほしいのです。

「役者バカ」という言葉を聞いたことがあるかも知れません。歌舞伎役者の何がしは舞台の上では役どころの演技を通じて芝居そのものを文字通り類のない名舞台として実現する力があったが、舞台を離れると全く無能、つまり、バカであったというようなことですが、極めて高度の専門職業人の規範型として語られる場合があります。しかし、「役者バカ」が成り立つ条件を考えてみますと、歌舞伎役者の何がしは、実は、個人なのではなく、舞台に関わるある擬人的な集団を何がしという名前で代表して舞台上の役だけを果たすことが集団内の役割として定まっており、個人なら必要とされる他の要素は担当する人たちが集団内に別にいることがわかります。このシステムが純化すれば、人格のない演技器械「役者バカ」が成り立つわけですが、歌舞伎役者でも大方の場合は、なかなかそこまで人格を捨てきれないということでしょう。「役者バカ」を規範型とする発想には、日本の伝統的な、ことに、江戸時代の社会構造が反映されており、仮に、皆さんのうちに歌舞伎俳優を目指す人がいても、「役者バカ」を目指すことには、もはや、意味はありません。

そこで、先ほどの『ただの「高度の専門職業人」であればいいのか』という問いへの答えとしては、いや、それでは不十分だ、というものが期待されていることは明らかだと思います。しかし、「それでは、どうあればいいのか」という問いが当然続くでしょう。ますます難しい問いになるわけですが、わたくしなりのヒントを申し上げると、皆さんには、「健全なる素人」であることを目指してほしい、と思っています。これでは、しかし、「健全なる素人」とは何か、「高度専門職業人」であればいいのか、と尋ねながら、「素人」とは何だ、ということになるかと思います。

「健全なる素人」というのは、皆さんは余り目や耳にしたことはないと思いますが、少し前から、わたくしは、いろいろな折に書いたり話したりしているものです。今回の式辞は、この「健全なる素人」をテーマにしてみようか、と思い、ようやく、ここまで来ました。一応、定義のようなものもあるので、紹介しましょう。「健全なる素人」とは、

> 専門家ではないが専門知識の根底の意義について直観的な感覚が備わっていて、専門家が陥りがちな視野の狭さに囚われずに、本質を貫徹した判断ができる人

であるとして了解してください。もちろん、このような人が完全な形で存在するはずはありませんが、人間の在り方としては規範性があると信じています。特に、理想型としては、

> 少なくとも一分野では卓越した専門家であり、それ以外の分野でも、卓越性を獲得した分野での訓練や経験を通じて得た洞察力に基づく直観的な判断力が発揮できるような人物

ということになりましょう。

卓越性というものは、どんな分野であっても瞬時に

は獲得できません。このためには長い訓練や自己研鑽が欠かせません。そして、他分野でも有効な洞察力などは、これは目指すべきものではなく、結果として付いてくるかもしれないものです。しかし、専門分野として選んだはずのものも日々更新されていく過程では、未知の分野と変わらないと思ってもおかしくない面もあるわけですから、どこでも通用するはずの洞察力なるものを得ようという意欲をもって自らを鍛えてください、ということになります。

　ところが、さらに、よく考えてみますと、「健全なる素人」というのはアイデアとしては、何となくわかったような感じがしても、具体的にはどうなの、とか、それでどうなるの、といったような疑問がすぐに浮かんできます。もともと強い好奇心があり、広く深い想像力が育っていなければいけないだろうし、何にでも関心を持てなければどうにもならないかも知れません。幸い、皆さんが基本的に備えている素質ではありませんか。

　そこで、例えば、こういう人が「健全なる素人」の典型ですよ、として、お示しできればいいのですが、それが簡単ではありません。あるいは、むしろ、そんなに難しく考えることはなくて、皆さんがこれから出会う人たちの中に、あの人は専門分野でも素晴らしいけれど、違う分野のことや、その他、いろいろなことが実によくわかっている、という人がきっといるでしょう。そういう人を観察していると、それが、ものすごく勉強をしている、ということだけでなく、何か、センスが違うという風に感じる場合があると思います。問題は、このセンスのもとです。その秘密をつかんで、皆さんも周辺の人たちから「あの人はできる、何か、すごい魅力がある」と評価されるようになってください。

　以上要するに、皆さんには「優れた専門職業人」を目指してほしく、しかも、この「優れた専門職業人」とは、「健全なる素人」であって「高度の専門職業人」であるという、ややわけのわからないものなのですが、具体的なイメージにちかいものとして、梅棹忠夫先生が国立民族博物館の初代館長として館員に示した館員心得をご紹介しましょう。これは五項目から成り立っていて、

ふかい学識

ひろい教養
ゆたかな国際性
柔軟な実務感覚
ゆきとどいたサービス精神

を館員に要求しています。民族博物館内では、「五箇条の御誓文」と呼ばれていたようです（「梅棹小山」）。皆さんが志向している「高度専門職業人」の内には、今の時点の常識では、これら五項目のすべては必須であるとは言えないものもありますが、「健全なる素人」としては、これらは自然に身に付いてしかるべきものだと思います。

さて、最後に一句紹介しましょう。

道あらば　ふみももらすな　高砂の峯に至りぬ
岩間づたひに

これは関流という和算家の一門の最高免許、印可状と言いますが、その冒頭にある句だそうです（「細井」p.341）。大成するには、苦労を重ねながら、しっかりと研鑽を積み続けなければならない、というのが意味でしょうか。皆さんにわたくしが申し上げてきたことは、ぜひ360度の眺望の利く頂まで登ってほしいということです。がんばってください。

11　2013年度入学式　＊グローバル人材

みなさん、こんにちは。久留米大学附設中学校・高等学校へのご入学おめでとうございます。保護者の皆様も、大変お悦びと存じます。心よりお祝いを申し上げたいと存じます。

この場におられる多くの方々は、正面に校舎西棟の階段塔をご覧になりながら校門からの坂道を歩いて来られたと思います。この校舎は、この春、みなさんをお迎えできるように、建て替えてきたものですが、昨年の秋に完成しました。かつての校舎の面影がこの階段塔にほんのりと残されておりますが、新しい仕掛けもあって、縦横の比例が「黄金分割比」になるような長方形が、正面の壁に、窓やタイルの組み合わせで、何箇所かあるはずです。興味があれば、探してみてください。また、東棟中庭には、平行線が歪んで見えるようなタイル配置があることは、入学試験のときなどにすでにお気づきだと思います。校舎自体がみなさんに何がしかを語り掛けるような、そういう学校で新入生のみなさんは学ばれることになります。そうそう、あちこちに大きな鏡もあります。これは、身だしなみに気を遣って学校生活をおくってください、というメッセージでもあります。

さて、校長から、改めて、新入生のみなさんに、学校を代表して、みなさんに寄せる期待の大きさをお伝えしたいと思います。最初に、この学校の歴史と目標について簡単に申し上げましょう。次に、今日の時代に添う形の補い、わたくしなりのものですが、それを説明した上で、附設生としてのみなさんへの期待を改めて申し述べて、式辞を終えたいと考えています。

まず、昭和25年、西暦では1950年、つまり、今から63年前に、久留米大学附設高等学校は創立されました。初代校長の板垣政参先生は、岩手県のご出身です。終生、篤実なクリスチャンとして過ごされました。詳しいことは省きますが、19世紀後半から20紀半ばまでの一世紀にわたる近代日本の歴史の浮き沈みの激しさというべきものを一身に負っておられたと言ってもよろしいかと思います。附設草創の頃の様子は、わずか60年余り昔と言いながら、時代も人も遠くなり、もはや伝説のかなたに霞んでいる感じがありますが、面影は、西棟の思考廻廊に映されています。そして、創設のときの意気込みは、今も、校歌の歌詞を通して、生徒のみなさんにしっかりと伝わっています。

そして、附設高校に中学ができたのは、昭和44年、西暦1969年です。このときの校長、原巳冬先生は、禅に造詣の深い方で、特に、道元禅師に傾倒されていたと伺っています。原先生は、附設高校の目指すもの、つまり、建学趣旨は、板垣先生以来、

国家・社会に貢献しようとする、為他の気概をもった、誠実・努力の人物の育成

であったし、これからもそうなのだと強調されました。実は、先生は、「為他」という大事な言葉を補われました。この言葉は、道元禅師の『正法眼蔵』という書物にあり、禅の言葉ですから、その中身は大変深いものがあるはずですが、字面だけを見ても、他の為、他に為す、その際にあるべき己の姿勢など、いろいろと考えさせられます。原先生が中学生を含めた少年たち

に期待されたのは、「為他」という言葉によって、生きるということの意味に思いを馳せてほしい、ということだったと思います。生きるということは、自分だけでは成り立たない、他人との関わり、それも、他人への奉仕あるいは貢献という想いがあって、初めて自分がこの世にあるということに価値が出て来るのだ、というようなことを示唆されたのではないでしょうか。

附設高校が女子生徒を受け入れるようになってから九年目、そして、この春からは、附設中学にも女子生徒が入りました。女と男は、身体の構造も違いますし、ホルモンの働きも異なりますが、人間としての価値には差異はありません。個人生活、感情生活の面では、生物としての具体的な要素がものを言うので、男か女かは問題になります。しかし、社会生活、特に、組織の場が大きければ大きいほど、人間は、人格、素養、技能といった抽象度の高い要素で支配されます。教育の場では、男女差に配慮した細やかな取り扱いは欠かせませんが、この附設中学・高校が産み出そうとする「国家・社会に貢献しようとする、為他の気概をもった、誠実・努力の人物」は、まさに、人であって、男も女もありません。しかしながら、大事なお子様をお預かりするにあたって、保護者のみなさまに、わたくしどもから、学校現場での人と人との距離感が女か男かの違いを尊重しなければならないものであることを十分に承知し、注意の行き届いた教育にあたりますと申し上げます。

さて、先ほどから、附設中学・高校の目指すものとして、「国家・社会に貢献しようとする人物」に触れてきましたが、最近、あちこちで「グローバル人材」というのが話題になります。附設の新入生ですから、みなさんも「グローバル人材」という言葉は知っているでしょう。しかし、あれは国家も社会もないのではないか、とか、大人の世界の話で自分たちには関係がない、と思っているかも知れません。「グローバル人材」を巡る日本での一般的な理解は、大体、次のようになっていると思います。

特に、経済関係で世界は一体化していて、企業活動が国境を越えて展開されることは当たり前である。日本の企業も例外ではなく、企業活動の担い手、つまり、人ですが、かれらは、国の枠を超えて活躍できなければならない

というわけで、

国の枠を超えて活躍できる人間、「グローバル人材」が、これからの日本では要るぞ。「グローバル人材」を養成しろ。……

という筋書きになっています（例えば、［経団連］）。

こんな話を始めますと、中学・高校の入学式なのにこの校長は何を言うのかと、みなさんは、まず、思うでしょう。そして、そうか、附設のレベルの学校なら「グローバル人材」を目指せと言いたいのだな、と予想を立てたと思います。しかし、違います。今、ご紹介した、一般的な理解の、さらに、その裏には、ある「思い込み」があって、それが間違っていると、わたくしは考えています。高校入学生の皆さんには、『附設高校生になるために』というパンフレットの巻頭言で長々と書きましたので、それを改めて読んでいただけるとありがたいと思います（付録B第28節）。

裏にある「思い込み」とは何でしょうか。それは、「世界」と「日本」とは違い、対立するものであり、「日本人」は「日本の中」にだけ関心を注いで頑張ることが基本だとされていることです。これは「思い込み」というより、「思い間違い」と言うべきなのですが、非常に根深くて、最近でも、「鎖国」とか「開国」という言葉が新聞紙面などに踊ることがあります。

しかし、「世界」とは何か、と考え直してみましょう。「世界」は、現在、この地球上にある、地理的、社会的、あるいは文化的なものの全体として成り立っているものです。当然、「日本」は、その「一部分」でしかありません。しかも、「日本」が「世界」の「一部分」であると意識することは、同時に、「世界」が実に多様な「部分」の集まりであることに気付くことでもあります。「世界」と「日本」は対立のしようがないのです。

みなさんによくよく知っておいてほしいことは、みなさんは、新しい世界を作っていくことに世界の他の「部分」の人たちと一緒に貢献することになるということです。みなさんは、世界の一部分に根差しているのですから、このことは、いやもおうもありません。具体的な貢献の形については、考えてみなければならない点がありますが、いずれにせよ、意味のある貢献を果たしたいものです。みなさんでなければできないことでなければならないでしょう。そういう貢献は、それぞれの多様性をもとにして、初めて成り立つものです。みなさんの多様性の根源はどこにあるでしょうか。それが、まさに、「日本」の文化や歴史なのです。世界の他の「部分」の人たちもそれぞれの文化や歴史を背負って世界を作ります。ですから、なによりも、まず、みなさんの帰属している世界の「部分」をよく知らない限り、新しい世界を作って行くことに貢献できません。つまり、自分自身をよく知ることです。そして、他の「部分」にも関心を拡げ、知ることですが、わたくしの感覚としては、思い入れはしない、淡々と知る、そういうものだとして見る、という姿勢がとれるのが望ましいように考えます。要するに、自分が育ち、学んだ国の文化や歴史を自分の多様性の基本において、その上に、地域性や歴史性が反映しない技能や知識を身に付けていれば、世界のどこでも、また、世界史の文脈でも、どんなにささやかであっても、意味のある仕事ができるはずだということを、みなさんに知っておいてほしいと思います。

建学趣旨で言う「国家・社会への貢献」とは、板垣先生や原先生は、日本と日本の社会への貢献を指していたと思います。日本が世界の一部分であることは、その頃も変わらなかったはずではありますが、当時の交通や通信の水準を考えると、日本と世界とを分けて考える方が自然だったかも知れません。今は、交通も通信もほぼ瞬時に世界中を回ると言える時代ですから、日本が世界の一部分ということには実質的な意味があります。しかし、同時に、このことは日本や日本社会への貢献が、そのまま、世界という文脈の中で意義を持つことを示します。みなさんの中には、今後、世界中を動き回って仕事をする人も出るでしょうし、あるいは、ごく狭い地域に留まって日常業務を淡々とこなす仕事に従事する人も出ると思います。しかし、どちらであっても、新しい世界の構築に貢献することになります。狭い地域に仕事の場を限ったとしても、実は、その成果は、世界史の文脈に載るのだ、「すぐれた仕事」は、いつ、どこで、評価を受けても「すぐれた仕事」でなければならないのだ、という意識を養ってほしいと思います。

ここまで、建学趣旨の今日的な意味を解説いたしました。要約しましょう。

大事な言葉は、「為他」であって、これには、人が生きるとはどういうことか、という問いへの示唆があります。そして、この「為他」をキーワードとしながら、附設中学・高校における学びを通して培った日本の文化・歴史に根差した素養を多様性のもととして、日本は世界の一部分であるという認識の下で、みなさんが、他の文化・歴史で育った人たちと一緒になって、新しい世界を作り上げていくことに貢献してください。期待しています

と、こういうことになりましょう。

式辞は以上です。長い上に、大変わかりにくい話だったろうと思いますが、よく聞いていただきました。本当にありがとうございました。

12　2013年度卒業式　＊日本人の魅力

皆様、おはようございます。本日、久留米大学附設高等学校は、第62回の卒業証書授与式を迎えました。62回生の皆さま、おめでとうございます。保護者の方々も、本当に長い間、お子様を支えて来られました。本日のお子様の晴れ姿、さぞやお喜びと存じます。おめでとうございました。

さて、卒業証書を授与される生徒諸君の中には、わたくしと共に、六年の間、ずっと附設で過ごした人もいれば、三年前から附設で学んでいる人たちもいます。六年前は、丁度、久留米大学創立80周年の行事がいろいろと執り行われており、また、わたくし自身、中学校や高等学校、特に、附設の校長がどういう役回りを演ずべきか全くわかっていなくて、皆さんとの関係性の確立の仕方に反省すべき点も多々あったように思います。

高校から加わった諸君も加え、皆さんは、まさに、附設が変わって行く三年間をすべて体験しました。皆さんは、全員、二号館という附設の古い校舎を知っています。中には、一号館にあった昔の校長室を知っている人もいるでしょう。皆さんは、新校舎建築工事中の現場囲いのパネルを知っています。もちろん、完成した新しい校舎を知っていますし、東棟に全部の学年がいた時期を知っています。東棟を利用した初めての

文化祭は出来ませんでしたが、新校舎全部を使ったのは皆さんが最初です。そして、附設中学校が共学化され、中一に女子生徒がいるようになった時期を知っています。こういう機会に遭遇するということはなかなかないことですが、皆さんは、何というか、ものごとは変わるのだ、変えられるのだという実感が身に付いたのではないでしょうか。

わたくしの卒業証書授与式の式辞も六回目になります。毎回、違う話をしようと心がけていますが、過去の分を読み返してみると、われながら、なかなかいいことを言ってきたな、と思い、これ以上違うことを言おうとするのも難しいような気もします。実際、みなさんがこれから直面することになる世界や日本、社会や地域の状況がそんなに急に変わるわけではないとすると、そうそう無理に違ったことを言う必要もないかもしれません。しかし、式辞というものは、そもそも、その年々の卒業生に対する敬意を表すものでもあります。これからの日本は今まで以上に非常に困難な状況に陥るのかもしれず、そういうところに皆さんは出ていくことになるわけですから、そこで、どう心掛けて進んでいけばいいのか、これは皆さんご自身がそれぞれの課題に直面してから改めて考え直すべきことではありますけれど、この機会に、敬意と共にある種のヒントをわたくしという老人から皆さんに示せたら、とも思いました。

さて、昨年の式辞では、「グローバル人材」が、本来、世間で喧伝されているような安直な代物ではないことを説明しました。[3]今回は、

どこに出ても通用する人間を目指してください

と申し上げます。昨年と同工異曲のようですが、そのためには、皆さんが育った日本という存在のどこに魅力があるのか自分なりに考えておくべきだということを巡って改めて考えてみる必要があります。何事も裏表あるのが世の習いなので、自分たちで魅力に違いないと思っていることが反発を招くことかも知れない、という点も踏まえるべきことではありましょう。

3　実は、勘違いで、「健全なる素人」について述べており、「グローバル人材」は今年の入学式の式辞で述べていた。

実は、感謝を忘れない、少なくとも、感謝するということの価値を知っているということは、日本の、というか、日本人の魅力だと思います。実際、先日の冬季五輪のいくつかの場面で感じたことですが、一流選手は、行動でも言葉でも、本当に自然に謝意を表していました。オリンピック選手は、国の代表的な競技者という意味で、何というか、甲子園的な捉え方がされがちですが、考えるまでもなく、正真正銘のグローバル人材であります。自然体での振る舞いが、そのまま日本人の魅力として受け取られるようになったという意味で、この人たちは、われわれが目指すべき姿の参考になると思います。「おかげ」とか「恩」ということばが日本語で非常に重んじられていることから察しが付くように、日本は、昔から、社会的に、感謝ということに非常に大きな価値を認めている国だと思います。もちろん、言うまでもないことですが、感謝に大きな価値を認めているのは決して日本だけではありません。しかし、日本がそういう国であるということは大いに誇りにしていいことだと思います。

一方、日本人は「ありがとう」ということばがなかなか言えない、つまり、謝意を声に出して表すことができない、という批判があります。「ありがとう」を声として発せない、とすれば、これは、電車やバス、あるいは人ごみの中を黙ってすり抜けていくということと同じで、むしろ、日本人の社会性の表し方、あるいは、いわゆる「コミュニケーション能力」の問題だと思います。やはり、こういう批判には適切に応えていかなければならないと思います。躾や習慣の問題のように見えても、表面的なことではなく、おのが魅力、あるいは、他人の魅力というべきものをきちんと分析して理論化しておくべきだというのが、わたくしの申し上げたいことの背後にはあります。もちろん、分析だ、理論化だ、というのは、いわば、哲学者のなすべき仕事であって、皆さんやわたくしのような一般人は、逸話的なものでいいので、とにかく日本の魅力について考えるので十分だ、と思います。

オリンピックと言えば、先日の、東京五輪の招致の際に、「お・も・て・な・し」というのが話題になったではないか、という考えが頭を過った人もかなりいるのではないでしょうか。「お・も・て・な・し」は「おもてなし」のアーティキュレーションをはっきりさせただけとして、ここで、「おもてなし」について考えてみたいと思います。「おもてなし」は「日本の魅力」と言ってよいのでしょうか。他国には「おもてなし」に相当する行為はないのでしょうか、と言えば、英語にホスピタリティという語があるように、どこの国にもあります。「気配り」とか「心遣い」とかぶせてみても、これもケヤリングなどと、きちんとありませす。「おもてなし」の心というものは、日本になければ問題ですが、あったからと言って、日本だけのものではないことは知っておかなければなりません。いや、アメリカに行ったけど、アメリカ人には「おもてなし」の心などなかった、という人が、もしかしたら、いるかも知れません。しかし、その人は、アメリカ流の「おもてなし」の心を感じることができなかっただけかも知れないのです。そういうことがあるとすると、日本人の方で外国人に対し「おもてなし」の心で接しているつもりでも、全く通じていないということが起きているかも知れません。

どうしてこういうことがありえるのでしょうか。「おもてなし」の心でもホスピタリティでもいいのですが、一旦、日本やアメリカを離れたところでも成り立つ部分、つまり、共通というか本質的な構造の部分、を確かめて、その上で、それぞれの固有の特徴を生かすようにするのが本筋でしょう。

多分、一番の根本として共通するのは、相手に対する関心、そして、ここに来てくださってありがとう、という感謝から始まるのだと思います。わたくしの見るところでは、共通構造は、本来、もう少しあって、例えば、サービス精神とか、義侠心、あるいは、気働き、といったもの、まさに、為他ですが、そういうものが根底にあり、その上に、いわば表現上というか演出上の文化的な違いがあるようにみえます。ところが、この程度の当たり前の分析が意外とできておらず、思い込みでの決めつけが先行し、その思い込みからの外れ具合では、もてなす方も、もてなされる方も、ただただ感情を害するだけという結果さえ起きてしまいます。もてなす方ももてなされる方も、初対面のときは、相手側の「おもてなし」構造の特徴はわからないかも知れません。ここが大事なのですが、どちらも共に、根底には共通構造があるものだと承知していれば、失敗の可能性は低くなるでしょう。「おもてなし」というものは初対面で成功しなければならないものですが、自分たちで魅力だと思い込んでいるだけでは、魅力どころか、ただの押し付けに過ぎず、かえって強い反発のもとになるかもしれません。

ところで、最初の方で、どこに出ても通用する人間を目指してください、というのが今回の式辞の趣旨だと申しました。そうすると、皆さんは、そうか、もてなし上手になれ、もてなされ上手になれ、ということなのかと思われたでしょう。もちろん、そのことは大変大事なことなのですが、これからの時代では、実際問題として、皆さんの多くは、他所の土地や、あるいは、いずれかの時点で、外国で暮らすことになるだろうと思います。特に、初めての外国暮らしのときは、その土地の流儀になかなか馴染めないものですし、自分が慣れ親しんでいるつもりのものに比べて、要領が悪く見えたりします。このときは、皆さんは、どちらかと言うと、もてなされる方になっているわけですが、みなさんをもてなしているのは、人ではなくて、いわば、先方の社会や歴史、文化そのものになります。しかし、こういう機会に否定的な想いに浸っていては、外国暮らしは面白くないし、決してうまく行きません。違いを見ることは非常に重要なのですが、違いが見えたら、その理由を考え、さらに、その効果や特徴を評価して、その土地の流儀の面白さをできるだけ見つけるようにしましょう。行った先が少しでも好きになるということがとにかく大事なのです。とは言っても、べったりになる必要はないし、恐らく、そうなってしまっては、その土地の人に自分の存在感や魅力をアピールできないでしょう。「おもてなし」に引き続いて、主客が共同して作り上げる麗しい世界の実現、それこそが本命であることを忘れないでください。

こうして、皆さんは、誰から見ても、どこの国に行っても、クールで、かつ、魅力的な人間に、自然に、成長していくことになりましょう。

62回生の皆さん、皆さんの前には、実に、多くの困難が待ち受けています。先の読めない世の中でもあり、今に限らないことですが、最悪のことも想定して、自らを鍛え続けていくのは極めて当たり前のことです。皆さんの鍛錬の鍵、それは、人間としての魅力の増進を心がけること、それに尽きます。十年後、二十年後、あるいは、三十年後、と、皆さんの周りの人の輪がどんどん広がって行くことを心より期待しています。

本日は大変おめでとうございました。

13　2014年度入学式　＊本来の世界構造

みなさん、こんにちは。久留米大学附設中学校・高等学校へのご入学おめでとうございます。保護者の皆様も、大変お悦びと存じます。心よりお祝いを申し上げたいと存じます。

さて、この場には、附設中学校の新入生164名、附設高校の新入生197名の皆さんが集っています。このうち、145名の諸君は、附設中学校からの進学者ですので、三年前のわたくしの入学式の式辞を覚えているかもしれません。あのときは、東日本大震災からまだ一月も経っていませんでした。文字通り、未曽有の複合的な大災害であって、マグニチュード9・0の海底地震や余震、それらに引き続く大津波によって、多大の人的被害が生じた上に、さらに、福島第一原子力発電所の原子炉一、三号機の水素爆発、一号機から三号機まで、原子炉の炉心溶融や放射能放出が発生しました。高校から新しく附設のファミリーに加わる皆さんも、恐らく中学の入学式の式辞で東日本大震災のことを耳にされたと思います。中学入学生の皆さんは、小学校の中学年だったので、怖い、恐ろしい、お気の毒、といった感情が先に立ち、災害に遭われた方たちとの共感と支援の気持ちを一生懸命表そうとしていたと思います。

あの未曽有の大災害からの復興はまだまだ十分ではないのが事実といわざるを得ないわけですし、その一方で、内外で新しい事態がいろいろと起き、激しい時代の変化は一刻も休んでくれません。東日本大震災という大災害の詳細な分析や、恐らく、非常に大きく深いものであるはずの世界史的な本当のインパクトについても、その確認の試みさえ、まだ、手つかずのままです。ただ、日本を巡る「予定調和の世界」というようなものは存在しないということだけは、誰の目にも明らかになったと言えると思います。

日本を巡る予定調和の世界というようなものとは何だったか。本来あるはずがないもの、つまり、幽霊のようなものですが、大体の姿かたちは、国内の新聞論調などを振り返ってみると、見当が付きます。それは、要するに、日本と日本の外の世界とは全く別のものだという、日本独自の思い込みのことです。難しい表現になることを承知で、敢えて詳しく言うと、この思い込みは、基本的に三つの要素に分解できます。つまり、第一に、日本というのは自律的な時空における構造体[4]である、第二に、日本の外に世界という時空における構造体があり、第三に、これが予定調和の原理とでもいうべきものですが、日本という時空の構造体と日本の外の世界という構造体の間には非対称的な関係が存在するが、日本という構造体は、この関係によって本質的な変更を受けることがないまま、存在し続けるものである、の三要素です。

さて、話を元に戻して、東日本大震災は予定調和という日本の思い込みにも、とどめを刺してしまいました。それはどういうことか。あの大災害からの経過を見ていると、日本の中だけですべてが推移してきたわけではないことはわかると思います。三陸の浮きドックがシアトルの沖合に現われたり、ハワイ周辺に漁船が漂っていたりして、太平洋は一体だということが実感としてわかりました。原子炉災害に関しては、非常用電源が二個とも近接して設けられていたとか、国産の検査ロボットがなかったとか、関係者の想像力の著しい偏りを示す例がたくさんありました。これらはごく表面的なことに過ぎないのですが、もっと詳しい分析を述べるには、丁寧な議論が欠かせない上に、大震災から十分に時間が経っていないので、卑怯なようですが、これ以上の説明はしません。

とにかく、「予定調和の世界」とは対極的なものとして、「本来の世界構造」を三点ほどにまとめましょう。つまり、第一に、「日本」対「世界」という対立構造は成り立たないこと、第二に、「世界」と言っても、実は、一様ではなくて、相互に干渉しあう多種多様な小部分から出来上がっていること、そして、第三に、「日本」は、そういう小部分の一つとして、「日本」に深く関わっている我々にとっては特別なものではあるが、世界全体から見たときには無条件に何か特別なものでなければならないという理由があるわけではないこと、の以上三点です。

もちろん、この三点は、東日本大震災よりずっと以前から変わらないことではありますが、ただ、第二点として述べた、世界を構成する多種多様な小部分の相互干渉が、かつては余り強くなく、どれか一つの小部分に着目すると、着目された小部分、例えば、「日本」、とその残りの小部分だけを集めたものとに世界が分けられるとしてもそれほど不自然にも感じなかった時期が長かったということだと思います。

そこで、皆さんですが、今から十年後二十年後に実際に社会に出て活躍するときは、予定調和型でなく、「本来の世界構造」を自然に身に付けて振る舞っていただきたいと思います。しかし、せっかく日本で育った以上、やはり、その際、問題になるのは、「日本」が「世界全体から見たときには無条件に何か特別なものでなければならないという理由があるわけではない」というところでしょう。ポイントは「無条件に」というところです。言い換えると、世界全体から見て「日本」が特別なものになること、つまり、「日本」の存在によって「世界全体」が一層よくなるということが、皆さんの努力や活躍によって確かなものにできるはずのことです。皆さんは、そういう役割を担っているという意識のもとで、これからの日々を過ごして行っていただきたいと思います。

ここで、また、念のために付け加えますと、皆さんが「世界貢献」のために他の国に移住しなければならないということではありません。日本の国内にいても、また、ごく身近なことの処理に従っていても、その仕事の結果が地上はるか彼方に実は及んでいるのだ、ということです。身近のことしか見えていなくて、したがって、内輪のことだけを果たしているつもりでも、実は、とんでもなく遠方の誰かの邪魔になっているかも知れません。もちろん、別の誰かの役に立っているかもしれません。つまり、どこにいても、誰であっても、何がしか「世界全体」と関わっています。

結局、皆さんは、どこにいようと、また、どんな仕事をしようと、実は、世界を相手にしているのだと覚悟を決めて堂々と振る舞えるように、自らを鍛えるしかありません。この先十年二十年というと、附設で過ごす時間を大分超えてしまいますが、まず、附設で基礎力を徹底的に鍛え上げてほしいと思います。基礎力とは、学力だけではありません。何よりも、人間力です。もう少し、詳しく述べると、皆さんには、

4　つまり、「昔から今まで（＝時間）、ある地域（＝空間、例えば、主に、日本列島の中）で、他からの影響を余り受けることなく（＝自律）、在り続けたもの（＝構造体）」。

国家・社会に貢献しようとする、為他の気概をもった、誠実・努力の人物

としての成長を期待しています。実際、このような人物の育成こそが附設の建学の趣旨で、わたくしたちの指針となっています。

この言葉自体は、高校創設時の校長板垣政参先生によるもともとの言葉を中学校設置時の校長原巳冬先生が補われたものです。間もなく半世紀にもなろうという文言ですから、「国家・社会」は、どちらかと言えば、「日本」対「世界」の感覚が籠められていたと思います。では、「国家・社会」を「世界」に改めたらいいか、と言うと、そういうものでもありません。実際、皆さんのほとんどは、日本の国内で主に働くことになるでしょう。その上、どこにいようと、日頃の仕事の結果が、直接間接に、また、大小を問わず、世界中に影響を及ぼす時代になっています。また、日本が世界に貢献するという場合も、日本で遂行された種々の仕事の積み重ねが、このことの支えになります。最初から、ことさらに世界を目標として意識することに意味があるわけではないことがわかります。しかも、人間として、もっとも基本的なこと、それは、そのまま、世界中に対して通用します。為他の気概をもった誠実・努力の人物、つまり、世のため人のために働こうという強い意志のもとに、誠実に仕事に励むということは、わがまま一杯、まさに自己中の思春期の最中に、こういうことを強く意識できたということは、後々、皆さんの魅力のもとになるはずです。

附設生としての皆さんは、人々の幸せのために働こうとするためにも、附設ならではの機会を存分に生かしてくださらなければなりません。志の高さを支えるためにも、しかるべき進学先を実現することには貪欲であってほしいとは思います。実際、前にも言いましたが、附設は、皆さんが、勉強を通して基礎中の基礎を身に付け、その後の一生を通じての自己研鑽に備えるところです。附設における学習姿勢や生活習慣に関しては、しかし、校長は具体的なことは言いません。先生たちを信頼し、そして、皆さん自身もお互い同士で高め合ってください。

わたくしからは細かい教科の話は致しませんが、二点ほど、皆さんにぜひ心掛けてほしいことがあります。第一点としては、統計的なものの見方を身に付けてほ

しいと思います。これは大きな数を扱うときには欠かせませんし、統計の文脈に載せて初めて数値の信用度が確かめられます。第二点としては、世界史の物語としての大局的な把握を心掛けてください。物語として、と言っても、日本で暮らしている者にとっては、せいぜい16世紀の種子島辺りから、あるいは、多少遡って、元寇や倭寇の時代からで十分でしょう。当然、教科「世界史」としての把握とは全く違います。特に、九州にいると、瀬戸内海の西側にいるというだけで、関西や関東の人間とは違う物語が見えるはずです。あの校長は、入学式の式辞で変なことを言った、気になる、と、こう皆さんに思っていただけたら、うれしいのですが。

さて、以上を要約しておきましょう。東日本大震災から話を始めて、日本は、世界の一部分であるが、よい世界の実現に貢献しようとする特別な部分になるかどうかは、皆さんの働きに拠るのだと注意しました。そして、実際、どこにいても、どんな仕事をしても、それは世界全体に何らかの影響を及ぼす時代ですから、他人の、つまり、世界の幸せにつながるよい仕事をすることこそが、附設の建学の趣旨だ、と述べました。その上で、附設の生徒である以上は、先生を信頼し、友だち同士高め合いながら、勉学に励んでください、と言い、さらに、教養上のスケールのためなのですが、統計的な発想を身に付けよ、と言い、また、近世以降の世界史の物語を大づかみにせよ、と付け加えました。

新入生皆さんの附設生活が楽しく実りあるものであることを念じて、式辞を終わります。

14　２０１４年度卒業式　＊困難に出合う

皆様、おはようございます。本日、久留米大学附設高等学校は、第63回の卒業証書授与式を迎えました。63回生の皆さま、おめでとうございます。保護者の方々も、本当に長い間、お子様を支えて来られました。本日のお子様の晴れ姿、さぞやお喜びと存じます。おめでとうございました。

さて、卒業証書を授与される生徒諸君の中には、わたくしと共に、6年の間、ずっと附設で過ごした人もいれば、3年前から附設で学んでいる人たちもいます。6年前の入学式の式辞を覚えている人がどのくらいいるかはわかりませんが、今、読み返してみると、建学趣旨の解説がおもな点でありますが、他に、校舎の建て替えの話をしており、順調に行くと新校舎から巣立つことになるだろう、と述べております。東日本大震災の前であったこともあって割と気楽だったわけですが、3年前の入学式では、基本的に予定調和の世界などないのだから、心掛けとしては何が起きても対応できるように、皆さん一人ひとりが自らの総合的な人間力というべきものをひたすら高めることが望まれると言っております。皆さん一人ひとりの人生は皆さんだけが選び取っていくものなので、今に即しすぎた判断に安住したり、他の誰かに決めてもらったりすることが、本当はできるものではないというようなことを言ったわけです。

　ちょうど一週間前ですが、皆さんの大先輩の國武豊喜先生の文化勲章をお祝いする会が福岡で開かれました。國武先生は、ご講演で、先生のほぼ80年の人生のほぼすべてを一時間余りで網羅されたので、到底、ここでは紹介できませんが、

　　研究は楽しい、科学は（も）面白い

という述懐で締めくくられたことはお伝えしましょう。

　國武先生の進路選択は、附設で出会った先生たちの授業に拠るところが大きかったようで、国語の先生の授業を聞いて国文学は面白そうだと思い、また、当時は、久留米大学商学部や医学部予科の先生たちが附設高校の授業にも来ておられて、経済学の先生の授業を聞いては、経済学も面白そうだと思われたそうですが、化学の先生の授業からも強い興味を覚え、ご自身の適性というか、得意不得意をよくよく考え、結局、お父上との進路上の妥協が成り立つところで、工学部の応用化学に進まれました。特に、研究者になろうと思っていたわけではないが、実際に研究に接してみて、その面白さに取りつかれ、今日に至ったということでした。

　それが「研究は楽しい。科学は（も）面白い」という次第ですが、人間、どうしても好奇心がある、新しいこと、わからないことがあると、知りたくなってしまう、と、補足されています。しかし、改めて考えてみるまでもなく、何でもかんでもが不思議だ、面白そうだ、というわけではありませんし、一瞬、不思議だ

と思っても、見掛けだけであることもありますから、不思議さ、面白さを、何と言うか、正しく感知する力を得るために払われた努力や、その過程での膨大な数の失敗があったに違いないと思わざるを得ません。そして、失敗に耐えるには、ものすごい精神力が要ります。

さて、皆さんのこれからの進路は、必ずしも創造的な研究者への道ばかりではないでしょう。また、進路が社会系、あるいは、人文系であって、要するに、大先輩ではあるが、國武先生の話は関係ないと思っている人も多いかも知れません。確かに、皆さんが経験して来たばかりの入学試験にせよ、また、これからしばらくの間、いろいろな試験に出合いますが、それらは、資格試験も含めて、正解があり、それも基本的には一通りという性格のものです。皆さんにとっては未経験であっても、すでに多くの人たちによく知られてしまっているもので、つまり、できたからと言って、それだけでは世界が変わることもなく、したがって、何も新しい価値は生まれて来ません。

しかし、この段階を過ぎると、皆さんは、否も応もなしに、答えのはっきりしない、場合によっては、もともと正解などない、そういう問題に出合うことになります。一人前になるということは、まさに、こういうことです。國武先生は、「研究は楽しい」とおっしゃいました。皆さんの将来に当て嵌めて、この言葉を解釈すると、未知のこと、知らないことに出会うことは楽しい、と、そういう風に理解できませんか。

今日、皆さんは久留米大学附設高等学校の卒業証書を手にします。しかし、それは、まだ、一人前になる前の一連の訓練の始まりに過ぎません。そこを通過すると、先ほども申し上げましたが、皆さん一人ひとり、それぞれ、違う挑戦や困難にやがて出会うことになります。挑戦、あるいは、困難というのは何か。要するに、魅力たっぷりだが、どうしたらいいのかがすぐには分からないことです。しかし、困難に出合うことは楽しい。なぜか。それは、うまく乗り越えられたら手柄になるからでしょうか。いいえ、違います。

まず、あなたは、今、目の前の挑戦が、なぜ「困難」なのか、それを、手持ちの時間内でできるだけはっきりさせなければなりません。そして、あなたの全存在を掛けなければこの困難は乗り越えられない、と一瞬ではあっても感じられたなら、困難の解決が見えてきたとき、今、自分は確かに生きているという実感が得られるでしょう。ここで抽象的に「挑戦」さらに「困難」と申し上げたことは、具体的には、皆さん一人ひとりにとって全部異なります。乗り越え方も当然違います。生きているという実感、その味わい方も皆違うでしょう。恐らく、確かに自分の課題だと感じられるものに直面した後の、最初の失敗、そして最初の成功、どんなにささやかなものであっても、それらが皆さんのそれからの人生の質を左右することになるのではないでしょうか。

こんな話を致しますと、それではお前はどうなのか、「挑戦」は楽しいのか、「困難」は好きなのか、と思いながら、皆さんは聞いているかもしれません。わたくしは別に「困難」大好きというわけではありませんが、嫌いではありません。「挑戦」、つまり、目指すものがあって、それを実現して行こうとする過程では、必ず、何らかの壁や障害など、予想外のことがあり、予想外ですから、事前に対処の仕方、つまり、答えがわからないというようなことに何回か出くわしています。附設の校長になってからも、大げさに「困難」というべきかどうかは別として、答え探しに悩み、あるいは、まだ、悩み続けているというものも結構あります。

國武先生のお話とわたくしのささやかな経験とを重ねあわせながら、改めて整理してみますと、まず、

やりたいこと、実現したいことが見える、あるいは、見えてしまう

ということがありましょう。その基礎は、結局、質の高い勉強、つまり、知らないということを痛感できるような勉強でしょう。皆さんは、これからもしばらくの間、正解のある勉強を続けなければなりません。この古典的と言ってもいい基礎的な過程でじっくりと地力を蓄えることになります。しかし、ここが大事で、附設での教育も入りますが、皆さんの人格の基盤を創ります。その上で、皆さん一人ひとり固有の課題というものが見えてきます。実際に、困難に直面したときの取り組み方はどうしても皆さんの人格を映しているものです。

そんなわけで、皆さんは挑戦と困難に直面し、さらに、それを何とか乗り越えなければ、やりたいこと、実現したいことが、成就しないということになります。

乗り越えるには、試行錯誤、しかも、自分ひとりの力だけでは、いくら才気があっても、うまく行きません。國武先生の業績も、最初に、こういうものを合成したい、という想いを抱いてから、実現できるまでに長い時間とそして多くの人たちの協力が欠かせませんでした。実際、先日の國武先生の会の際、控室で、先生がこういう仕事はひとりではできませんからね、と述懐されたことを覚えています。そこで、皆さんの場合も、困難に直面しても、他の人たちからのいろいろな形の援助がなければ、乗り越えられないでしょう。

　他の人たちからいろいろな折に助けてもらえるには、どうであったらいいのでしょうか。そう、それには、あなたが魅力的であれば非常に有利だと思います。中でも困難に際しての魅力、それは楽しそうに困難に立ち向かう姿勢ではないかなと思います。困難が好き、困難に立ち向かうのが好き、という人の廻りには、自然と、人が集まるように思います。そして、困難は無事に乗り越えられ、その次に立ち現われる困難もまたしかり、というわけで、困難ということを恐れなくなり、結果から言えば、大体何をやってもうまく行くという感じになりましょう。皆さんも魅力的な人になることに挑戦してください。

　最初の方で申し上げたように、皆さんがどういう進路をとろうと、ほぼ確かに起こるだろうというシナリオですが、その構成を振り返ってみましょう。

　舞台の袖は附設です。多分、最初の幕が上がる前に、あなたは幕の前を本とかパソコン、あるいは、ノートを持って徘徊する。そして、動きを止めてきりっとして観衆に向う。

　そこで、幕が開く。舞台装置としては咄嗟に何とはわからないような、いろいろなものが置かれている。

　あなたは、何をしたい、いや、しなければならない、と言い、本などを抱えたまま、ある装置の廻りをぐるぐる回る。そうして、一旦、立ち止まって、本やパソコンやノートを置いて、また、ぐるぐる。装置に手を掛け、動かそうとする。なでたり、叩いたりする。ここで、あなたは頭を抱え、幕が降りる。

　幕間で、あなたは装置の模型を眺めている。

　幕が上がると、装置の周辺は整理されている。

あなたは何か道具を持って現れる。再び、装置の廻りをうろうろする。やっぱり、とか、あ、そうか、とか、あるいは、ふーん、という声をだす。そのうち、あなたの廻りに人が集まってきて一旦、幕。

　幕が上がると、装置の前で大勢の人に向って、あなたは楽しそうな顔で何をしたいか、そうしたら何ができるのか、なぜ、面白いのか、身ぶり大きく説明している。すると、一緒に装置に手を掛ける人たちが出て来る。そうして、みんな一緒に装置を分解しはじめる。最後に装置はきれいに分解されて、部分に分けられてきれいに並べられ、あなたに、拍手が贈られる

とこんな具合になると思います。つまり、今は、まだ、皆さんの人生の幕が上がったと言えるところではなく、舞台の袖で出番を待っているところでしょう。演技の基本は身に付けたか、セリフは覚えたか、衣装はきちんとしているか、などを確かめているわけです。

　もちろん、実際の人生はシナリオのある演劇とは違いますが、舞台の成否が出番前の準備にあるように、附設での生活とこれからまだしばらくの学習が人生での成否の鍵になります。特に、附設での時間は皆さんの人格形成の時期でもありました。表舞台に出る前の一番大切な時期であったわけです。さればこそ、附設で何を学んだか、何を身に付けたか、よく振り返ってみましょう。附設にいたからこそ学べたこと、長い年月が経っても陳腐化はしないこと、そういう附設での核となるもの、それは、もちろん、建学の趣旨であり、そして、校歌の歌詞であります。

　しかし、考えてみると、建学の趣旨にせよ、校歌の文言にせよ、表現としては、大仰だし、それに、抽象的です。これだけでは何を始めるべきかということはわかりません。さらに、「為他の気概」という語句は、附設の創設の頃、板垣政参先生の時代にはまだなく、原巳冬先生が補われたものですが、多分、それは二十年間の時代の変化を明示的に表されたのかな、と思いますので、國武先生は耳にされたことはないでしょう。しかも、國武先生自身、研究の動機は好奇心にあった、好奇心は、何か良いことを実現したい、人の役に立ちたい、ということとは中立的であって、とにかく不思議だ、知りたい、面白い、という感情なので、

好奇心の赴くままにとんでもないことをしでかすこともありうるということを言っておられます。ところが、振り返ってみると、先生のお仕事は基本的にわれわれの生き方の改善に繋がっているわけです。このことは恐らく皆さんの場合も同様で、何かを始めるときの事情は、まず、好奇心のような強い感情がもとにあって、そのことの善し悪しは二の次になっていることが多いだろうと思います。少し、落ち着くと、どの方向に進めようか、改めて考えるときが来ます。そのとき、仕事が大きくて豊かな価値を伴っていればなおのこと、建学の趣旨や校歌にあるような理想や思想が改めて意識しなくても自分の背中を押してくれます。

　同窓生の方々を見ていると、何と言うのでしょうか、一本筋の通った愚直さのようなものがあって、非常に実直な活動をしておられます。集団として眺めたときに、ある特徴が見えてくる、ということは、これが、附設的なものと言うべき何か、つまりは、建学の趣旨の反映とわかります。皆さんも、まだまだ先は長いのですが、必ずやそのように振る舞われるに違いないという期待を籠めて、わたくしの式辞を終えたいと存じます。

卒業生の皆さん、本日はおめでとうございました。

15　２０１５年度入学式　＊なぜ附設か

皆さん、こんにちは。

　久留米大学附設高等学校、附設中学校にようこそ。多くの方々に支えられてきたからこそ皆さんは、今日、この場にいることができるわけですが、中でも、ずっと皆さんを見守って来られたご家族の支えが一番大きかったのではないでしょうか。皆さん、改めて、ご家族への感謝の気持ちを確かめましょう。ご列席のご家族の方々も、この入学式は、まだ、人生途中のほんの一歩とは言え、それなりに大きな一歩でもあり、ご感慨も一入かと存じます。本日は、本当におめでとうございました。

　さて、新入生の皆さんには改めて、この学校、以下、附設と申しますが、附設で学ぶということの意味を考えてほしいと思います。なぜ、皆さんは附設で学ぼうと考え、附設で学ぶためにそれなりの準備をし、そして、今、ここにいるのか。なぜなのか。できるだけ深い理由を考えてほしいと思います。

進学実績？　それも大事でしょう。しかし、それだけなら他にも学校はいくらでもあるし、塾や予備校もあります。それに、進学実績と言われても、人それぞれの段階では、ひと時のことで、本当の人生は、むしろ、その先にあります。

それでは、進学実績を支える雰囲気？　塾との違いという意味では、これも無視できません。学校には代々の生徒たち、つまり、卒業生たちが作り上げてきた文化があります。社会で大活躍をしている先輩たちが過した頃の名残のようなものが留まっているかもしれません。

ブランド価値のある大学に進むことは、人生の出発点での多少の有利さは確かに意味しているように見えます。しかし、個人のレベルでは、進学したということ自体に価値はなくて、実際、その後が大切なので、次々と起きるさまざまな新しいことを前にして励み続けることができなければ、寂しい人生になってしまうでしょう。

先ほど、わたくしは、皆さんに、なぜ附設で学ぼうと思ったのか、そのわけを深く考えてほしいと申しました。実は、今の段階で答えを出してもらうことは期待していません。附設で学ぼうと思った理由は何でもいいと思います。しかし、しばらくして、

附設で学ぶと決めたことは思っていた以上にいいことだった

と感じてもらえればよくて、そのときに、なぜ、思っていた以上にいいことだったと感じることができるようになったのか、このことこそ、できるだけ深く考えてほしいと思います。

今年の高校の入学生は第66回生、中学入学生は高校でいうと第69回生に相当します。この学校は、今から65年前、１９５０年４月に、男子だけだったわけですが、最初の生徒を受け入れました。現在のキャンパスに移ってきたのが、１９６８年、その翌年に最初の中学生が入学しました。そして、今から10年前、２００５年から、高校に女子生徒を受け入れ、一昨年、２０１３年、新しい校舎の完成とともに、中学が共学化して、今日を迎えました。考えてみれば、附設はずいぶん変わって来たものだと思います。

学校の雰囲気というか、文化はどういう風に出来上

がって行くものでしょうか。今、大きな節目というべき年代を四つ挙げました。つまり、今の久留米大学御井キャンパスに附設高校が創立された１９５０年、今の野中への移転と中学創設の１９６８～１９６９年、高校女子受け入れの２００５年、そして、中学共学化の２０１３年です。いずれの時期も、関係者、つまり、生徒にとっても、教員にとっても、大きな冒険でした。

　中でも創立後10年くらいまでは特に大変でした。今70過ぎの県立高校出身の方からは附設は滑り止めだったと聞いたことがありますが、だからこそ、最初の頃の先生たちが、よい生徒を確保するために、大変な苦労をされてきたことが想像されます。先日、文化勲章を受章された國武豊喜大先輩のお話からは、附設の先生たちが地元の中学校の成績優秀な生徒たちを呼び込もうと必死になって教育熱心なご家庭の間を走り回っていた姿が思い浮かびます。

　ちなみに、１９５０年から１９６０年までというのは社会的にはどんな時期だったか振り返ってみますと、附設創立時の１９５０年には日本はまだアメリカ軍の占領統治下にあり、１９５１年のサンフランシスコ講和条約調印を経て、１９５２年に主権を回復しました。一方、１９５０年は、朝鮮戦争が勃発し、１９５３年の休戦協定成立まで続きます。１９５２年には、皇居前広場が血に染まった「血のメーデー事件」があり、遠隔地の高校生ではあっても、一回生、二回生、三回生の皆さんは相当の衝撃を受けたはずです。

　附設の校歌は、附設創立に当たって敗戦後の逼塞感を撥ね返そうという、板垣政参校長を始めとする創立時の先生たちの共通の想いが結実したものに他なりません。特に、「修羅道の世」や「平和の偉業」という言葉にはごく身近な実感が籠っていたことが察せられます。創立以来の65年間の社会の変化は激しく、短い時間では到底述べきれませんが、今日までの附設の文化の芯というか根幹にあるのは、時代に合わせた読みかえを伴いながらも、校歌に籠められた創立者たちの想いであると言えましょう。しかし、附設は、前にも申し上げたように、今までも、野中に移った１９６８年、中学設置の１９６９年、そして、高校への女子生徒受入れ開始の２００５年、中学共学化開始の２０１３年と大きく変わってきました。このように変わってきた背後には、社会の変化があり、さらには、それぞれの時点での将来に対する予想があったからでした。

学校案内などで、わたくしが述べている附設の建学の趣旨は、校歌よりも簡潔な表現

国家・社会に貢献しようとする、為他の気概をもった、誠実・努力の人物の育成

ですが、これは、実は、原巳冬校長が、附設高校25周年誌において、板垣政参先生の創立の趣旨の文言を補う形で示されたもので、原先生によって「為他の気概」という重要な句が加えられています。キャンパスの移転や中学生の加入などに加えて、創立後四半世紀の間の社会の変化などを考えられたからだと思います。為他の気概、文字通りでは、他人のために尽くそう、働こうという強い気持ちということですが、建学の趣旨としては、

これからの附設が育てて行くのは、公平で公正な社会の実現のために、公共のために、誠実に働こうとする人たちなのだ

という、強いメッセージが再確認されたことになります。

1970年代、つまり、原先生の時代から、附設は、いわゆる全国レベルの進学校として世間に知られるようになりました。それは中学併設の効果が出て来たと考えられるわけですが、ともかく、そういう状況が続くと、丁度ここに集まっている皆さんのような、優秀な生徒が自然に附設を目指してくれるようになりました。他方、因果関係をきちんと説明することは難しいのですが、1980年代の半ば、昭和という時代の終わり頃から急速に進んだ首都圏への集中と地方の空洞化、昭和の終わりとともに起きたバブルの崩壊、さらに、それ以前から続いていた少子化など、その後、いろいろと曲折があって、今世紀に入ってから、附設も、高校の共学化、中学の共学化と学校の構造が変わってきました。

最初の方で、皆さんには、附設で学ぶと決めたことは思っていた以上にいいことだった、と感じてもらえればよくて、そのときに、なぜ、思っていた以上にいいことだったと感じることができるようになったのか、このことこそ、できるだけ深く考えてほしいと言いました。ところで、ここまで述べてきたように、社会の

大きな変動の影響を受けて、附設は、今、変革期にあります。附設としては、社会的な変化について、それに引きずられる形でやむを得ず変わって行くというのではなくて、積極的な機会として、学校としての理想実現によりふさわしい形に変身しようとしているつもりです。皆さんも、実は、附設で学ぶということはどういうことか、附設の伝統の本質的なこと、将来にわたって守っていくべきこと、そういうことを自分たちの課題として考えていかなければならない立場にあります。この課題は、皆さんが附設で学ぶと決めたときには、全く意識してはいなかったのではないでしょうか。しかし、後で、附設で学んでよかったと振り返ることができるとすれば、そのときには、変革期の経験が最初に思い浮かぶようであってほしいと思います。

　わたくしが附設に来た頃、六年余り前ですが、生徒会の交替に合わせて新旧のメンバーと何時間か話し込んだことがあります。自分たちは16年か17年しか生きていないので、親や先生の言うことがおかしいとは思っても、どこがおかしいかうまく説明できない、と何人かが言ったことに強い印象を覚えました。実に正直で、自由で、頭がよくて、しかも、冷静な子が揃っているものだ、と思いました。このかれらの感覚ですが、これは少年の直感というべきもので、実は、皆さんにも大事にしてほしいと思います。

　つまり、親や先生は大人ですから、どうしても、自分たちが仕切っている今という時代や、自分たちの年齢や経験でものを言ってしまいます。しかし、生徒たちが社会を仕切るようになる時代は、親たちが仕切っている今とは違います。今から十年先、二十年先からが、かれら生徒たちの時代になります。

今を基準にしてものを考えていいのだろうか

という少年たちの直感は、本当は、われわれ大人たちも持ち合わせなければならないものではないか、と思います。

　われわれ大人は、大人にとっての今という感覚を基準にして、子どもたちにものを言い過ぎてはいないだろうか。言いかたにも工夫が要るのではないだろうか。子供たちがこれから本当に気を付けなければならないことについて心配しているだろうか。大人の方で、そう改めて考えなければならないのではないでしょうか。

一方、生徒の皆さんが、大人の言うことに全く疑問を感じないようでは、余りにも情けなさすぎます。

もちろん、わたくしは、大人と子どもが喧嘩をすることを勧めているわけではありません。何十年か経ったときの情景、つまり、期待以上の活躍をしている子どもたちの姿を引退後の気楽な立場のわれわれ大人が悠然と見守っているという、そういう情景を想像したいわけです。それではお互いどうしたらいいのか。もちろん、生徒諸君には、今、この時期でなければ、つまり、中学なり高校なりの時期でなければ、身に付けられないことがあります。これらは、しっかりと身に付けなければなりません。しかし、それだけでは安心することはできません。ここまでは、飽くまでも基本のこと、基礎のことです。そういう基礎・基本をどう活かそうとするのか、そこが大事なところです。自分の頭で考える、考え直す、という形で、身に付けたことを反芻しなければなりません。大人の方からは、生徒たちに、頭は固くなっていないか、自由にものを考えているか、と注意をしていかなければならないでしょう。

実際、先ほども言ったように、生徒の皆さんが社会を仕切る、あるいは、むしろ、新しい社会、新しい世界を作って行くことになるのは、今から十年以上も先のことになります。そのときに世界中の同じ世代の人たちと一緒になって立派な仕事をすることが大切です。しかし、そのための条件が一体どうなっているのか、想像を超えていると思います。わかっていることは、どんな仕事に就こうと、国内にずっといようと、国外で働こうと、このことは変わらないということだけです。それなら、どこにいても、どういうことが起きても、通用する力を身につければいいわけですが、しかし、その力が何であるか先のことですから、あらかじめ決められません。とすれば、何よりも自由で柔軟な姿勢を養わなければなりません。自分を信じる力、自由にものを見る力、そういったものを基礎にして筋道立てて、素直に、自由に、ものを考える力、そして、自由に行動する力、こういう力が絶対に欠かせません。

われわれ大人としてできることは、生徒たちが安易に出来合いの知識や技能の習得だけで満足してしまわないように刺激し続けることでしょう。例えば、君、それは思い込みではないか、本当にそれでいいのか、もっと先まで行けそうなのにどうしてここで止めちゃうの、とか、君にはまだ半分も見えていないのではないか、他の場合も調べてみたかとか、どんなことでもいいのですが、生徒たちを立ち止まらせないことが必要だろうと思います。少なくとも、われわれ大人は、もしかしたら時代の変化の一歩先を行ってくれるかもしれない少年少女たちの邪魔はすべきではないと思います。いずれにしても、今日、入学式を迎えた皆さんが、これからどんな風に変身してくれるか、大化けするというか、脱皮して、そして、どんな世界を作ってくれるのか、わたくしは興味津々です。三年後、あるいは、六年後に、将来に大きな期待を持たせてくれるような青年に変身しているだろうことは強く信じています。そして、もっと経ってから、あのとき附設で学んでよかった、自分たちが、附設の伝統、附設の文化にさらに厚みを加えることができて本当によかったと感じるだろうことも、実は、信じています。

改めて建学の趣旨に戻りますと、附設は

国家・社会に貢献しようとする、為他の気概をもった、誠実・努力の人物の育成

を目指してきました。今後も変わりません。しかし、これだけ附設を巡る環境が変化し、附設自身が変わってきているとき、板垣先生や原先生の時代と同じ解釈でいいのだろうか、と思っても不思議ではないでしょう。

これからの時代、皆さんは否応なしに世界と関わります。先ほど言ったように、日本の中だけで仕事をするのでも、その仕事の原因や結果は世界中のあらゆるところに関係があります。つまり、皆さんは、否応なしに、新しい世界を作りあげる役割を担っています。その世界が、公平で公正な世界であるように作り上げていくのが皆さんなのだ、という風に、この建学の趣旨は読めると思いますし、ぜひ、そう読んでほしい。もちろん、そういう新しい世界を作り上げる人たちは、皆さんだけではないし、実際、世界中の人たちの務めではありましょう。しかし、できれば、そういう中で、世界中の人たちと協力しながらも、皆さんには少しでも指導的な役割を果たしてほしい、という願いを籠めて、そのための基礎をこの附設で築いてください、という風に、建学の趣旨の今日の時代にあった解釈はなると思います。

以上、要するに、皆さんは、何と、皆さんの存在そ

のものが世界史の流れに棹さしているのだという自覚を抱いてほしい、という、附設に関わった先人たちや今のわたくしたちの想いを籠めて、この式辞を終えることにします。

本日は、入学式、おめでとうございました。

16　2015年度卒業式　＊社会的関心

皆様、おはようございます。本日、附設高等学校は、ご来賓の方々のご列席のもと、第64回の卒業証書授与式を迎えました。64回生の皆様、おめでとうございます。保護者の皆様も、大切なお子様の晴れ姿、さぞや感慨深く、お喜びも一入のものがおありだと思います。本当におめでとうございました。

さて、卒業生の皆さんの前には、どんな世界が待っているか、そこで、皆さんは何ができるか、言い換えれば、皆さんとしては、これからどんな世界を作ろうとしているのか、どんな世界を作って行きたいのか、卒業式というのは脱皮の機会であり、皆さんは、自然に、未来の設計に想いを馳せているのではないでしょうか。実際に、卒業生の皆さんが、世に出て、社会の一部にせよ、曲がりなりにも仕切れる立場になるのが、三〇代初めごろとすれば、そのときに世界を変えられるような力の基礎が身に付いているか、そして、さらに年を重ねれば、多少とも世の中を変えて行くのに力を添えていると実感できるかどうか、こういう気概を抱いて、これからを歩んでほしい、これが、皆さんへのわたくしからの期待の表明ということになります。当然ながら、世界や社会についての理想像を正しく育てていくこと、まさに、ここで、為他ということをしっかりと噛みしめていくことが、大前提になります。

ところで、昨年の通常国会で公職選挙法が改正され、来る6月19日以降、満18歳から選挙権行使（18歳選挙権）が可能になりました。卒業生の皆さんはもちろん、列席している高二の諸君でも、満18歳を超えた人は、この夏に予定されている参議院選挙で投票に行かなければなりません。この意味は、非常に重要で、皆さんの時代が、高校にせよ大学にせよ、学校という環境の中に閉じこもっていればよいというものでは、もはや、なくなってしまったということになります。このこと自体は、しかし、大いに歓迎すべきことで、実際、日本の若者が他国の同年輩の青年に比べて、数年は幼いようだという何とも情けない国際的な評判を打ち破る、大切な切っ掛けになるのではないかと思います。

しかし、高校は、これからも一般社会とは一線を画した環境なのですが、それでも、外部の社会との関係は変わらざるを得ないことになります。一方、大学入試の内容も、当然、変化して行かなければならないと思いますが、しばらくは今のような状況が続くでしょう。いずれにせよ、ここにいる皆さんは、入試に関する限り、少なくとも来年は現行のままでしょう。恐らく、これからは、入試はともかく、高校で公民をきちんと履修して来たかどうかが、どのような職業分野に進むにせよ、今まで以上に、重要なことになってくると思います。

皆さんの場合ですが、残念ながら、附設の環境では、皆さんに十分な社会的関心というものを惹き起こすことができなかったのではないか、皆さんに社会的な関心の洗練のための機会を用意しておかなければならなかったのではないかと、やや、忸怩たる想いがあります。これは、受験勉強との関係もあって非常に悩ましいもので、ずっと感じてはいましたが、特に、数年来、医学科志望の生徒たちの面接練習のお付き合いをするようになってから強く感じるようになりました。一般的に言って、社会的に影響力のある地位の人がナイーヴであることとくらい周りにとって迷惑なことはなく、まして、責任ある地位の人なら、これほど危険なことはありません。そういう意味で、若い人たちが、人生において本格的に忙しくなる前に、重要な社会的行動の機会を得たということはよいことだと思います。

しかし、その一方で、若い人たちは乗せられやすいところがあり、それゆえ、狙われているかもしれないということは心得ておくべきでしょう。ナイーヴなまま乗せられてしまった若い人たちの悲惨な例は、歴史的に枚挙に暇はありません。最近でも、ＩＳのリクルートは、そのような典型に見えます。いずれにせよ、個人の水準では了解することができないような思想というか、運動というか、そういうものに勢いで加わってしまうこと、これはナイーヴならではのことなのですが、こういうことだけは避けてほしいものです。

もちろん、若い人でも乗せる方にまわる人もいるでしょう。決して、お勧めするわけではありませんが、乗せられるよりは、乗せる方にまわってほしいと思います。ただし、その際は、自分自身が、何というか、実現のために一生を懸けられるような理想のもとで、若い人だけでなく、老練な大人をも、乗せることができるような、そういう乗せ方をしてください。

以上は、いわば皆さんの人生の入口に保険を掛けておくような話だったのですが、このごく短い段階を過ぎてしまえば、皆さんは、他の国や地域の若い人たちと一緒に、新しい世界を作ることに、いわば、本格的に専念することになります。このことに関連して、以前の卒業式の式辞でも、実は、繰り返し述べて来たことですが、強く意識しておいてほしいことがあります。それは、

日本は世界の一部であり、他の国々も、どれも、世界の一部であって、どの国の立場でも、その国対世界という対立関係は成り立たない

ということです。実際に、自分の国の中でこつこつと仕事をしていても、あるいは、いろいろな国々をとびまわって仕事をしても、その結果は、さまざまな形で、世界中に影響しています。

実を言えば、昔から世界は一体だったのですが、影響が及んでいく速度が非常にゆっくりしていましたから、意識しなくても特別な問題はありませんでした。今は違います。遠くの国で起きたことでも、それが災害ならほぼ瞬時に、政治的あるいは社会的な混乱でも、一、二箇月を待たずに、影響が及んできます。

例えば、名古屋で工場が爆発すれば、世界中で自動車の生産が止まったりします。今でさえこうなのですから、皆さんの時代には、もっと世界の一体化は進んでいるでしょう。ですから、サプライヤーの工場爆発などという極端なことでなくても、ごく日常的に、ことさら意識をせずとも、皆さんは他の国や地域の人たちと、結局は、一緒になって働いて、世界を少しずつ変えていくことになるはずです。わたくしとしては、皆さんに、そうか、そういうことなのだ、どこにいても何をやっていても、自分は世界に関わっているのだと、意識してほしいと思っています。そして、さらに空間的な拡がりだけでなく、時間的な広がりにおいても、自分の仕事には意味があると思って振る舞っていてくだされば、なお、よいでしょう。

要するに、皆さん一人ひとりの貢献によって、世界が、単調で動きの少ないものに落ち込むことなく、多

様な価値が競い合う、機会の多い場として在り続けるようであってほしいものだと思います。言い換えれば、これからの皆さん一人ひとりの仕事は、それがどんなにささやかでも、また、どんなに狭い範囲のことであっても、それには、しかと目には見えないかもしれないけれども世界史的な価値が潜んでいるものであると、さすがに口に出すのは憚られるだろうとは思いますが、内心では思っていていい、いや、思っていてほしいということです。ただし、世界は一体化していくけれども、必ず平和で安全な世界として一体化するようになるかどうかはわかりません。下手をすれば世界中が油断も隙もない物騒な社会になってしまう可能性もないとは言えないでしょう。

　してみると、皆さんのささやかな日常的な活動でも、理想や思想に直結する緊張感は欠かせないことになりましょう。確かに、皆さんだけが世界を支えることになるわけではありませんが、皆さんは、もう、今日ここで、いろいろなことを知ってしまったわけです。その上、皆さんは、附設生でした。この久留米大学附設高等学校において受けた教育を基盤において、必ずやわたくしの期待通りのご活躍をしてくださるものと信じております。

本日は、まことにおめでとうございました。

17　２０１６年度入学式　＊大きな物語　1

皆さん、こんにちは。

久留米大学附設高等学校、附設中学校にようこそ。

多くの方々に支えられてきたからこそ、皆さんは、今日、この場にいることができるわけです。中でも、ずっと皆さんを見守って来られたご家族の支えが一番大きかったのではないでしょうか。皆さんは、改めて、ご家族への感謝の気持ちを確かめましょう。

　ご列席のご家族の方々も、この入学式は、まだ、お子様の人生途中のほんの一歩とは言え、それなりに大きな一歩でもあり、ご感慨も一入かと存じます。本日は、本当におめでとうございました。

　さて、新入生の皆さんには改めて、この学校、以下、附設と申しますが、附設で学ぶということの意味を考えてほしいと思います。皆さんは附設で学ぼうと考え、附設で学ぶためにそれなりの準備をし、そして、今、ここにいます。皆さんが、実際に附設で学ぶのは、基本的に、今からです。今までは、いわば空想の附設にいる自分の姿でした。しかし、明日からは、現実の附設での勉強に直面します。だからこそ、なぜ、附設で学ぶのか。できるだけ深い理由を考えてほしいと思います

今年の高校の入学生は第67回生、中学入学生は高校でいうと第70回生に相当します。この学校は、今から66年前、１９５０年4月に、男子だけだったわけですが、最初の生徒を受け入れました。現在のキャンパスに移ってきたのが、１９６８年、その翌年に最初の中学生が入学しました。そして、今から11年前、２００５年から、高校に女子生徒を受け入れ、２０１３年、新しい校舎の完成とともに、中学が共学化して、その学年が、今日高校に入学します。附設は、時代とともにずいぶん変わって来ました。

そこで、新入生の皆さんにお願いです。自分は、附設の建学の趣旨に注意を払っていたか、考えてみてください。わたくしは、建学の趣旨として、学校案内などで、附設は

> 国家・社会に貢献しようとする、為他の気概をもった、誠実・努力の人物の育成

を目指しているということを述べてきました。これは、初代校長の板垣政参先生の当時のものに、中学を創設されたときの校長の原巳冬先生が、「為他の気概」という句を補われて、簡明に整理されたものです。「為他の気概」とはどういうことか、取りあえずは、漢字の字面で判断した上で、皆さんの心のうちで熟成させて行ってほしいものです。

それでは、附設の創設時には「為他」という重要なアイデアはなかったのか、というと、もちろん、そんなことはありません。附設の校歌を見てみましょう。附設の創設を支えられた大石亀次郎先生が作詞された校歌は、抽象的で、いかにも大時代のようにも見えるかもしれません。しかし、この校歌の三番の要約が、まさしく「為他」であると言えましょう。

実際に、皆さんの大先輩の人たちは、人生の節目ふしめで、「修羅道の世を救うべく」悩みや苦しみを乗り越え、「平和の偉業」を改めて思い、それぞれの人生での「真善美」の実現に邁進して来ました。皆さんの番も近づいているわけです。しかし、考えてみれば、

「修羅道の世」「平和の偉業」「真善美」、みなわかったようで、とても難しい言葉です。これらの言葉も、皆さんそれぞれが、内心、熟成を図って行くべきものなのです。

とにかく、こんな凄い校歌を持っている学校は他にはありません。この点は、絶対に、強調しておかなければいけません。実際、皆さんが世の中に出て、何というか、いろいろとものを知ってみた後で、附設で学んで本当によかったな、と思うことができるはずです。実際、皆さんの先輩たちは、つくづくと、そうおっしゃいます。

附設は、実は、こういう凄い、何というか、しかも、すっとぼけた学校のはずなのですが、それなのに、皆さんの最近の先輩諸君を見ていると、模範的な「いい子」ばかりで、かれら本来の素質や才能を想うと、勿体ないというか、情けないというか、残念というか、まあ、敢えて英語っぽい言い方をすると、very deceiving という感を思わず覚えてしまう生徒が多いように思います。いや、別に、わたくしは皆さんに、悪い子になれ、と言っているわけではありません。何というのか、他の人が全く手も付けていないのに自分には気になることがあり、そこで、学校の勉強とは別の、自分なりの課題として、挑戦し解明をしようとする、そういう余裕がある、少なくとも、そういう可能性を持っているはずの、スケールの大きい生徒が減ってしまっているようなのが何とも情けないというわけです。

そこで、わたくしからのお願いですが、ぜひ、

　　皆さん一人ひとり、それぞれの「大きな物語」を紡ごう

としてください。「並みの物語」、つまり、目の前に見えていることをいろいろと組み合わせた物語は、多少の出来不出来に目をつぶれば、皆さんでなくても書けるものではないでしょうか。これに対し、「大きな物

5　67回生（内進生）が中学45回生として入学した平成25年度入学式の式辞は第11節、中学45回生中学卒業式の式辞は付録B第18節に挙げてある。

語」は、たくさんの「並みの物語」が完結したところから、さらに、続きを描いているもののはずで、しかも、ただの夢物語ではありません。つまり、まだ（皆さんにもはっきりとは）見えてもいないことまでが、それも正しく、取り込まれていなければ、「大きな物語」とは言えないでしょう。そう、「大きな物語」は、皆さんが活躍すべき、新しい舞台を予見するものでなければならない、いや、むしろ、皆さん自身が活躍すべき舞台の設計図になるものではないでしょうか。

「大きな物語」が、自分なりに「並みの物語」を紡ぎ合わせ、その上で、作り上げるものとすれば、素材としては、「大きな物語」であっても、まずは、目の前にあるものになります。それらを深くふかく、貫き通して見抜き、その本質を抜き出すことができるかどうか、このことが、「並みの物語」の書き手と「大きな物語」の書き手を分けることになります。

　皆さんに「大きな物語」を紡いでほしいとお願いするということは、

> 物の見方において、深く鋭く本質を見抜くように努めてほしい

とお願いすることでもあります。そして、実は、これには、意識的な訓練が必要なようです。ところが、誰でもが、この訓練に、妙な言い方ですが、馴染めるというようでもないのです。皆さんなら、恐らく、馴染めるはずだと思っているわけですが、ただし、その気になれば、という条件を付けなければなりません。というわけで、皆さんには、ぜひ、物の見方において、鋭く本質を見抜くよう、日ごろから心がけてください、と、わたくしはお願いしていることになります。

　さて、こうなると、「大きな物語」を紡ぐためには、日ごろの経験を、ただの経験とするだけでなく、反芻して、一つひとつを深めて行くという心がけが大事になります。経験のうちには、毎日の授業も入ります。その場合なら、何か新しい事柄を学んだときに、その事柄を安定した知識として正確に覚え必要な際には詳細に再現できる、というだけでは、深く鋭く本質を見抜くとは言えません。

　もちろん、正確で詳細な知識は、身に付いていれば、それを確認するための試験や検査では高得点になるでしょう。しかし、その事柄について皆さん一人ひとり

がそれなりに価値判断をしようとすると、その事柄が属しているべき文脈というべきものを知らなければなりません。大概の場合、文脈は一通りではないし、また、詳しく知ろうと思ったら切りがなかったりします。この文脈の選択や読み取りが適切にできるかどうかというところに、ある種のセンスが働くのですが、このセンスを養うために訓練が必要です。これが複層的なので、馴染めるなどという直感的な表現をしたくなります。

こんなことを言うと、さもわたくしが物事の本質を鋭く見抜く訓練をしてきたかのように思われるかもしれませんが、そうとも言えない。多分に想像が入っていると思ってください。ただ、皆さんが授業で何か新しいことを学んだとき、それをその場での孤立した事柄と考えずに、その学んだばかりのことがどんな意味を持っているか、どんな条件で言えているのか、どういうときに現れたのか、といった一連のことを意識にのぼらせることは大事だと思います。少し状況が違ったらどうなのか、と思うきっかけにもなりますし、それによって、習ったばかりの事柄でも自分なりの文脈に嵌め込むことができるわけです。

こういうことは、おそらく、歴史の知識の場合でも変わらないでしょう。例えば、日本史で「１５９８年」という数字が出てきたとしましょう。豊臣秀吉が死んだ年ですが、最近は、ネットで調べると、他のことも含めて、いろいろわかります。しかし、それで満足してはいけません。「16世紀末」あるいは、「16世紀後半」として考え直してみると、また違う世界が見えてくるはずです。

例えば、この時代、すでに日本史であっても日本国内あるいは極東域内の記述だけでは閉じてはいないこともわかります。そう考えてみると、解釈が変わり、たまたま同じ１５９８年のアンリ四世のナント勅令なども念頭にのぼって、16世紀が少なくとも西欧や日本では宗教的動乱の時代でもあったことが意識されるでしょう。では、中国はどうなのか、インドやトルコはどうなのかと興味が広がります。切りがないと言えば切りがないことなので、切上げ時や切り上げ方も、センスに関わってきます。

「大きな物語」は、しかし、これら知識や経験をそれぞれの文脈に嵌め込んだというだけでは紡ぎ出せません。こういうことを続けているうちに、皆さん一人ひとりの、何というか、センスというか、好みというか、そういうものに応じて、うっすらと、世界観というべきものが出来てくると思います。このときが大事なので、ここで、「志というべきもの」のあるなし、これこそが、まさしく、皆さんが「大きな物語」を書けるかどうかの決め手になります。

この「志というべきもの」を身に付けるために、まさしく、前に挙げた「為他の気概」や校歌三番が皆さんの背中を押してくれるというわけです。この「志というべきもの」にもいろいろあるようで、皆さんが実際に就く将来の職業に必ず結びついているとは限らないと思います。とにかく、これが、皆さんの経験や知識が増えて行くとともに、文脈の拡大を統合し、さらに、新たな経験や知識の獲得の道を拓いてくれます。こうして「大きな物語」を書くための準備はできたと言えるでしょう。

「大きな物語」を実際に書けるかどうか、いや、とにかく書き上げた「物語」が本当に大きかったかどうかの判定は、個人の人生を超えた判断になるかと思われますが、最初から「並みの物語」を目指しているようでは話にはならないでしょう。

皆さんは、せっかく附設で学ぶのですから、将来それぞれの「大きな物語」を紡ぎ出すことを目指して、附設での生活を、楽しく有意義に、しかし、心地よい緊張感のもとで、過ごしてくださることを期待しています。

本日は、入学式、まことにおめでとうございました。

18　2016年度卒業式　＊「文化」と「文明」

皆さま、おはようございます。本日、久留米大学附設高校は第65回の卒業証書授与式を迎えました。65回生の皆さま、おめでとうございます。

保護者の方々も、本当に長い間、お子様を支えて来られました。本日のお子様の晴れ姿、全体さぞやお喜びのことと存じます。本当におめでとうございました。

さて、附設高校を山道に譬えますと、道筋の趣や味わいは決して悪くはないものの、それなりに険しいわけですが、今、65回生の皆さんは、それを無事に登り切って開けた高地に出たことになります。ぐっと見晴らしはよくなったでしょう。まだまだ高い頂がそこかしこに見えて来るはずなので、改めて、頑張って登り続けてほしいと思います。

もっとも、ほとんどの皆さんは俗っぽい人間社会でいろいろと悩みながら活躍することになるはずなので、山登りの譬えがどこまでふさわしいかはともかくとして、皆さんは、進んでいく先ざきで、次々と、新しいことに出合います。若いということは、まさしく、出合うことが常に新しいということでもありますが、この新しい環境は、皆さんにとっては、間違いなく、希望と可能性への強い期待感がふつふつと湧き出てくるものになるでしょう。

皆さんは、やがて、いつの間にか、自分たちが社会の先頭に立ち、日本、あるいは、世界の在り方に関わってしまっていることに気づきます。これは若い人の誰にとっても否応なしのことで、それが人間の社会というものに違いありません。こうして、皆さんには未来に対しての責任が生じます。それも、善し悪し、好き嫌いとは別の、成り行きのような場合さえもありえましょう。つまり、皆さんは未来と全面的に関わっているわけです。これはやはり大変なことなのですが、しかも、避けることはできません。まさに、「覚悟」とでもいうべきもののあるなしが皆さんの今後を開く鍵になりましょう。

皆さんは、この「覚悟」なるものを意識したことがありますか。そんなものなんて影も形もないと考えている人も、ここには、いるかも知れません。ところが、実は、皆さん一人ひとりのどこかに「覚悟」はすでに潜んでいて出番をしっかりと待っているはずです。信じられますか。そう、「修羅道の世を救うべく」という、校歌のあの一節です。やがて、この一節が具体的な意味を帯びてきます。なぜなら、まさしく、そのための基本となる力を養い、また、基礎となる訓練をしてきたのが、この学校、久留米大学附設高等学校だからです。あの一節、「修羅道の世を救うべく」を含む校歌を折に触れて歌ってきたではありませんか。そして、世のために尽くそう、人のために働こう、という気持ちを込めて、「為他の気概」を育んできたではありませんか。

そうは言っても、皆さんが直面することになる未来の世界はどんなものなのでしょうか。それは、皆さんが作って行くことになる、あるいは、作ってしまう、そういう世界ですが、それは、一体どんなものなのでしょうか。皆さんが生きていく世界と言っても、それは常に変化しているに違いなく、その変化も細かく見るとパーツパーツで様々であって、しかも、変化の渦の真っただ中にあると、かえって方向性が見えにくいのが普通かもしれません。「為他の気概」を以って新しい世界を作ろうというとき、基盤となるべき洞察もないまま、いくらかでも「修羅道の世を救う」などということができるでしょうか。

　そもそも、「修羅道の世」とは一体何なのでしょうか。今の時代が「修羅道の世」であるとすれば、なぜそう判断できるのでしょうか。「文化」と「文明」、これらの言葉にこの場でこめている意味はすぐに説明しますが、これら「文化」と「文明」の間に成り立つべき調和が崩れているからだとわたくしは考えています。

　まず、「文化」ですが、人間の世界の、どちらかというと、生物としての側面からの把握、つまり、社会にせよ、行動にせよ、基本的に感性に基づいて捉えて、一人ひとりが具体的に感じることができる経験や情緒に基づいた世界認識あるいは人間環境を指すものとします。したがって、ここで言う「文化」は、アナログ的というか個別性に特徴があって、社会的、歴史的なユニットというか成分、典型的なのは国というユニットですが、そういう区分けによく馴染むものです。わたくしたちの日常の生活は、それぞれの成分固有の社会習慣のもとで成り立っており、「文化」の上に成り立っていると言えましょう。

　一方、「文明」ですが、人間の世界を、どちらかというと、機能や、それを支える技術の側面に基づいて捉えようとする姿勢としましょう。人の移動、物の交換、あるいは情報や知識の伝達に「文明」の典型的な性格があり、感情よりも機能性の向上や効率が重視され、関係する技術開発もその方向に進んで来ました。移動や運搬の手段でも、徒歩や携帯による場合は人間的基準そのものですが、馬、車、船、さらに、鉄道、航空機と効率が高まり、情報処理も会話や手紙から、電信・電話、大容量高速電子計算機、そして、ＡＩと、人間的スケールを超えてきました。まさに、現代の「文明」はデジタルの世界に他なりません。

　今の時代の技術的な特徴としては、大量の情報がほぼ瞬時に地球全体に伝わり、また、人や物の移動についての量や速度、距離などの物理的な制約が急速に縮小していることだろうと思います。つまり、現代とは、「文明」の観点からは、地球全体の一様化、単純化の過程が完成間近の状況にあることを意味しているのではないでしょうか。

しかし、これらの状況に関わるのは、地球上の生物としての人間であり、「文化」という非常に強い制約のもとにあります。しかし、「文明」のもたらす技術革新は機能面での抽象度を高め、結果として、「文化」固有の特徴である個別性を剥ぎ取りつつあることが目立つて来ました。その上、「文明」の一連の過程は、「評価」を伴い、それに応じた「価格」が発生し、お金が動きます。要するに、「文明」は、非常に複雑な形で、われわれが身を委ねている「文化」に影響を及ぼして来ているのです。

「文明」が「文化」に及ぼしている影響は生活の利便性のような見えやすいものとは限りません。「水」の移転の問題は国際的に深刻な話題になっているようですが、一般に、「資源」や「人間集団」にも同じような「移転」の問題があることがわかります。「人間集団」の「移転」は、移民や難民も深刻ですが、工場の海外移転も念頭に置くべきでしょう。「文明」の果実が情報や商品として地球全体に拡散していくということは、その発生に関わった「水」や「資源」、「人間」が、製品の形で移転することをも意味します。例えば、乙という国が甲という国に製品を輸出しているとすると、乙という国は、その製品の発生に関わった自国の「資源」や「水」、「人間」を、自国内で利用することなく、甲という国に提供していることにもなります。このような「移転」は「文明」としては特に問題にはならなかったと思います。しかし、甲、乙いずれの国でも、それぞれの「文化」を支える情緒の主体である「人間集団」そのものは留まっていますから、何らかの衝突が起きます。「文明」と「文化」とは両立するとは必ずしも言えないのではないでしょうか。

要するに、「文明」は、「文化」の及ばないところにまで行きつつあって、このために種々の不協和音が生じています。特に、最近の世界では、「文化」的な部分、つまり、昔流の「国」とか「民族」が関わるところで、混乱や暴走が表面化していて、しかも、なかなか解決しませんが、それは、まさに、こういった事情が反映しているからではないでしょうか。そして、つい最近まで「パクス・アメリカーナ」を謳歌していたはずのアメリカ合衆国でさえも、トランプ大統領の一連の言動に見るように「グローバリゼーション」への反動が起きています。

結局、先ほどから申し上げているように、現在のわれわれは「文明」と「文化」の不調和が醸し出している世界、それはまさしく「修羅道の世」ですが、その真っただ中にいることに気づきませんか。こう述べますと、皆さんは、「修羅道の世」というのは、人間的なスケールを超えているのだ、してみると、「救う」などとは思い上がりも甚だしく、とんでもないことだと思われるかもしれません。

しかし、それは間違っています。まず、われわれは「修羅道の世」の真っただ中にいて、逃げられません。ここは覚悟しましょう。そして、人間には「智恵」というものがあるじゃないですか。確かに、現在、「文明」が「文化」を「凌駕」しつつあって、このままでは、その結果として、多少の反動はあるにせよ、最終的には、地上どこもが、一様で平板な、抽象的としか言いようのない、そういう世界になってしまうかもしれません。それでいいのでしょうか。

今、「文明」と「文化」の不調和の現れとして起きていることの多くは、目下の現実を目の当たりにしながら、それには対応していない「過去への回顧」に引きずられた「反動」だと思いますが、どうして「未来への展望」に基づいた「提案」が生じないのか、そこが不思議ではないでしょうか。もちろん、「反動」に身を委ねることを単純に非難することはできないとは思います。しかし、「過去への回顧」と「未来への展望」と対比すると、この辺の判断には、何か「歴史観」というか、人間の時間や空間、経験に対する感覚が関わっているように思われます。

改めて、「文明」と「文化」の関係を見直してみましょう。まず、「文明」によって世界は一体化しつつある、いや、すでに一体化しており、機能上、あるいは、技術上の開発やブレークスルーは、「文明」の「深化」あるいは「強化」をもたらすが、「拡大」「開拓」の余地は少ないと理解していいのではないでしょうか。「文明」が一様化したということは、「文明」の変化の動機が単調化したことも意味し、その修正は「文化」の個別性に拠るしかありません。「文化」までが一様化してしまうと大変ですが、「文化」に関しても、「文化」と「文明」との混同のもとで、英米型の「文化」への収束が進んでいるかのように見えています。しかし、事柄は簡単ではなくて、世界中に自分たちの流儀を、まあ、押し付けていたはずのイギリスやアメリカが「悲鳴」を上げたということが、それこそ昨年のブレグジットやトランプ氏当選の意味ではなかったかとわたくしは思っています。この「悲鳴」には複雑な要素が混ざっていて分析は簡単ではないので、この見立てが的を外している可能性はあります。[6]

さて、「文化」は個別性が特徴ですが、一体化した「文明」のもとで、「文化」の個々のユニットがどのように振舞っていくか、いくつかの大きなタイプに収束してしまうのか、また、いくつかのタイプのユニットに分かれたとしても、一体化した「文明」のもとで、これらの「文化」ユニットの関係がどうであれば望ましい世界に近づけるのか。

「文明」と「文化」の間にどんな「不調和」が生じているのか、その本質を洞察することも大変難しいことです。しかし、昨今起きていることを見るだけでも、両者は何もしなくても調和する方向にあるというような楽観的な見方が正しくはないだろうということは恐らく誰にでもわかりましょう。

では、どうすればよいのか。メッセージとして皆さ

6　式辞では詳述しなかったが、わたくしなりの一応の説明は以下の通り。「文明」と「文化」の関係であるが、「文明」は街道であり、「文化」は都市であると言ったらわかりやすいであろうか。つまり、「文明」と「文化」の双対性である。現代では基本的に英米型の交通・経済・情報体系（つまり、「文明」）によって地上が覆われてしまっており、「文明」「文化」混同状態の結果、英米型の「文化」が世界中に拡散したわけであるが、このことが実はさまざまな背景の「文化」を身に着けた人たちがイギリスやアメリカに移住する際の障壁を大幅に引き下げてしまった。そのために両国は反って自らとは異質の文化にさらされることになったので、これら両国で典型的な不調和現象が起きたのだと、こうわたくしは考えたのである。歴史上の「大帝国」においても似たような現象はあったし、実際、そういうことが結果的に「大帝国」の崩壊や変質を招いてきた。しかし、現代では、かつての「大帝国」と違い、版図に相当するものは、すでに世界全体なのである。政治や経済の現場に関わっている人たちは、こういう見方は余りにもまだるっこしいと一顧だにしないかも知れない。しかし、中長期的な施策を間違えないためにも、彼らにこそ個別の現象の背後を見ようとする哲学が求められているのではないだろうか。――ここで示唆した「文明」と「文化」の双対性というアイデアも、展開に値する部分が潜んでいないとは言えまい。なお、第6章注22参照（特に、鈴木孝夫先生の思想）。

んに申し上げたいことは、

　皆さんの活躍、これから概ね半世紀ぐらいの間の活躍によって、少しでも、「文化」と「文明」とが調和する方向に、つまり、「修羅道の世」を「救う」方向に進めてくださることを期待しています

ですが、併せて、わたくしなりのヒントっぽいものを添えさせてください。

　どうすればよいのか。その基本は、「文化」を構成しているそれぞれのユニット、特に、わたくしたちの場合は「日本的感性」の世界ですが、「文明」の一様化、単調化の進行に対しても、なお、大事にすべき感性の特徴を、他の「文化」ユニットとの交流や相互理解を図りながら、深めて行こうと意識して生きていくことかな、と思います。それぞれの「文化」ユニットが同種の課題を抱えていることを、お互いに確かめ合ってほしいと思います。

　これでは、本当は、ヒントとは到底言えないのですが、ここは皆さんが、その時どきに出合った状況で懸命に道を拓いていただくしかないでしょう。皆さんが、わたくしたちを含めて、先人の悩みや苦しみを完全には理解できないように、わたくしにも、皆さんが活躍する頃の「文明」や「文化」を詳細に予想することはできません。ただ、その時どきでは、最善とされるだけの努力を払い、勇気を奮ってくださいますよう。

付録B　告辞類（始業式・修了式等）

1　2008年度始業式　＊未経験の世界

平成20年度新学年を迎え、桜満開のもとに新学期となりました。皆さんは、一学年ずつ進級し、それぞれの学年の新しい課題に取り組むことになります。

各学年の教育目標はすでに決まっています。基本、つまり、「授業こそ命」ということは、今までと変わりません。円滑に実行でき、期待されている通りの結果が得られるか、それは諸君だけでなく、先生たちの力が、存分に、発揮できるかどうかにも掛かっていることではあります。

生徒諸君には新しい世界が始まるということであり、単純に希望に胸を膨らますというだけではなく、不安もあるかも知れません。ただ、考えてみれば、先輩たちも経験済みのことが多かれ少なかれ繰り返されるだけのことかも知れないので、そこはヴェテランの先生がたを信頼していただきたいと思います。甘えていいと言っているわけではありません。諸君のことをきちんと考えているということを信じてほしいということです。最終的には、言うまでもないことですが、諸君自身のことであり、自分でやらなければならないし、自分しかいないということはしっかりと肝に銘じておきましょう。

なお、わたくし自身にとっては諸君の年頃のことは、先ほどの饒舌[1]からのご想像通り、遠い昔になってしまいました。時代も環境も諸君のときとは全く違いますが、失敗したこと、後悔したはずのことは、不思議なことに、うまく行ったことよりも鮮明に思い出せるように思います。いやなこととして覚えているというものではないようですし、やはり、教訓として役立ってきたからなのでしょう。

わたくしの経験は、説得力のある結論を示唆するにはお粗末な例かも知れません。

しかし、多少思い通りに行かないことがあったとしても、決してあせってはいけない、もちろん切れては

1　始業式に先立っての新任校長の「着任式」における自己紹介を兼ねた挨拶を指す。「「あとがき」に換えて」に再録した。

いけない、自分を責めすぎるな、要するに、未経験の世界というのはそんなものだということを言いたかったのです。時間が経ち、状況が変わると苦労が自然に報われるということがあるのです。要するに、正しい努力をしていると自ら信じられるだけのことをするのが今は何よりも大切なことだということを言っておきます。

こうして諸君は少しずつ大きく成長していきます。学期末には成長の実感を味わいましょう。

２　２００８年度修了式　＊基本と応用

皆さん、おはようございます。

平成20年度の学年もようやく春休みになります。二週間前、３月２日には高校の卒業式があり、本日の午後には中学の卒業式があります。そういうわけで、ここには中学一年、二年、高校一年二年の四学年の生徒の皆さんしかいませんが、ここにいない二学年の人たちも含めて、この一年よくがんばってきました。

がんばってきたといえば、わたくし自身、ほぼ一年前に附設の校長に就任し、手探りでここまでやってきました。実は、着任前に、「和而不同、和して同ぜず」というのが本校のモットーだと聞かされました。これは『論語』（子路第十三）の一節、「子曰、君子和而不同、小人同而不和」から採られたものですが、わたくしには校訓としていまひとつ納得が行きませんでした。

なぜでしょうか。それは、およそ物事には「基本と応用」というべき段階の区別があるけれども、その立場から見ると、この「和而不同」は「応用」というか態度を示すもので「基本」をなすものとはみなせないと思ったからです。もちろん、文脈的には、「基本」は「君子」であることは明らかですから、「君子であれ」というのが隠れた校訓だと言ってしまえば身も蓋もないのですが、それなら、何も隠しておくことはありません。[2]

赴任以来、附設の歴史をあさっているうちに、原巳冬先生、この方は中学校の創設に当たられた方ですが、原先生が、高校創立当初の板垣政参先生の建学の精神を「国家・社会に貢献しようとする、為他の気概をもった、誠実・努力の人物の育成」と整理されたことを知りました。「為他」というのは「他のため」ということですが、『正法眼蔵』という書物にある言葉で、「泥だらけになると知りつつも他のために敢えて跳びこんで仕事をする」というような文脈で使われています。出典については立花純二先生に教わりました。「為他の気概」は、したがって、「人のため世のために正しいことを果たそうとする信念」ということになります。「基本と応用」に戻りますと、まさに、「為他の気概」こそが「基本」であって、しかも、「君子」というような取り澄ました感じもありません。「和而不同」は、こうして、その「応用」の過程にあるものとして、理解できます。

　昨年の秋に、このことに気づいてから、附設のモットーは「為他の気概」であるという趣旨のことを機会があるたびに言うようにしてきました。残念なことは、先日卒業した高三の諸君には、このことを十分に伝えられなかったことです。実際、高校まで含めた本当の全校的な集会は多くなくて、ここにいる高一、高二の皆さんには校長として学校のメッセージを発信する機会はこの場を含めて後は数回しかありません。特に、高二の皆さんには、今年度の例で行くとすると、後一回しかありません。先日の卒業式でも、卒業生総代の答辞では、キーワードとして「和而不同」が使われていました。高三との縁が、実質的には「男く祭」で切れてしまっていて、それ以降のわたくしの附設についての勉強の結果を伝えられなかったからだなと大変申し訳なく思いました。この部分の手当てというかパッチ当ては、本校のホームページ表紙のインフォーメーション、高校卒業式のところに式辞を貼ってもらう形で行ないました。皆さんにも見ておいてほしいと思います。

　話は前後しますが、「基本と応用」とは英語で言うならば、むしろ、「Theory and Practice」と申せましょう。直訳は「理論と実際」となりますが、ともすると、「建前と本音」のような、「理論」と「実際」が相反するものであるかのような了解が付いてまわります。しかし、「Theory and Practice」の本来の意味はそうではありません。「理論」とは、ものごとの本質を洞察して整理したものです。「理論」の根幹、これこそ

2　校長在任中に逢着した『論語』観については、第5章第5節参照。

まさに「基本」ですが、それが現実に即して適切かつ具体的に細部が補われたもの、こちらが「応用」ということになります。つまり、「理論と実際」、あるいは「基本と応用」でも同じことではありますが、ある事柄についての判断または分析の段階あるいは範囲の違いを表しているのであり、決して「建前と本音」のように、どちらかと言うと、感情の流れに即していて論理的には二律背反に近い意味を許容している表現ではありません。

さて、この集会は実は本年度の修了式です。式辞の基本は、修了式という場での訓示です。なかなか全校的に学校としてのメッセージを校長が発信する機会がないということで、こんな応用をしてみました。

修了式という「基本」に戻りましょう。皆さんは、今年度学んだことについて、一体、「基本」がきちんと身についているかどうか、新年度を迎えるためにも、しっかりと振り返ってみましょう。これからも、もっとも基本の部分は何か、何が一番本質的なのか、新しいことに出会うたびにその基本や本質に思いを馳せて、それらを見抜こうとする姿勢を心掛けてください。そして、何事にせよ、基本は何か、本質は何かと、常々反復反芻して考えをめぐらしてほしいと思います。

それでは、また、四月に会いましょう。

3　2008年度中学校卒業式 ＊それぞれの道

皆さん、こんにちは。

今日は久留米大学附設中学校の卒業証書授与式であります。中学卒業生の皆さん、よく、ここまでがんばってきました。おめでとうございます。保護者のみなさまも、ほっとされていると思います。本当におめでとうございます。

ところで、本校は中高一貫校ということですから、ここに中学卒業生として参列している諸君は、間もなく、久留米大学附設高等学校の生徒として、同じ場所で今度は入学式に臨むことになります。考えて見ますと、もともと、中学校卒業式、つまり、卒業証書授与式はどの学校でも中学生の特別授業として大きな意味がありますが、特に、久留米大学附設中学校卒業式は、これを期に、卒業生の一人ひとりが物理的にそれぞれの道を歩むというような普通の卒業式ではなくて、一人ひとりが精神的にそれぞれの道に踏み出すという、通過儀礼として大変重要な意義があります。

今、この場所には、いままで友だちとはじゃれあってきただけだったかも知れない中学生活と決別をする、そういうきっかけになるのだという素晴らしい意義があります。そして、これから、とても面白い、楽しい時期、そうです、自分がどんどん拡大して行くということが実感できる、そういう時期が皆さんに訪れます。手始めがこの春休みかしら。日々変わっていく今までと違う自分が味わえるだろうと思います。

高校の卒業まで、後三年間、今、丁度中間点を通り過ぎたわけですが、皆さんの年頃だとまだたっぷりと時間がある感じでしょう。今のうちにじっくりと重厚で定評のある書物、古典というべきものですが、そういうものを読んで、将来のための基礎知力のもとを養っておきましょう。

以上で、わたくしの式辞を終わります。繰り返しになりますが、中学卒業生の皆様、保護者の皆様、おめでとうございます。

4　2009年度始業式　＊一生ものの基本

皆さん、おはようございます。

平成21年度の学年がようやく始まります。ほぼ三週間前、3月16日には前の学年の修了式がありましたが、今日から学年が一つ進みました。新しい高三の諸君は、いよいよ最終学年、今は「男く祭」の準備で文字通り忙殺されているとは思いますが、その後は、段々と受験体制に向って身体や頭のリズムを整えていくことになります。新しい中三の諸君は、附設の大行事である卒業論文・制作の総仕上げを迎えることになります。その他の学年の諸君も含めて、皆さんは数え上げれば切りがないくらい、いろいろな行事を抱えており、しかも、こういった諸々の行事の準備に、皆さんが費やす時間と労力は大変なもので、いつも感心しています。こういう経験を通じて培った瞬発力や集中力は皆さんの将来の財産になるに違いありません。

さて、三月の修了式の折には、「基本と応用」、「理論と実際」というようなことを取り上げました。特に、「理論」とは、ものごとの「本質」、もっとも「基本」

的なところを抽出した上で整理したものを指しているのであって、「実際」あるいは「応用」とは、結局、「理論」に個々の具体的な状況で細かい補正が加わったものに他ならない、つまり、いわば、意味の広がり、あるいは深さの段階というか階梯の違いが表現されているのだと申しました。ここにいる諸君は、原則として修了式のときにもいたわけですから記憶しているだろうと思います。

修了式のときは、学年の最後でもあり、学年内に学んできたことを反芻して、基本は何であったか、本質は何であったかの確認をすることを勧めました。本日、始業式の場合は、新しく学ぶことについて、常々、そういう洞察を加えることを心掛けるよう強くお勧めしたいと思います。

ところで、何らかの発言をしてしまうと、そのことが、結構、発言した当人にとってもいろいろと考え続ける種になるものです。わたくし自身、「基本」「応用」「実際」「本質」などと気安く言ってしまったような感もあり、もう少し分析してみせる必要があるのかな、という気になりました。実際、先ほどは意味の、いわば、空間的な階梯に注目したわけですが、時間的な階梯ではどうなのだろうかと気になりました。

みなさんを支配する時間には何種類かあって、この学年とか在学中というような身近で捉えやすく感じやすい時間と、一生とか、一人前になるまで、というような、今は縁遠くて実感のわかない時間があります。「基本と応用」というアイデアをこういう異なる時間枠に当てはめて考えるとどうなるのだろうか、と気になりだしました。

まあ、言葉で遊んでいても仕方がないのですが、「一生ものの基本」と「差当りの基本」とでもいうべきもの、後の方は「一生ものの基本」の「応用」ないし「実際化」として説明を試みるべきものなのかも知れませんが、とりあえず、そう分けておくと、身近な時間、この学年での、あるいは、附設に在学している間の皆さんに必要なのは、学力や生活面での基礎をしっかりと身につけること、しかも、上で触れたように、併せて、習うことがらの本質は何なのか、基本は何なのか、との自問自答を実行すること、それが時間的な意味での「差当りの基本」ということになるのだと思います。

一方、「一生ものの基本」となると、やはり、いかに生きるかということになりましょう。結局は、修了式のおりに述べた「為他の気概」を養っていくことに帰すのではないでしょうか。

「基本」とか「本質」と言っても視点の変化に応じて変わる部分があるのかも知れないけれど、とにかく表面だけの話ではありません。そういうことに気づくことが大切だと思います。こんなことに少しでも考えを及ぼしながら、この新しい学期、新しい学年を過ごしてください。

5　2009年度修了式　＊本質の解明

皆さん、おはようございます。

平成21年度の学年もようやく春休みになります。二週間前、三月一日には高校の卒業式がありました。本日の午後には中学の卒業式があります。そういうわけで、ここには中学一年、二年、高校一年二年の四学年の生徒の皆さんしかいませんが、ここにいない二学年の人たちも含めて、この一年間よくがんばってきたと思います。

わたくし自身にとっては、この修了式のあいさつは二度目になります。中学一年生の皆さんと高校で入学した一年の人たちを別にすると、皆さんもわたくしの式辞を耳にするのは二度目になります。しかし、昨年わたくしが何を話したかを覚えている人はほとんどいないでしょう。一方、式辞の中身は場面で決まるところも多いのですから、毎年違うことを言わなければならないというものでもありません。ですから、毎年、同じ話をするということも意味のあることではありません。実際、昨年は、基本と応用という話をしました。そして、基本と応用は、別の言い方では、理論と実際、あるいは、英語で言うなら、Theory and Practice としてもいいと申しました。理論とは、物事の本質を整理して基本としてまとめたもの、実際とは、理論の応用として見えてくるはずの物事の種々の現象と言ったと思います。物事を理解する上での、この二元性を意識しておくことの重要性は、今回も強調したいと思っています。

ところが、わたくしには、研究者という前歴があり、同僚の研究者と久し振りに会ったときの挨拶は、大概、何か新しい発見があったか、進展があったか、という ような言葉で始まっていました。つまり、同じ事の繰り返しのようでも、常々何がしかの新味を加えたいという、そういう強い気持は、研究者の基本でもあります。もちろん、ただ新しければいいというのではなく、研究対象の本質の解明に繋がるようなものがいいわけです。

さて、こういう難しい話を、皆さんの今とどう結びつけるのか。そもそも修了式とは何なのか、まず、その辺から考えてみましょう。一体、修了式の基本はどういうところにあるのか。今、丁度、一学年終わりました。修了式は、その締めくくりの儀式ですが、これで一学年終わってしまったから、もう過ぎ去った学年のことは忘れていいんだ、ということを示すわけではありません。まさに、皆さんが、今年度学んだことについて、一体、それらの「基本」がきちんと身についているかどうか、新年度を迎えるために、しっかりと振り返るための、いわば、節目の式が、修了式になります。

皆さんのこの一学年の間の経験は、学業だけではありません。改めて、皆さん一人ひとりが、人間として、どのくらい成長したか、振り返ってもみてください。皆さんは、この学校に学んで、その先、何をしたいのか、どういう人になりたいのか、そのための一歩を、この一年の間、しっかりと歩んで来ただろうか。四月からの新学年を、一層有意義に過ごせるような、そういう準備は整っているだろうか。そういうこと、これは学校生活というものの基本でもありますが、修了式の式辞には、皆さんにそういうことを思い起こしてもらうという意味があると思います。

特に、附設における学校生活では、附設の建学の趣旨に謳っている人間像に一歩でも近づいているだろうか、それを皆さんにはこの修了式を機会に改めて考えてほしいと思います。これは本当に繰り返しになりますが、附設の建学の趣旨は、

国家・社会に貢献しようとする、為他の気概をもった、誠実・努力の人物の育成

です。これは、実は、中学校の創設に当たられた原巳冬先生が、高校創立当初の板垣政参先生の建学の精神を、本質を変えずに、言い換えられたものです。

一語一語に重要なメッセージが籠められていますが、特に、重要なキーワードが「為他の気概」です。「為

他の気概」とは、要するに、「人のため世のために正しいことを果たそうとする信念」ということになります。「基本と応用」に戻りますと、まさに、「為他の気概」こそが、附設の「基本」であるわけです。皆さんは、煎じ詰めれば、世のため、人のために、学んだことを役立てていくことになります。皆さんは、この一年、「為他の気概」を発揮できる方向に一歩でも近づいたでしょうか。

改めて繰り返しますが、皆さんは、今年度学んだことについて、一体、「基本」がきちんと身についているかどうか、新年度を迎えるためにも、しっかりと振り返ってみましょう。これからも、もっとも基本の部分は何か、何が一番本質的なのか、新しいことに出会うたびにその基本や本質に思いを馳せて、それらを見抜こうとする姿勢を心掛けてください。そして、何事にせよ、基本は何か、本質は何かと、常々反復反芻して考えをめぐらしてほしいと思います。

それでは、また、四月に会いましょう。Have a nice vacation !

6　2009年度中学校卒業式　＊古典への挑戦

皆さん、こんにちは。

今日は久留米大学附設中学校の卒業証書授与式であります。中学卒業生の皆さん、よく、ここまでがんばってきました。おめでとうございます。保護者のみなさまも、ほっとされていると思います。本当におめでとうございます。

ところで、本校は中高一貫校ということですから、ここに中学卒業生として参列している諸君は、間もなく、久留米大学附設高等学校の生徒として、同じ場所で今度は入学式に臨むことになります。考えて見ますと、もともと、中学校卒業式、つまり、卒業証書授与式はどの学校でも中学生の特別授業として大きな意味がありますが、特に、久留米大学附設中学校卒業式は、これを期に、卒業生の一人ひとりが物理的にそれぞれの道を歩むというような普通の卒業式ではなくて、一人ひとりが精神的にそれぞれの道に踏み出すという、通過儀礼として大変重要な意義があります。

今、この場所には、いままで友だちとはじゃれあってきただけだったかも知れない中学生活と決別をする、そういうきっかけになるのだという素晴らしい意義があります。そして、これから、とても面白い、楽しい時期、そうです、自分がどんどん拡大して行くということが実感できる、そういう時期が皆さんに訪れます。手始めがこの春休みかしら。日々変わっていく今までと違う自分が味わえるだろうと思います。[3]

高校の卒業まで、後三年間、今、丁度中間点を通り過ぎたわけですが、皆さんの年頃だとまだたっぷりと時間がある感じでしょう。今のうちにじっくりと重厚で定評のある書物、古典というべきものですが、そういうものを読んで、将来のための基礎知力のもとを養っておきましょう。これからの何年かが、人間の基礎力を付ける上で、実に、大事な時期です。それでも、あれも読んでおけばよかったというようなことが苦い思いとともに痛感されるということが、そのうち、あるでしょう。それは先のことがすべて予めわかっているわけではないのですから、仕方がないのです。

そこで、特に、強調しておきたいことは、

細切れの勉強をするな、何事であれ、できる限り、大局観を、あるいは（俗に言う）ストーリーを、意識して勉強せよ、

ということです。

重厚な古典を読み通そうすることは大変な努力が要ることで理解の浅い深いにかかわらず自分を成長させます。しかし、ダイジェストや概略紹介に頼って、中身がわかったような気になることは、要するに、他人の解釈、それも孫引きかも知れない、そのような代物を無批判に受け入れることになります。

早分かりに頼っていては、皆さん一人一人にとってのチャンスは生まれません。もちろん、附設が生み出そうという、為他の気概にあふれた誠実・努力の人物とは、自分で道を拓こうとする人でもあります。ぜひ、今まで以上に、そういう姿勢を確かなものにしてください。

以上で、わたくしの式辞を終わります。

繰り返しになりますが、中学卒業生の皆様、保護者の皆様、おめでとうございます。

7　2010年度始業式　＊一瞬の輝き

皆さん、おはようございます。新しい学年にようこそ。

気候変動を文字通り肌で感じられるような日々が続いています。その上に、花粉も飛び交うという、なかなか厳しい時期ですが、頑張って行きましょう。

今年は、久留米大学附設高等学校が還暦を経て、新しい六十年紀の最初の年になります。60というのは10と12の最小公倍数で、十二支、つまり、子（ね）、丑（うし）、寅（とら）、卯（う）、辰（たつ）、巳（み）…と十干、つまり、甲（きのえ）、乙（きのと）、丙（ひのえ）、丁（ひのと）、…、の組合せで歳を数えていたので、60で一回りというわけで、本年は、附設を基準にとれば、新たな甲子（きのえね）ということになります。12という数字は、天文、特に、太陽の運行に関係があるわけで、遠くメソポタミアにまで想いは遡ります。十は五の二倍、五というのは火水木金土、この世を成り立たせている五大元素です。甲乙をきのえ、きのとというときは木の兄、つまり前半期、木の弟、つまり後半期ということになります。火水木金土には、もちろん、金属器使用という人類の歴史が垣間見えましょう。

実際、干支は単なる迷信ではなく、思想として、連綿と、現代の最先端科学にまで繋がっている部分もある、人類共有の宇宙論の源に連なるものではありますが、ここで、こんな話から始めたのは、映画でいえば、タイトル画面のようなもので、宇宙から附設を眺めているというつもりであります。

さて、映画なら、ここでパンするというか、ぐっと画面が拡大されて、皆さん一人一人の顔が大写しになるということになります。どうだ、新年度の準備はできているぞ、俺たちの目の輝きを見てみろ、あたしたちの口元の程よい緊張もいいでしょう、と、まあ、こういう様子が映し出されるわけです。もちろん、それぞれの学年で秘めたものは違います。

高三の諸君は、まず「男く祭」、そいつを見事に成

3　実は、ここまでは、前年度のものとほとんど同じである。

功させようじゃないか、そう決意していますよね。そして、その勢いで、受験勉強に突入しよう。来年の今頃には一層の笑みを浮かべようじゃないか、とそう思っていますよね。高二の諸君は、この一年は実質的には高校生らしくのびのびと活動できる最後の学年かも知れません。実に、忙しい年になります。どうか忙しさに流されっぱなしにならないように。

そして、中三の諸君は、人生で一番楽しく屈託なくおくれる時期を迎えます。いかに自分をスケールアップするか、それが皆さんの課題です。中二の諸君は、脱皮の時期です。名実共に皆さんはもう子どもではない。子どもだとして大目に見られていたことは今まではあったかも知れませんが、そういうことはもうありません。自らをしっかりと律する、そういう附設生らしい態度を実践する時期が来たのです。

さらに、加えて、皆さん一人ひとりに、心に秘めた課題があるでしょう。干支の話から始めましたが、わたくしたちは長い時間の流れのうちの一瞬を生きているにすぎません。図書館に養老孟司さんの色紙

ars longa vita brevis

が飾られています。学芸は長く、人生は短い、という趣旨の有名な句です。[4]確かに、一人ひとりの人生はいかにも短いけれども、一瞬でもいい、いかに誠実に輝いてみせるか、それがわたくしたちの人生だと思います。そして、この一年は、皆さんにはまだまだ長く感じられるかも知れませんが、実は一刻と言えども無駄にできないくらい短いのです。

後で臍を噛むことがないよう、よくよく考えて、この一年を有意義に過ごしましょう。

8　2010年度修了式　＊自己実現

みなさん、おはようございます。

今年度は今日をもって二週間余りの春休みになります。多くのみなさんにとり、春休みは一学年終わったあとだけに一種の解放感があると思います。ここにいる高校生諸君は、四月末の文化祭の準備が本格的になり、とても忙しくなるとは思いますが、学校生活としては、やはり、非日常的なひとときではありましょう。

今日は午後から中学の卒業式があり、そこでも式辞

を一応述べます。中学卒業式も附設では実質的には修了式の一種ですが、この修了式とは違うことを用意しました。中二のみなさんは午後の式にも出ますから両方とも聞けるわけです。中学生の諸君には、この修了式では、先日の朝礼で言いかけたことを整理してお伝えしようと述べました。気が変わったりして、あまりうまくは行きませんでしたが、いずれにせよ、午前と午後とでは全く違う話をすることにしました。どちらも学校のホームページに貼りだす予定です。

実は、本日の告辞は大分前に用意してありましたが、ご承知の「東日本大震災」が発生し、手直しを考えなければならなくなりました。まだ大震災の全容もつかめず、今はただ人的被害の大きさにため息をつきながら、福島第一原子力発電所の状況に固唾を呑み、そして、九州での工場操業の停止や規模縮小に見られるように東日本に限定されない被害の広がりに暗澹たる思いでいるところです。したがって、いろいろと感じるところはありますが、考えはまとまりません。被災した方々、亡くなられた方々のご冥福をお祈りすると共に、残された方々にお見舞いを申し上げ、どんな形で力添えができるのか思案しております。中学生の皆さんは、土曜12日の朝礼の機会に、そして、今も式の直前に、全員で黙祷を捧げ、また、中学・高校の生徒会が募金活動を行ないました。これらは、ささやかかも知れませんが、大事なことだったと思います。その一方で、今は関係者のご努力を見守りたいと思います。そんなわけで、もともと用意していた告辞を基本的に踏襲いたします。

さて、みなさんご承知のように、附設の生徒には医学部医学科への進学志望者が大変多いのですが、医学部医学科は医師という専門職業人を訓練する教育機関であって、ここで学んだ人たちは基本的に医師以外にはなれません。中学、高校の校長という立場からは、卒業生にはいろいろな分野で活躍してほしいと思っていますし、多彩な方面で卒業生が立派な仕事をしていることが、実は、附設の将来にとっても望ましいこと

4　ヒポクラテス（紀元前5世紀頃）に拠るという医師の心得「技術は長く、命は短く、機会は逃しやすく、実習は危険で、診断は難しい」の冒頭の二句である。漢文では、「少年易老学難成」という句がよく知られている（ウィキペディアでは、五山僧観中中諦（14世紀後半）に遡るらしいと言う）。

だと信じています。そういう意味では、附設に限らないことではありますが、医師という道しかないような狭い進学先に卒業生が集中していることが世間的な評価になることには、はなはだ複雑な想いは否めません。

しかし、医師という職業は、確かに、社会が円滑に回っていく上では、もっとも中堅に位置する大変重要な職業ですし、実際、それゆえ一人の医師の養成には大変な時間とお金が掛けられています。ですから、医師を目指す人たちには、ぜひとも、よい医師になってほしいと思っています。そこで、よい医師とはどんな医師なのか、という問い、これは特に医師を目指す人たちにとり、もっとも基本的な問いに違いありませんし、また、医師を目指さない人にとっても、医師という部分を自分の進みたい職業人に読み換えれば、やはり、とても大事な問いだと思います。

ところで、わたくしは校長赴任以来、医学科受験生の一部だけですが、面接の練習というか、面接に際しての想定問答の一端という形で、かなりの受験生のインタヴューをしてきました。正確には数えていないのでわかりませんが、ある程度の数の人たちが、面接が重視される大学医学部に、推薦や個別学力試験で合格しました。実際は、わたくしがお手伝いできた部分はとても小さかったと思います。もちろん、それは本人たちの資質や努力の結果でしょう。しかし、恐らく、根本には、よい医師とはどんな医師なのか、という問いに自分なりの的確な回答を出そうとする姿勢がみえたということでしょう。そして、その点では少しは刺激になれたかなと考えています。

ところで、こういう諸君のかなりの人たちが、地域医療に貢献したい、と言います。とてもありがたいことですが、地域医療が円滑に成り立つためには、医師も患者も地域社会の一員であることを考えると、何よりも安定した地域社会が成立していることが条件ではないでしょうか。安定した地域社会とよい医療行為は車の両輪のようなものとは言えないでしょうか。ということは、医師も、地域社会の一員として、地域社会を健全に維持発展させる責任があります。要するに、健全な社会的関心を持っていなければ医師という職業も成り立たなくなってしまうかもしれません。

よく考えてみれば、このことも医師に限りません。どのような職業に就くにせよ、一方で、みなさんは社会の一員としての責任があり、健全な社会的関心を持たなければなりません。まだ、学校にいる間は具体的ではないかもしれないけれど、そういう準備や姿勢は持ってほしいと思います。そして、春休みはそういう経験のきっかけとなる読書や旅行ができるはずで、大事にしてください。

もう一点、医学科志望の生徒たちのインタヴューで気になったことがあります。医学科志望者にとっては、よい医者ってどういう医者だろう、医学部ではどんな教育をするのだろう、今の医療の問題は何だろう、将来の医療の形はどうなるのだろう、というのは重要な話題に違いないと思います。ところが、生徒たちに、これだけ医学科志望者が多いのですから、こういう話題を友だちといろいろな機会に話し合ったりするだろうと尋ねてみますと、そういったことはほとんどないと言うのです。わたくしは、これには本当にびっくりしました。「何だ、君たちの医師志望は実はそんなに浅いものなのか」と、まさに、そういう思いに囚われます。

しかし、このことも実は医師志望ということに限りません。将来の自分の姿を友人と語り合わないというのは、わたくしからは不思議に思えます。将来の自分は、当然、将来の社会、地域なり、日本なり、あるいは、世界なりに埋め込まれています。その中で、自分をいかに実現していくか、そういうことを考えるのが十代のみなさんの、言ってみれば、特権であり、本能のようなもののはずです。よく、自分探しなどという言葉を聞くことがありますが、そんな言葉はそもそも意味をなしません。言葉として意味があるのは、自分探しではなく、自己実現です。自分の、まさに、自分だけという存在をきちんと社会の中に位置づけること、それが目指すべきことです。そのためには、しっかりとした職業観とそれを通じて、あるいは、それを支える健全な社会的関心です。

繰り返しめいていますが、この春休みを、この意味での自己実現に向けての第一歩にしてください。

9　2010年度中学校卒業式　＊課題の本質

みなさん、こんにちは。

今日は、みなさんの中学卒業式というわけですが、ほとんどの諸君は、来月からは附設高校生となりますから、ふつうの中学の卒業式とは意味合いがずいぶん違います。附設では、一応の節目ということだろうと思いますが、やはり、卒業論文制作も済ませたし、ふつうの中学生とは違った学校生活を、ここまで無事に進んで来られたことはすばらしいことで、心からおめでとうと言うことができると思います。保護者の皆様も大変お喜びと存じます。

実は、本日の式辞は大分前に用意してありましたが、ご承知の「東日本大震災」が発生し、手直しを考えなければならなくなりました。まだ大震災の全容もつかめず、今はただ人的被害の大きさにため息をつきながら、福島第一原子力発電所の状況に固唾を呑み、そして、九州での工場操業の停止や規模縮小に見られるように東日本に限定されない被害の広がりに暗澹たる思いでいるというところです。したがって、いろいろと感じるところはありますが、考えはまとまりません。被災した方々、亡くなられた方々のご冥福をお祈りすると共に、残された方々にお見舞いを申し上げ、どんな形で力添えができるのか思案しております。中学生の皆さんは、土曜12日の朝礼の機会に、また、今朝の修了式では全員で、黙祷を捧げ、また、中学・高校の生徒会が募金活動を行ないました。ささやかかも知れませんが、大事なことだったと思います。

かつて、わたくしがパリにいたころ学生寮で一緒だったアイスランド人の友人から四十年余りの時を隔てて突如お悔やみとお見舞いのメイルが飛び込み、どうやってアドレスがわかったのかの驚きもさることながらメイルを寄越せなかった人たちはもちろん、直接間接にわたくしたちを知っている人たちは皆想いを共有しているのだなとつくづく感じました。ただ、その一方で、今は、現場の関係者のご努力をひたすら見守りたいと思います。

そんなわけで、もともと用意していた式辞を基本的に踏襲いたします。

今朝は、みなさん以外の学年の修了式があり、今月のはじめ、三月一日には、高校三年生の卒業式がありました。修了式やこの卒業式の式辞もいずれホームページに貼りだす予定ですが、高校卒業式の式辞はすでに学校のホームページに貼ってありますので、みなさんも見ることができます。その中では、三冊の本、中山敬一さんの「君たちに伝えたい三つのこと」、梅棹忠夫、小山修三お二人の「梅棹忠夫語る」と村上隆さんの「芸術闘争論」を紹介しました（「中山」、「梅棹小山」、［村上］）。みなさんにもいずれ見てほしいとは思いますが、ここでは別の本を一冊挙げましょう。

少し古い本ですが、共立出版から２０００年に出たフリーマン・Ｊ・ダイソン『ダイソン博士の太陽・ゲノム・インターネット 未来社会と科学技術大予測』です（［ダイソン］）。この表題では、ややゲテモノ感がありますが、原著のタイトルは The Sun, the Genome, and the Internet: Tools of Scientific Revolution (Oxford Univ. Press, 1999) と言い、極めてまじめな本です。著者は、もともと物理学者ですが、分子生物学、生命科学にも造詣の深い人です。

本書で利用されているデータには今となっては古いかなという感じのものもありますが、発信している思想は決して古びるようなものではありません。基礎基本を中心に素直にものを見、そして考えるということはどういうことかを教えてくれます。要点は、探求すべき課題の性質に即した適切な道具を開発するということの大切さの強調だと思います。つまり、どう事実そのものに語らせるのかが大事だということです。したがって、このアプローチの姿勢は、その課題が直接関わっていない分野にも実は影響が及ぶということをきちんと意識することを伴っており、そのことを具体的な事例を挙げながら述べています。

翻って考えてみると、すでに出来上がり決まりきってしまっている既存の枠の中に安住していては、本当の意味でのチャンスは微笑んではくれません。みなさんも何か具体的な形で世の中に貢献できる機会に出会うと思います。そのときに、課題の本質は何か、どうアプローチするか、どういう道具があったらいいのか、それにはどう工夫したらいいのか、そういうときの心構えを今から養ってほしいと思います。

ダイソンは、この本では、さらに、科学技術、特に、太陽エネルギー利用や遺伝子工学、あるいはインターネットの可能性に触れつつ、関連技術の開発が人間社会の公正さを増進する方向でなければならないとも言っています。しかし、これは残念ながら、決して簡単なことではないのです。直近のジャスミン革命なるものを予言したようにも見えるところもありますが、違うかもしれません。いずれにせよ、十年以上前の話題からですが、いくつか例を挙げて方向性を示しています。

みなさんは、まだまだ先は長いのですが、本日の中学卒業を契機として、さらにスケールを拡大することを期待しています。校長としては、本当はみなさんに文系とか理系とか、そういうただの便宜的な自己分類をしてほしくはありません。とは言いながらも、今しばらくは、そうしなければ道が拓けないという意味で、やむを得ないことではありましょう。しかし、人間は総合的なものだし、人間を巡る環境も総合的なものです。このことも常に心に留めておいてください。

　これからは高校生として、みなさんには、よくよく想像力を働かせ、全体をしっかりと把握した上で、一番核心となるところを見抜き、そこをしっかりと勉強して、前に進んで欲しいと、わたくしは願っています。

10　2011年度始業式　＊日本の脆弱化

　みなさん、おはようございます。いよいよ今日から新しい学年が始まりました。

　高三の諸君は本校最後の学年です。高二、中三、中二の諸君は、まだ、後がありますが、みんな頑張って今年一年を過ごしましょう。ところで、この学年は今までとは全く違うところがあります。

　それは、新しい校舎、実は、まだ半分だけですが、そこに一旦移転することが予定されているからです。いや、予定されていたからと言った方がいいのかも知れません。と言うのは、3月11日の東北地方太平洋沖大地震によって引き起こされた東日本大震災の影響が附設の建築工事にも及んできています。今の時点では、まだ、詳しくはわからないのですが、工事が遅れるということだけがわかっています。しかし、遅れの理由として伝わってきたことを考えると、日本という国がいつの間にか思っていた以上に脆弱になってしまっていたことを痛感します。こういうことをわたくしたちは事実としてしっかりと受け入れることから始めなければならないことになりました。

　しばらく大地震の前の日本のことは忘れなければならない、これから、みなさんが向き合わなければならないのは、東日本大震災以後の日本であり、世界であるということです。そして、五年後十年後を考えて、それがどんなものになるだろうかとなると、まだ、見当も付きません。とにかく、一箇月前までの日本や世界を当然のこととして考えてきたことは、全部、最初から検討しなおさなければならないでしょう。それはみなさんの将来についても同じです。一箇月前にみなさんが思い描いていた自分の未来の姿は、そのままでは、恐らく、もう、意味がなくなってしまっています。みなさんは、別にあわてる必要はありませんが、新しい意味を付けなければなりません。

なるほど、日本は今までさまざまな苦難を乗り越えてきたではないか、今度も立ち直るよ、立ち直るに違いない、とは、大地震の発生の直後から、まあ、世界中から言われてきました。しかし、今は、この言葉も忘れることです。わたくしたちは東日本大震災以後の新しい厳しい事態にしっかりと向き合わなければなりません。その上、この大震災は日本だけでなく世界全体を変えてしまったと思います。日本がかつてのような重みを取り戻せるかどうかはわかりませんが、明らかになったことは、世界に対して日本が大変な責任を負っていたのに、その自覚がないまま過ごしてきたということです。国内事情だけの配慮で経済や政治の運営をして何一つ問題はないとしてきましたが、日本の活動の規模は全世界に及んでいたということの意味がわかっていなかったと思います。その結果として、国全体がものすごく脆弱になってしまっていたということでしょうか。

ともかく、諸君の前には、もうかつての、やや元気がなかったとは言え、一応繁栄していた日本は存在しなくなったと思い知るべきでしょう。じゃあ、悪いことばかりか、というと、そんなことはありません。事実をしっかりと受け留めることさえできれば、みなさんは何といっても若いし、そして、附設の生徒ですから、すでに、ある程度の基本を身に付け、多少の応用力が備わっているはずです。ですから、何もこわいことはありません。みなさんは、いわゆる、つぶし、それも、知的にも極めて高級な形の、そういうつぶしが効く人間、言い換えれば、柔軟で、何が起きても的確に対応できる人間になる過程にあるはずです。それには、今まで以上に、基本をしっかりと勉強すること、この学年はその第一歩になります。くれぐれも小手先での誤魔化しには手を出さないように。そのようなことは諸君の能力を削ぐだけです。そして、みなさんは新しい日本や世界を、ある意味で、一から作り上げるという、なかなか得がたい機会にめぐり合っているということです。怪しげな英語を唱えれば

Before you is now widely open a big chance that you yourselves shape the new world from scratch！

さて、日本経済新聞朝刊（平成23年3月31日）に建築家の安藤忠雄さんの『私の履歴書』の最終回の記事「日本　人間性育む教育に未来　実直な国民性・創造力、回復を」が載っています。（安藤さんの）文脈は（この式辞より）もっと広いのですが、非常によい内容だと思いますので、ここで朗読します。[5]

まず、安藤氏は「東日本大震災」を振り返り、

　こういう時こそ、一人ひとりが自分に何ができるのかを自らに問わねばならない。日本人は歴史上二度の奇跡を起こした。そして今再び奇跡を起こし、何としても日本を復活させなければならない

と言います。

そして、経済的成長の結果、１９７０年ごろから日本が変質してしまったことを指摘して、

　未来を担う子どもたちは親の敷いたレールの上を走るのに精いっぱいで、創造力を養うための貴重な時間を失っている

と慨嘆し、

　本来、子どもは友達と自由に、自然と戯れながら遊ぶ中で好奇心を育み、感性を磨き、挑戦する勇気や責任感を養う

べきなのに、

　今、子どもたちは過保護に育てられ、自分で考える体験が絶対的に不足しており、緊張感も判断力も、自立心もないまま成人し、社会を支える立場に立つ

と観察を述べます。そして、このことが意味するのは

　正しい価値観で物事を決めることができず、国

際社会で立ち遅れている今の日本と、子どもの教育を取り巻く状況は決して無関係ではない

ということであると強調した上で、

私は自分で生きる力を身につけなければならないという思いを人一倍強く持ってきた。だから、自分の意思が希薄で、人と直接ぶつかり合おうとしない、芯の弱い今の若者や子どもをみていると、日本の将来に強い危惧の念を覚える

と心情を吐露します。だからこそ、

人間性を育む教育を行い、自分なりの価値観をもつ「自立した個人」をつくり、家族や地域への愛情をもった日本人の国民性を回復しなければ、未来は見えてこない。

と、激をとばして、

［…］日本は存亡の危機にある。今こそ［…］奇跡を起こすべく、日本は真に変わらなければならない

と記事を締めくくります。

幸い、安藤さんは楽観的です。みなさんも、安藤さんのメッセージをしっかりと受け留めて、立派に応えてみせてください。

11　2011年度修了式　＊楽しい学校

みなさん、おはようございます。

今年度の学校も今日でおしまいです。皆さんにとって、この一年はどんな意味がありましたか。

今年度は、途中で校舎の移動があり、落ち着かないこともあったのか、終了間際になって、いろいろなこ

5　安藤氏の『私の履歴書』は、後に出版された（[安藤]）。最終回の記事は、同書 pp.244-248 に再録されている。始業式では朗読したが、ここでは著作権への配慮から、要約を述べ、一部のみ、再現する。

とが起きました。特に、高校生諸君にとっては、不愉快なことも、残念ながら、いくつかありました。そういうときだけに、卒業したばかりの諸君が頑張ってくれたことは大きな救いになりました。先日のこと、東京大学の合格発表のあった日ですが、高三を担当された先生たちを慰労する集まりがありました。その折に、ある先生が感慨を込めておっしゃった言葉、生徒たちが希望を持ち、先生たちが期待を籠めて、みんなで頑張るというのは効果を生むものですねえ、という言葉を思い起こします。わたくしも本当にそう思います。

　実は今だから言いますが、この学年、60回生は、結構、不安な点も多かったのです。しかし、最後の頑張りが立派だったと思います。きちんと着実な勉強を重ねてきた生徒諸君は、こうして、全体的には非常にバランスのよい進学の実績を挙げたと言えると思います。中には、悲運に泣いた人もいたことはいましたけれど。

　さて、ここにいる高二の諸君も、すでに、いろいろと心配させてくれてはいます。しかし、「男く祭」を見事に仕切った後は、顔つきも変わって、独特のオーラを醸し出し、後に続く諸君のよい手本になってくれるものと信じています。高二の諸君には、来学年の目標ははっきりとしていますが、他の学年の諸君も、それぞれ、四月からの学年での目標があります。一人ひとりの目標もあるでしょうし、学年としての目標もあるでしょう。改めて確認をして、有意義な新学年を目指してください。

　学校全体としては、来年度の後半に、校舎の残り半分ができあがります。中学生諸君には、また、校舎移動があります。校舎のまわりも整備されます。それまで落ち着かない日々が続くと思います。特に、中学生諸君にとって安全で楽しいキャンパスを実現するのは、わたくしたち大人の務めです。しかし、学校は生徒も教員も一体となって、みんなで雰囲気を盛り上げるものです。附設は、いつも進化をしています。小学校の標語みたいですが、来学年は、もっと楽しい学校に、もっと頑張る学校になりましょう。もちろん、もちろん、そうなるに違いありませんけれど。

　これから春休みです。もうすぐ春分ですし、昼間の方が長くなってきます。想像するだけでも楽しい日々が待っています。三週間後には、元気な顔を見せてください。

Have a happy vacation !

12　２０１１年度中学校卒業式＊基本的な問い

皆さん、こんにちは。

今日は、皆さん、久留米大学附設中学校第41回生の中学卒業式です。今日の、この儀式は、附設における長い歴史的な重みがあり、また、小学校中学校併せて九年間の義務教育課程を終えた節目を示すものです。しかし、皆さんは、この後、附設高校に進学することになる、つまり、学校としては、中学と高校とを併せて一つなのに、なぜ中学卒業式をわざわざやるのだろうという疑問もあります。儀式というのは、とても大事なことなのですが、それぞれにふさわしい重さというものがあります。中学卒業式はどうあるべきか、ということを、附設の校長になってからずっと考え続けているのですが、まだ、答えは出ていません。ただ、高校の卒業式とは違い、附設からの旅立ちの儀式ではなく、どちらかといえば、決意を新たにして附設での生活に取り組もうと確認する儀式であるべきだと、わたくしには思えます。皆さんは、いかがですか。

そんな想いもあり、中学卒業式の形を昨年から少しずつ簡単にして来ています。今年は、昨年よりも一層簡略化を進めました。それを寂しいと思うかどうかですが、簡略になった分のエネルギーを、これからの高校生活の充実に注いでください。

さて、先日、久留米大学医学図書館の新着図書コーナーで、森浩美さんの『父親が息子に伝える17の大切なこと』という本を見つけました〔［森］〕。双葉社という出版社から一昨年刊行されています。森浩美さんて何者だ、と言っても、皆さんの方が詳しいと思います。この本の、著者紹介に、作詞家とありましたが、わたくしには正直言ってぴんと来ませんでした。ＳＭＡＰを始めとする多数のシンガーたちの歌詞を作っておられます。この本も、一章一章は、歌詞のように、それも息子との対話のように、書かれています。森さんは、昭和35（１９６０）年生まれ、何と、わたくしが高校3年生のときでもあり、これまでの経験も違いますから、森さんが伝えたいと言っていることの内容について、わたくしが１００パーセント同意できるというわけではありません。しかし、少年が陥りがちな自己中心的な思い込みや思い違いを穏やかに諭しながら、社会に出て、立派に生きていく、つまり、しっかりと自分の人生を生きるためには、どう振る舞うべきか、どう考えなければいけないのか、ということを、歌詞のような文章で述べています。この本に、書かれていることは、皆さんが、ご両親や先生、あるいは、大人の知り合いの人たちのように、日頃から皆さんのことを気に掛けてくださる人たちから、聞かされていると皆さんが思っていることと違いません。でも、語り口は違います。

森浩美さんの本は一冊図書館にありますが、『父親が息子に伝える17の大切なこと』はありません。手配しておきましょう。なお、医学図書館に、なぜ、このような少年向きの本があるのでしょうか。実は、もう一冊、ダニエル・ゴットリーブ『人生という名の手紙』という書物も新着図書コーナーにありました（「ゴットリーブ」）。これは著者が孫に向けて書いたものらしいのですが、時間がなくて、中身の検討はできませんでした。医学図書館に、こういう本が収められているのは、

「生きるということはどういうことか」

という基本的な問いが、医療者にとって欠かせないという判断があるからだと思いますが、この問いは、医者を含め、誰にとっても大事なものなのです。しかし、誰にも、答えはわかりません。問い続けるということに意味があるのだと思います。

皆さんにも、この問いに向かい始める時期が来た、まさに、今日の皆さんの卒業式の意義は、このことを感じることにあるのではないでしょうか。

13　２０１２年度始業式　＊附設の評価

皆さん、おはようございます。

いよいよ今年度も今日から学校が再開です。今年度から、三学期制になりますので、昨年度までとは様子がずいぶん違います。始業式も遅くなりました。数日ですが、月末の学園祭に向けての準備期間が短くなりました。しかし、定期考査の数も減ったのです。秋休みもなくなってしまいましたが、増えたり、新しく入ってきたりしたものもあります。それは何でしょう。

さて、昨年度は、年度末にいろいろなごたごたがあり、大変だったのですが、卒業生諸君が頑張ってくれ

て、皆さんは、今、何となく鼻が高くなったように思っているのではないでしょうか。一方、プレッシャと感じている人たちもいるかも知れません。今のところ、附設が特に変わったというわけではありませんが、九州・山口に限らず、全国レベルでの附設に対する評価が変わるかもしれません。実際、春休みにほぼ60年ぶりに会った小学校時代の友だちからも、九州じゃトップになったのね、と言われました。

正直のところ、東京では、附設のことは九州出身者以外には余り知られていません。学校の社会的な信用というのは、やはり、卒業生たちが種々の分野で活躍していることに基づきますから、思っているほど附設の評判が高くないとしたら、それは、基本的には、いわゆる文系進学者が少ないということが理由なのかも知れません。しかし、一方、それは卒業生の皆さんが、それぞれの地元で地味で堅実な仕事に励んでおられるからでもありますので、一概に悔しがらなければならないことでもないと思います。それでも、日本を動かしていると言える人たちには附設の出身者が著しく少ないことを、わたくしは残念に思わないわけでもありません。特に、皆さんの素質の高さを考える時、一体、これはどういうことなのだ、と感じることがあります。本当にどうしてなのでしょう。世間の方も、こういう意味では、附設に対する見方がだんだん厳しくなってくるかもしれないと思わないでもありませんが、しばらく様子を見ましょう。

ところで、高三、高二の諸君は、すでに進路を大体決めていると思いますが、ぶれず迷わず、このまま頑張ってください。中二、中三の皆さんには、進路ということでは、まあ、多少、注文を付けてもいいような時間的余裕があるかも知れませんが、わたくし自身には、どうしろ、こうしろと殊更に言うつもりはありません。

また新しい学年が始まりますが、わたくしたちは今までと変わらずに進んで行きましょう。

14　2012年度修了式　＊心構えの基礎

みなさん、おはようございます。

今日で、本年度も終わりです。わたくしたちもですが、みなさんもいろいろと感慨があったでしょう。中学一年生のみなさんは、この1年の成長の実感はありますか。身体はずいぶん大きくなったと思います。このことはわかりやすい。しかし、精神の方はどうでしょうか。これは中学二年生のみなさんにも振り返って考えてみてほしいところです。中一のみなさんは、あと3週間もしないうちに、新入生を迎えます。そして、中二の諸君は、来年は、中学の最上級ということになり、模範を示さなければなりません。それぞれ、上級生としての一層の心構えの基礎というものを、ぜひ、春休みの間に作り上げてください。

高校生の皆さんも、一応、中学とは別扱いですが、状況は似ています。この1年間で、どのくらい成長したでしょうか。高一の諸君は、よく考えてみると、まだ、結構気楽だったと思いますが、気楽さを十分に生かしきれたでしょうか。いずれにせよ、だんだんと目の前が気になってきて、気楽さは減ってきます。特に、高二の皆さんは、来年の今頃、一体どうしているか、本当は、とても気になり始めていると思います。直近の「男く祭」の準備もありますが、ともかく、それなりに来年を気にしながらも、まだ、1年近い時間があるわけですから、堂々と立ち向かってください。

みなさん、1年間よく頑張りました。来年度に備えて、それぞれに意義のある春休みを過してください。そして、3週間後には、元気な顔を見せてください。

修了式の式辞は以上です。

15　２０１２年度中学校卒業式　＊根拠ある自信

みなさん、附設中学卒業おめでとうございます。

附設中学校の卒業式は、原則として、卒業生は附設高校に進学することが期待されておりますので、今朝ありました修了式と実質においては変わらないとわたくしは考えています。中学卒業式を昨年から大幅に簡易化した理由ではありますが、もちろん、生徒の中には、中学までは調子はよくなかったが、これを機会に一から頑張ろうという人もいるでしょう。実際に頑張ってみせることが大切だと言っても、こういう気持ちに目覚めることが大事ですから、そういう人がいれば、それはうれしいことです。

簡易化という点では、まだ、簡易化すべき余地は大いにありますが、しかし、卒業式と銘打った式典である以上、修了式とは趣旨の違う話ができる機会でもあります。みなさんにメッセージとして何が伝えられるか、それを考えてみました。この後で渡されるのだと思いますが、「附設高校生になるために」の巻頭言で、昨今思っていることを、ある程度は書きました（第28節として後出）。そこでは書かなかったことを述べましょう。

みなさんには、特に、未知のことへの挑戦において、堂々と、毅然と、立ち向かってほしい、と申し上げたいと思います。堂々とするとは、一体どういうことか。堂々と毅然とを並べて申し上げているわけですから、これらは目先のことではありません。流行に振り回されるな、とか、他人の意見に軽々に従うな、というような、禁止を意味しているようでもありますが、そうではなくて、自分の力や見識というものをしっかりと養え、そして、それらに対する自信を持てということです。その結果として、自分にはこれが見えている、これは必ずできる、という、そういう確信が自然に身に付いてきます。

こういう自信、しかも、根拠ある自信は仕事をする上でもっとも大事なものなのです。当然ながら、このためには、自分を鍛えなければならず、さらに、その鍛え方の質が問題になります。しかも、人から宛てがわれた基本的に既知の課題、例えば、試験問題は典型ですが、そういう目先の課題に対する姿勢のことではありません。そういうわけで、附設に在校している間にここまでの力を養いなさい、ということではありません。

しかし、こういう確信を産み出す、基礎の部分だけは、心がけて作っておかなければなりません。しかも、ここは自分でやらなければなりません。つまり、授業＝試験、といった通常の教育訓練だけでは不足で、自分だけの経験を活かしながら、感覚を深めていく必要があります。試験問題は、解けて当たり前、もっと深くもっと先まで読み通せるだけの力の基礎をぜひ養ってください、それも、自らの力で、ということです。よろしくお願いします。

以上で、わたくしの式辞は終わります。

16　２０１３年度始業式　＊「利口」になるとは

みなさん、おはようございます。

午後には入学式があります。なお、入学式での式辞は、近々、附設のホームページに貼り出してもらうことにしています。入学式が学校生活を始めるにあたっての式典ならば、一般に、始業式は学期の冒頭を画する儀式ということになり、なかでも、今回は学年開始の合図のようなものですから、みなさん一人ひとりが今年度に実現したい目標を確認する機会になっていると思います。しかも、ここには一年生という人たちはいないわけですから、みなさんには、思い出すべき前の学年でのことがあるはずで、当然、よかった人は、ますます、よくなるように一生懸命努めようと思っているし、よくなかった人は今年からはよくなるぞとリヴェンジを誓っていると思いますが、違いますか。

もちろん、「よい」ことの中身が大事なわけで、附設は学校ですから、まず、みなさんが、よく勉強して、学期の終わり、あるいは、学年の終わりに、確かに、自分は前より利口になったと確信することができるようになりたいと、こう皆さんは思っていますよね。

ここで、「利口」になるとはどういうことか、さらに、「利口」であることにはどんな価値があるのか、と議論を深めていくのが、真面目な態度だと思います。特に、「利口」であることにはどんな価値があるのか、というのは大事な問いですが、始業式の式辞には馴染まないので、今は、こんな問いも立てられるのだな、とだけ、みなさんには覚えておいてもらうことにします。

以上、要するに、わたくしからは、新学年、新学期を迎えるにあたってのみなさんの決意はわかっているから、その調子で頑張ってください、ということに尽きます。

しかし、考えなおしてみると、新中二、新中三、あるいは、新高二、新高三の諸君には、それぞれの学年特有の課題があると思います。新高三の皆さんは、今は「男く祭」をうまく仕切ることしか頭にないでしょう。しかし、それが済めば、いよいよ受験勉強に向かいます。先生たちを信頼し、一致団結して頑張ってください。代わって、新高二のみなさんが、間もなく、附設の中心になって全校を引っ張っていく役回りを引き受けることになります。期待しています。

そして、新中三、新中二のみなさん、今日、みなさんの後輩になる人たちが入学して来ます。しかも、附設中学共学化の第一期生になる人たちです。立派な、信頼できる先輩として、附設中学生のいい見本になってください。その上、新中三の諸君には、卒業論文・

制作という大行事が待っています。校長は「綿ゴミ」の研究を期待していますが、誰かやるかしら。誰もいなければ、新中二の人に引き継ぐ形でもいいけれど……。

新しい附設は、中学、高校の新入生だけで成り立つわけではありません。新入生を迎え入れて、みなさんやわたくしたちも相応に脱皮し、みんな一緒になって、学校を作り上げていくことになります。今年一年また新たな気持ちで頑張りましょう。

17　2013年度修了式　*ヤーヌス

皆さん、おはようございます。

今日で、3学期は終わります。高校の卒業式はすでに3週間前になりましたが、卒業生の皆さんが、将来の活躍のためのスタートを立派に切っているということは、ご存じでしょう。長い人生においてどれだけのことが実現できるか、それは、志と、そして、研鑽次第ですけれど、卒業生の皆さんには、よりよい社会、よりよい世界を創り上げるために、一層頑張ってもらいたいと思います。

さて、本日の午後には、中学卒業式があります。その関係で、この場には中三の生徒諸君はいません。ただ、入学式あるいは高校卒業式といった、入学あるいは卒業する生徒一人ひとりが附設という共同体との関係性を確かめるための大きな儀式と比べると、中学の卒業式は、卒業生は原則として附設高校に進学しますから、中学入学後の3年間の成長を確かめるための内輪の儀式のようでもあります。

この修了式ですが、これには骨格的なことが二点あります。第一に、3学期の終業式であり、同時に学年の修了式として、一年間を振り返り、第二に、4月の始業式までの春休みを有意義にすごして、新学年に備えましょう、という二点です。英語の January のもとになったというローマ神話のヤーヌス（Janus）という顔が二つある神様みたいなものというわけです。

しかし、何というか、附設的状況をよく考えてみると、修了式や始業式の重要性は、「修了」とか「始業」の部分にあるのではなくて、中学生から高校生までが一堂に会する貴重な機会になる「式」という部分にあるのだと、改めて思いあたりませんか。

一堂と言っても、この体育館ですが、それでも、附設生がみんな一つ所に集って、そして、何か共通のものを感じる場があるということは、とても大事ではないかと思います。なぜなら、一堂に集まって感じる共通の感覚は、まず、皆、附設生であるという実感でしょう。卒業すれば、先輩も後輩も、かつて附設生だったという点で、同格になります。在学中は、中一から高3まで、完全に同格ではないけれど、しかし、附設生であるという点ではみな同格です。そして、このことを体感できるのが、この場だと思います。その上で、改めて一人ひとりにとっての修了という意味を考えてみましょう。

中一から高二まで、それぞれの想いがあるはずです。今、ローマ神話のヤーヌスという前後を向いた二つの顔を持つ神様の名前を挙げましたが、このヤーヌスは、中一から高二までの皆さんの前で、少しずつ違う表情を浮かべているのではないでしょうか。中一の場合なら、前も後ろもにこにこしているかも知れません。皆さんは、この1年間、緊張感を保ちつつ、無我夢中だったと思います。新学年でも、いい意味での緊張感を保ちつつ、新しいことに挑戦してください。さて、中二の諸君は、どうでしょう。ヤーヌスの表情が見えるのは皆さんしかいません。ぜひ、前の顔に一層晴れやかな表情を浮かべさせてください。

高一の諸君は、新学年では高二ですが、附設生活では、本当の意味で勉強が落ち着いてできる大事な学年を迎えます。学習面で一皮も二皮もむけるというか、大きく成長できる年だと思います。ヤーヌスは表情を変えず、というところでしょうか。

そして、高二の諸君、いよいよ皆さんは最高学年を迎えます。それこそ、ヤーヌスには、二つの顔とも、大笑いをさせてください。まずは、文化祭をどう仕切ってくれるか期待しています。

もちろん、この場にいる皆さん全員には、改めて、みんな附設生なんだ、という感覚を共有してほしいと思います。

ここまでが、基本的に、わたくしの式辞ですが、敢えて、一言加えると、ヤーヌスについては、ウィキペディアに記事がありますので、興味があったら英語の方の記事を確認してください。

4月には、また、一緒になりましょう。これで本当に終わりです。

18　２０１３年度中学校卒業式　＊人生設計

みなさん、こんにちは。今日、いよいよ、皆さんの久留米大学附設中学校の卒業式となりました。保護者の皆様にも、大変お喜びのことと存じます。

生徒諸君、保護者の皆様、大変おめでとうございます。

さて、この式には、皆さんの義務教育の卒業式という意味があります。しかし、皆さんは、原則として、附設高校に進学されるわけですから、附設生活での通過点に過ぎないとも言えます。いわば、二つの意味があるわけですが、一体、どちらの意味で、この式はめでたいのでしょうか。昔なら、洋の東西を問わず、大人として認められるための儀式は、15歳前後に執り行われました。この卒業式も、まさに、大人として認められるための通過儀礼として、自律的な附設高校生に成長するための覚悟を求めるものになっていると思います。

皆さんは、もはや中学生ではないことの意味を噛みしめるところから始めなければなりません。皆さんは、平成23日年4月4日、附設中学校に入学したときのことを覚えていますか。あのときは、東日本大震災が起きてから、まだ、1箇月も経っていませんでした。入学式の式辞では、この大震災が世界の在り方に及ぼした影響の本当の姿は10年後20年後に明らかになってくるだろうと予測し、附設の建学の趣旨の解説を経て、皆さんが、そういう新しい世界を担うことになるという自覚を求めたと思います。その後3年間の附設中学生活を通じて、皆さんは、古くならないもの、陳腐化しないもの、つまり、一生の基本になるものとして、どんなものを身に付けたでしょうか。

これからは、自律的な附設高校生として、どうあるべきか、皆さんは考えなければなりません。もちろん、高校生になると、目先に、大学入試がちらついてくるのは仕方がありません。皆さんもそうだろうし、保護者の方々もそうでしょう。かくて、皆さんは、周辺の意見を聞いたりしながら、進路を、ある程度の実感を伴うまでに狭められてきてはいると思います。とは言え、幸いというべきかどうかはわかりませんが、皆さんの人生は保護者の方々の人生とは同じではないので、最終的には、皆さんは、大雑把でも自分自身で納得できる人生設計の見通しを立てなければなりません。しかし、皆さんにはまだ見えないからと言って、この先の大学入試だけに目標を絞ってしまうのは、どう考えても合理的ではありません。

考えてもみましょう。先ほど、東日本大震災から20年後の世界と申しましたが、それを考慮に入れず、今後も今と余り変わらず、人生80年のままとして、皆さんは今15歳、大学にすんなり入ったとして18歳、その先、いろいろな経路があるにせよ、職業生活において一人前の活動ができるのが30歳から60歳くらいまでの30年余りとなり、さらに、20年くらいの余生があるというわけです。すると、一番大事な30年間や、あるいは、その先20年間を立派に過ごすことがいかにも大切な目標になります。

つまり、皆さんは、これからの3年間だけ頑張れば、後はその利息で食べていけるというわけではないので、実際、その後も、ずっと頑張り続けるというか、むしろ、自然に、大きく強く、成長できるようでないといけないわけです。一生は自己研鑽の継続であるというわけなのですが、特に、大事なのが10代の末から20代の半ばくらいまでの期間で、なかでも、10代の後半、本当は17、18歳から20歳くらいまでの間に、どのくらい意味のある、重厚な勉強ができるか、その上で、20代の前半、特に、24、25歳くらいまでに、本質に深く関わる新しい発想を洞察し、提起できるかが鍵になりましょう。もちろん、能力とか運、巡り合せも無視のできない要素ではありますが、それでも10代後半から20代前半の過ごし方の質こそが、ほぼ一生を決めてしまうと言うことはできると思います。

今の日本の教育システムは、残念ながら、こういう意味で人を育てていくという機能が十分ではありません。しかも、以前よりも大分劣化しているとも言えるでしょう。皆さんを含めて、今の日本の青年は大変な悪条件のもとにいることは、承知しておいてほしいのですが、なおのこと、一人ひとりの自覚的な努力が重要になります。

要するに、ないものねだりをしても仕方がありませんので、皆さんにお願いしたいのは、

なかなか理想的な環境はないのだ、という現実を踏まえながら、それでも、着実に前に進んでいくという姿勢を将来にわたって忘れないでいただ

きたい

ということに尽きます。

　そのためには、ありふれているようですが、高い志、つまり、皆さんの一人ひとりが一生の間に何を実現したいのか明確にすること、このことが一番大事なことです。この一生の間に実現したいこと、ひとつとは限らないかも知れませんが、それを、おぼろげながらでも、附設高校での学びの間につかんでいただけたら、とても嬉しいと思います。

　皆さんに期待しています。

19　２０１４年度始業式　＊目標を意識

　みなさん、おはようございます。また、新しい学年が始まります。始業式など、こういった始めを意味する儀式の報道では、よく、参加者一人ひとりが抱負を大声では述べ合う姿が紹介されます。肝腎の抱負の方は、一生懸命がんばります、という程度の抽象的なものだったりしますが、そうかと言って、がんばりません、と大声で叫ばれたら聞いている方は多分困ってしまいます。おいおい、君には意識というものがあるのか、一日一日をどう過ごそうって言うのか、と思うはずです。

　実際、どんなささやかなものでも、目標というか実現したいことを、自分の言葉として明確に表そうとすることには意味があるようです。もちろん、わたくしは、この場で、皆さん一人ひとりに大声で新年度の抱負を述べてください、とお願いはしません。しかし、皆さん一人ひとり、心の中で、今年度中に実現すべきことをはっきりと意識すること、そして、そのためになすべきことを、できるだけ具体的に、見積もることは、とても大事だと考えています。その実現したいことが、ぽつんと孤立している、あるいは、その場限りのものというのでは、それは本物ではありません。

　みなさんには、今年度の抱負を、みなさんそれぞれが紡いでいく物語、ストーリーとも言いますが、その中に組みこんで、意識するようにしてほしいと思います。

　みなさんの物語の中には、楽観的なみなさんの分身がいるかも知れません。悲観的な分身も出て来るかもしれません。冷静で批判的な分身も登場するかも知れないし、努力家の分身や、怠け者の分身も登場するかもしれません。

それどころか、友だちや先生、あるいは、ご両親、あるいは見知らぬ人たちが、さまざまな分身の形で出て来るでしょう。そういう雑多な登場人物の彩なす世界を颯爽と駆け抜けていくのが、みなさんの自分好みの分身のはずです。

みなさんのストーリー絡みの抱負とは、この好みの分身を立派に育てるべく、かくかくしかじかのことを果たします、ということになるでしょう。

もっとも、物語と言っても、すぐには紡ぎだせません。

そこで、結局、皆さんは、夏までに『方丈記』を丸暗記するぞ、とか、ダーウィンの Origin of Species（種の起源）を今年いっぱいかけて英語で読むぞ、とか、あるいは、ショパンのピアノ練習曲5曲をマスターするぞ、とか、高良山の写生を毎週して油絵を何枚か完成させるぞ、あるいは、また、秋までに志望大学の過去問10年分について一回は猛烈に丁寧な解答を作るぞとか、そう言った類の目標から始めることになります。

本当の課題は、こういう目標の実現によって、みなさん一人ひとりが、それぞれのストーリーをどう紡ごうとするのか、ということでしょう。新学年が、みなさんにとって意義のあるものになることを期待しています。

20　２０１４年度修了式　＊本を読め

皆さん、おはようございます。今年度も、本日で修了式です。高三の卒業式は、すでに、3月2日に済み、中三の卒業式が今日の午後にあります。ここには、そういうわけで、中一、中二、高一、高二の諸君しかいないわけですが、皆さんにとって、この一年間はいかがでしたか。思っていた以上に素晴らしかった、という人はどのくらいいるのかしら。まあ、まだ、何か感想を覚えるのには早すぎるかも知れませんが、思うに任せなかったという人もいるかも知れません。

ともかく、皆さんの今年度の成果や来年度に向けての課題や決意については、それぞれの学年、あるいは、ホームルームで、いろいろなお話があったと思いますし、今日も、また、あるのではないでしょうか。そんなわけで、わたくしからは、もう少し、漠然としたお話として、何冊かの本を紹介しましょう。中一から高二まで、誰にも向いているというわけには行かないと思いますが、とにかく、本を読め、というメッセージとして受け取ってもらえたら、と思います。

最初に、水野学というひとの『センスは知識からはじまる』という本を挙げましょう（[水野]）。水野さんは「くまもん」のキャラクター・デザインをした人で、慶應義塾大学の藤沢キャンパスで「センス」について授業をしています。「センス」というと、何か捉えどころがなくて、ただただ他人の「センス」のよさを、指をくわえながら眺めることが多いような感じになりますが、どうしてそういうことになるのか、というより、水野さんが、なぜ「センス」のよい人なのか、という、まあ、秘密が述べられています。水野さんは、まず、「センスのよさ」を定義して、

数値化できない事象のよし悪しを判断し、最適化する能力である

と言います。大事なことは、定義を与えることから出発していることで、議論が拠って立つべきところがきちんと決められていることです。もう一度繰り返しますと、

数値化できない事象のよし悪しを判断し、最適化する能力である

が「センスのよさ」の定義ですが、「数値化できない」ということは価値判断の基準が単純ではない、大小、長短、といったたった一つの性質に着目して一列に並べられるようなことが対象になっているわけではないことを意味します。そういうものごとの「よし悪し」を判断し、最適化するためには、「判断の基準」を用意しなければなりません。しかも、「センスのよさ」は自分だけの思い込みや自己満足では成り立ちません。「最適化」ということには、そういう意味が籠められていて、実際、何らかの客観性があるからこそ、「センスのよさ」が意味を持ってくるわけです。当然、客観性の評価に耐える「判断の基準」が必要になり、それは「普通」として、

> 普通こそ、「センスのいい／悪い」を図ることができる唯一の道具

と言います。ところが、「普通」を知るのは簡単なことではない、知識が要り、しかも、知識を不断に更新する、つまり、あらゆることに関心を持つことが大事というわけで、本の表題『センスは知識からはじまる』となるわけです。結局、「センスのよさ」は地道な努力の上に成り立つもので、

> センスの最大の敵は思い込みであり、主観性である

と注意して、

> 思い込みと主観による情報をいくら集めても、センスはよくならない
> 思い込みを捨てて客観情報を集めることこそ、センスをよくする大切な方法

だと言います。

「センス」が特に問われるのは、見本となるもの、モデルになるものが十分にないような新しい分野でのことのような気もしますが、ところが、その新しい分野なるもののごくごく一面を見ているだけでは、結局何もできないよ、と水野さんは警告しているわけです。基本的な構図、全体的なあり方といったものが見えないと、力の入れ方がおかしくなり、空回りをしてしまうわけです。何と言っても「センスのよさ」は人間的な魅力の大切な要素でもあります。こう考えると、この本も、皆さんに関係があることはわかるでしょう。この本は、附設の図書館にあります。

　もう一冊、山本貴光という人の『文体の科学』という本を紹介しましょう（『山本』）。山本貴光という人のことは、実は、わたくしは『文体の科学』の書評を読むまで全く知らなかったのですが、ゲーム作家、読書家として有名な人らしく、附設の図書館にも著書が入っています。この『文体の科学』というのも、すごい本で、わたくしは圧倒されました。中学生にはまだ難しいと思いますが、高校生諸君なら、文字通りの挑戦をしてみる価値はあるでしょう。自由なものの考え方ということがわかってくると思います。

そもそも「文体」とは何か、ということが最初に問われるべきことですが、山本さんは、冒頭で、

一、どうしてただ一つの文体ではなく、多様な文体があるのか。また、人はどのように多様な文体を使い分けているのか

二、文の姿かたちについて考える際、意味内容以外の要素を無視してしまってよいだろうか。その文章がどんな物質にどんな状態で表されているかということは、読み手になにかしらの影響を与えないだろうか

と問います。ビュフォンという18世紀のフランスの博物学者が「文（あるいは文体）は人なり」と言っており、山本さんもこの言葉を意識しながら、この本を書かれたわけですが、「文」あるいは「文体」が、「文学」や「文芸」といった人間の知的活動のごく一部に限られず、人間の知的表現を広く覆っている様態であるとして分析の対象になっており、それが大変面白いのです。広く解釈されると、こんなに視野が広がるということで、山本さんの「センスのよさ」が大変よくわかります。この本は、読書案内のような本でもあるのですが、皆さんのものの見方、考え方の自由度を増してくれると思います。この本も図書館にあります。

最後に、あと一冊挙げましょう。田島麻衣子という人の『世界で働く人になる』（〔田島〕）という本ですが、これはまだ図書館にはありません。「世界で働く」というわけですから、いわゆる「グローバル人材」の話かというと、確かに、田島さんは国連機関の職員として海外で働いておられますが、それが「世界で働く」という意味ではないことを丁寧に述べておられます。日本のよさ、日本人のよさ、つまり、魅力というものを分析し、それは「世界」で仕事をする上で大事な武器として通用する一方、日本人の欠点もきちんと指摘し克服の仕方を述べておられます。そうは言っても、やはり英語力は大事なので、実際に、海外の、しかも、国際機関で働くために培った英語の学習法を解説しています。それは大学入試を突破するためのものとは少々趣が異なるのですが、それにしても、大事なこと、基本的なことが示されています。

実は、この三冊目として、わたくしは三森ゆりかと

いう人の本を挙げようかどうしようか迷いました。三森さんの本は何冊か図書館にありますが、外国語に上達するためには、まず、日本語力を外国語上達に対応できるように鍛えなければならないという趣旨の本なのです。言語力は思考力でもありますので、母国語の力が基本になるという当たり前のことを実践的な形で述べている本ですが、ただ、田島さんの本の方が、キャリヤの話も含んでいるし、三森さんは帰国子女ですが田島さんはそうではないので、参考度が高いと思った次第です。

以上の本に限りません。皆さん自身で、図書館内を徘徊して、面白そうな本を見つけてください。水野さんの「センスのよさ」ではありませんが、皆さんは、まだまだ何も知らない、知識が足りません。それでは「センスのよさ」など望むべくもないと思いませんか。春休みに何冊も本を読んで、一回りも二回りも精神的に大きくなって、新しい学年を迎えましょう。

ここまで、ほぼ、わたくしの修了式のあいさつは終わりますが、最後に、残念な苦言。図書館の本は正しく扱いましょう。図書館の本は、今だけでなく、これからの附設生のためのものでもあります。無断での持ち出しや借りっぱなしはダメです。借りるときはきちんと手続きをして、期限内に返却してください。

これで本当に式辞は終わります。

21　2014年度中学校卒業式　＊日本語の使い方

皆さん、こんにちは。今日は、皆さんの附設中学校の卒業証書授与式です。皆さんは、今から丸3年前、平成24年4月に久留米大学附設中学校に入学し、この3年間、いろいろあったと思いますが、本日を迎えられました。保護者の皆様も感無量のことと推察申し上げます。おめでとうございます。

ただ、考えてみますと、附設は中高一貫校ですので、中学卒業ということが殊更の意味を持つわけでもないし、実際、多くの中高一貫校や中等教育学校では卒業式は高校卒業のときだけ行っております。わたくしとしては、附設中学校の卒業式も修了式に合流させてしまうのがよいのではないか、と考えており、実際、そのような提案を職員会議にしたこともあります。

しかし、長い伝統というものがあって、来年度からはともかく、今年の場合も、中学卒業式をしっかりと挙行しなければならない理由として、皆さんが中学最後の、そして、附設中高併せて唯一の男子学年だということが挙げられます。一方、今朝、今年度の修了式があり、中三の皆さんとすでに卒業した高三の諸君以外の、中一から高二の人たち相手に式辞を陳べました。修了式の式辞では、図書館を正しく利用してほしい、ということとの絡みで、三冊の本を紹介しました。つまり、水野学さんの『センスは知識からはじまる』、山本貴光さんの『文体の科学』、そして、田島麻衣子さんの『世界で働く人になる』です。

中三の諸君は今後も基本的に附設高校で学ぶわけですから、学校との縁が切れるわけではありません。そういう意味では、修了式の式辞を繰り返してもよさそうですが、中二の皆さんが列席しています。しかも、何日か前に修了式の式辞は、中一、中二の学年通信に載って配布されてしまっています。実際、修了式の最中、生徒たちがおとなしくしているかどうか、大分気を揉みましたが、皆さんの後輩諸君は大したものです。しっかりと聞いてくれました。

ともかく、そんなこともあって、ここでは、修了式の式辞でちょっと触れた三森ゆりかさんの本を四冊紹介したいと思います（[三森1]、[三森2]、[三森3]、[三森4]）。

三森さんの本に最初に気づいたのは、何年か前になりますが、『外国語を身につけるための日本語レッスン』でした。わたくしの感覚では、極めて当たり前のことが丁寧に書かれている、一言でまとめれば、日本人が一般に英語ができないのは実は日本語の使い方が上手ではないからだ、というわけで、英語と同じように日本語を使う訓練法が書いてあります。実は、三森さんは帰国子女で、中学高校に相当する期間をドイツで過し、その時に受けたドイツ語教育、つまり、ドイツ流に言えば、国語教育ですが、それを日本語の場合にしたらどうなるか、ということを、いわば、マニュアルの形に述べたのがこの本です。生徒の皆さん向けというよりは、保護者や先生向けと考えるべきかも知れません。

この本より、もっと凄いと思ったのは、『外国語で発想するための日本語レッスン』で、これは、絵画や景色などを含むいろいろな対象の分析的な記述、つまり、言語化の仕方が解説されています。さすがドイツ流と言いたいのは、この手法が体系化され、教育に取り入れられていることです。日本人でも、あの人はできる、とか、説明がわかりやすい、という印象を与える人の場合、自分で、あるいは、それまでの出会いが助けになって、この本で紹介されているような技術を身に付けていることが多いと思います。ただ、自前の開発は偏りがちだし、不足も多いことを思うと、やはり、さすがドイツ流ということかな、と思いますが、実は、以上のような、言語教育・母国語教育は、「言語技術教育」と言いますが、西欧圏の国々ではいずこも行われているのだそうです。

しかし、三森さんの主張や実践には批判もあるようで、『親子でできるコミュニケーション・スキルのトレーニング 論理的に考える力を引き出す』の第四章「二一世紀の日本の子供へ」という章では、三森さんのやり方は

> 「…子供の感受性を育てない。論理が破綻しているから子供の感受性は瑞々しい。無理矢理トレーニングをすると、非情緒的で無味乾燥な人間になる。論理的に思考する子供は理屈っぽくて、他人に嫌われたり、いじめに遭ったりするのではないか」

と批判を受けてきたとあります。三森さんは、家庭でも学校でも言語技術教育を受けてきた西欧の人には感受性はないのか、かれらは情緒的ではないのか、と答えるようにしているとあります。この返答は、いかにも西欧的ですが、やはり正しいので、わたくしなりに補足しますと、子供は大人のペットではない、ネコッ可愛がりをするのではなく、いずれは大人になるのですから、しっかりとした大人にするためには手間暇を惜しむべきではないということですし、さらに、三森さんが挙げておられる逸話からは、どうやら子供たちははるかにしたたかで、並みの西洋人や並みの日本人を超えたレベルで自然に振る舞えているようにも思われます。

皆さんからはまだ遠い将来のことのようですが、最後に、『大学生・社会人のための言語技術トレーニング』を挙げておきましょう。内容的には、上の三冊とかぶるところが多いのは当然ですが、非常に周到な教科書になっています。

わたくしにとって印象深かったのは、スキル・トレ

ーニングの章の一節「説明」に現れる「空間配列」の話で、「空間配列」とは、文字通り、「空間の配列」なのですが、そこに、フランス共和国の国旗の説明をせよという例題が載っています。要点は、その説明を聞いて国旗が再現できるか、ということですが、コミュニケーションの際に、説明なしでも共通に了解できているはずのことの確認が先行していないと、実は、コミュニケーションが成り立たないということがわかります。

以上の四冊は、まだ登録が済んでいないものもありますが、いずれも図書館にあります。

大分長くなりましたので、わたくしの式辞は、そろそろ終わりです。修了式の際にも述べたことですが、残念な苦言。図書館の本は正しく扱いましょう。図書館の本は、今だけでなく、これからの附設生のためのものでもあります。無断での持ち出しや借りっぱなしはダメです。借りるときはきちんと手続きをして、期限内に返却してください。

このことを踏まえて、図書館を大いに利用し、有意義な高校生活をおくってください。

本日は、おめでとうございました。

以上で、わたくしの式辞は終わります。

22　２０１５年度始業式　＊自分の将来像

皆さん、おはようございます。新しい学年度が始まりました。午後からは、入学式があり、新しい仲間が学校に加わります。中学二年生、高校二年生の皆さんは、１年前を振り返って、一瞬ですが、感傷を覚えるかもしれませんが、皆さんはまだまだ若い、前に向かって進むしかありません。

さて、皆さん一人ひとりの新年度を迎えての「感慨」というか「決意」ですが、何か今年度の抱負というか、テーマがありますか。大きいテーマ、小さいテーマ、長いテーマ、短いテーマ、いろいろありますが、何というのかな、積み上げ式のテーマ、天下り式のテーマ、というのもありましょう。去年も似たようなことを言っているので、覚えている人もいるかも知れませんが、こんなことを言いました。

皆さん一人ひとり、心の中で、今年度中に実現すべきことをはっきりと意識すること、そして、そのためになすべきことを、できるだけ具体的に見積もることはとても大事だと考えています。その実現したいことが、ぽつんと孤立している、あるいは、その場限りのものというのでは、それは本物ではありません。みなさんには、今年度の抱負を、みなさんそれぞれが紡いでいく物語、ストーリーとも言いますが、その中に組みこんで、意識するようにしてほしいと思います。

昨年は、さらに、いくつかの具体的なヒントを述べましたが、大事なことは、皆さん一人ひとりが将来の自分にどのくらいの人格的なスケールを期しているか、将来の自分の人間像というべきものを思い描こうとすることです。ただし、それには、さまざまな生き方についてい漠然とはしていてもある程度のことを知らなければなりません。つまり、見たり、聴いたり、要するに、見聞を広めることは欠かせません。

当然ながら、何も知らないまま、人に言われるままに描いていたつもりの将来像は、他のことを知れば知るほど、いろいろと揺れるものなのですが、そうこうしているうちに、自分の、自分自身の理想像としての、将来像がしっかりと見えてくるはずです。

しかし、目指すところがなければ、進みようがありませんよね。今は、見聞を広めることも含めて、そういう将来像に向かっての第一歩を踏み出そうとしているところ、あるいは、もう踏み出したばかりのところかも知れません。

皆さんが、それぞれ、自負というか、自分の思いにふさわしい、そういう力を養うために、今年度は何をすべきか、そういうことを心に秘めながら、有意義な一年を過してくださることを期待しています。

23　2015年度修了式　＊日本の静止

みなさん、おはようございます。今日で、今年度の授業は終わり、明日から春休みに入ります。春休みは結構長くて3週間近くもあります。忙しい附設生の生活では、なかなか得られない大事な時間です。もっとも高校生諸君は4月末の学園祭の準備で慌ただしいでしょうが、それでも空き時間はあるはずです。大事に使ってください。4月からの新学年を大いにスケール・アップして迎えたいものです。

皆さんは、まさに今、知的にも大化けする大事な時期にあります。これは意識しようとしまいと否応なしのことではありますが、自覚しているかどうかで大違いのことになります。特に、高校生諸君のように、将来の進路が絞られて来ているのなら、その方面に詳しい先輩や、知人、先生、そういう人たちに話を聞きに行ったり、専門書を紹介してもらったり、講演会や展示会などに積極的に顔を出したりすることを考えましょう。

さて、今年1年を振り返ってみると、64回生の先輩諸君は、大学入試成績では大いに頑張ってくれました。まだ待たなければならない人たちもいますが、63回生を中心とする先輩諸君も1年間の頑張りの成果を見せてくれたと思います。在学中から頑張っていればよかったと述懐していた人もいましたが。いずれにせよ、この1年間、附設は、例年のように、先生たちと生徒諸君の「麗しき協同」のもとで、学業でも、部活動その他の生徒活動でも、立派な成果を挙げて来ました。全く何事も起らなかったとは言えないかもしれませんが、まあ、全体としては平穏無事に過ぎたと言えるでしょう。

しかし、一旦学校の外を見まわすと、皆さんは、大変な時代に生きているということに気づかないわけにはいきません。まず、遠い話のようではありましたが致死率の高いエボラ熱の大流行、一方、身近にもいる「ヒトスジシマカ」が媒介するデング熱やジカ熱という、地球の狭さを実感させる感染症の伝播や流行も話題になりました。これは世界規模の人間の大移動の危惧すべき側面ですが、背景には、ここ四半世紀にわたる世界経済の拡大があります。

四半世紀余り前のいわゆる「冷戦の終結」にともなって生じた世界現象を振り返ると、第二次大戦後の秩序が崩壊し、米国中心の新たな秩序に収束するかと見えたものの、米国が強く関わった、中東情勢の激変や世界金融の混乱などが続き、一方、経済拡大はＢＲＩＣＳと言われた新興国や資源国の台頭を招き、中でも、中国が一頭地を抜きました。日本はと言うと、今からまさしく四半世紀前に、ほんの一瞬だけ、世界経済の主導的な位置に加わろうとしたことがあったと思われますが、いわゆるバブル崩壊によって経済規模は縮小を続け、結局は、俗に言う「失われた＊十年」、「10」が「20」年になり、……、いまだに、経済が拡大に転じたとは言い難い状態です。

以上は、非常に荒っぽい現代世界史の描写です。余り注意されていませんが、極めて簡単な事実として、日本がここ四半世紀の世界の変化に主体的な関与をして来なかったということがわかります。いわゆる冷戦終結後の世界の変化を日本（の社会）は体感することができなかったとも言えましょう。要するに、四半世紀前のほんの一瞬、世界の情勢変化に辛うじて関わったのですが、そのとき以来、日本の時間は（世界的には）ほぼ静止したままになっているようです。その結果、日本は、現在の世界の混乱が今後どのように推移し、どのような方向に収束して行くのかを的確に見通すことができず、したがって、日本の将来の理想的な形や位置づけをはっきりと設計できないまま、途方に暮れているのに近いと、日本の現状は、こういう風になってしまったようです

世界を見渡すと、中近東では、イラク崩壊以来、大混乱が続いており、ＩＳ、クルド、シリア内戦、シリア難民の大量発生、ＥＵの混乱など、ロシアを含め、不安定要因は枚挙に暇がありません。一方、中国は、この四半世紀の世界経済拡大の重要な因子であり、高い経済成長の継続でいずれは米国を抜くかもしれないと言われ、今や、世界の新しい「華夷秩序」化への志向を全く隠そうとはしません。日本を含めた東アジアだけでも、この方向性が歓迎されているかというと明らかではありません。これら諸々は、どれもが安定した「世界秩序」なるものへの収束が当面見込めないということを意味しています。

こんな話を続けても仕方がないわけですが、学校の外はこうなっていると言えるでしょう。わたくしが敢えて、こういう話をしたのは、皆さんに何か意見を持てとか、行動をせよ、ということでは全くありません。むしろ、できるだけ、そういうことを今は避けてほしいと、こう思っています。しかし、われわれが生きている世界というものには強い関心を持ち続けてほしい、何が事実かの判断力は身に付けてほしい、その上で、いろいろな現象の背後をしっかりと見てほしいし、動いていく方向について想像をたくましくしてほしい、と、こうも思っています。もちろん、ひたすら流されるだけではなく、自分たちの主体性というべきものを活かして行くためには、何をし、何をしていけないか、そういうことも、この春休みを機会に、そろそろ考え始めてほしい、という気持ちもあります。

いろいろと大変ですが、春休みをしっかりと過ごして、また、元気な顔を４月の始業式でみせてください。

24　2015年度中学校卒業式＊人工知能（AI）

皆様、こんにちは。久留米大学附設中学校最初の共学学年の皆さんは、本日、卒業式を迎えました。本校は、中高一貫校でもありますので、皆さんにとっては、この卒業式は、終業式同様の通過点ではありますが、保護者の皆様には、お子様の成長の重要な結節点を超えたことでもあり、さぞや感慨の深いものがおありだろうと存じます。本日は、大変おめでとうございました。

中学の3年間は、一般に、児童から青年に変わって行く一番変化の激しい時期です。当時者である皆さん生徒諸君も大変だったと思いますが、傍で見守っている保護者の方々はもちろん、学年担任団の先生方も、皆さんが想像できないほど、皆さんのために力を尽くして来られました。その上、皆さんの学年は附設中学始まって以来の共学の学年ということで、男子だけのときとの違いに、戸惑うことも少なくはありませんでした。そういう意味で、今日の中学卒業式は、わたくしたち学校側の教職員にとっても非常に感慨が深いものがあります。

今や、卒業生の皆さんに強く期待することは、これからますます研鑽を積み、どんどんと成長を続け、立派な人生を実現してくださることであると言えましょう。

ところで、皆さんを待っているのはどんな世界でしょうか。最近話題になったのは、AlphaGo という人工知能が韓国のイ・セドル（Lee Sedol）九段との囲碁対局で圧勝したことです。

人工知能の進歩は目覚ましく、特に、「深層学習（ディープラーニング）」という、まあ、その、階層性を高めてもフィード・バックされる情報の劣化を抑えるというような原理が開発されて、それまでは人間にしかできないと考えられていた、何というか、現象についての「特徴量」の取り出し、というか「概念」の構成を、プログラムだけで人間が手伝わなくてもできるようになりました。このことが人工知能（AI）の急速な進歩を牽引しているようです。

ともかく、こういうようなことが、松尾豊さんの『人工知能は人間を超えるか　ディープラーニングの先にあるもの』という、昨年、角川Ｅｐｕｂ選書の一冊として、出版された本に書いてあります（［松尾］）。人工知能のように、日進月歩では到底形容できないような開発速度の分野では、解説書がすぐに陳腐化するのは避けられません。しかし、松尾さんの本は、人工知能というものの開発の歴史から始まっており、重要なブレーク・スルーの意味が丁寧に論じられ、特に、「深層学習」の原理についての要領のよい説明が印象的で、簡単には陳腐化しないでしょう。

　特に、この本で重要なのは、ＡＩの開発という技術的な話題だけでなく、ＡＩ技術の開発を主導して行くことが未来の日本の少なくとも知的な独立の条件であることを指摘していることです。細かい話ですが、実は、ハードでもソフトでも、もっとも基本的なところの発想は、日本の技術者・科学者にもありました。しかし、戦略観を欠いていたために、個別的・限定的な開発に留まって、結局は、体系性のあるインテルやマイクロソフト、グーグルなどに、今や全面的に頼らなければならなくなったというのが日本の状況です。これを市場性だけでとらえるのは間違いで、実際、松尾さんが社会的・文化的な文脈で理解できていることがわかります。ちなみにこのようなことは、日本文化の本質に関わる非常に深刻な課題だと、わたくしは思っていますが、こういう場では到底論じられません。なお、松尾さんの本は、附設の図書館にあります。

　ともかく、皆さんはやがて「人工知能」と何らかの形で出合うでしょう。囲碁やゲームは、ＡＩのフィールドとしては、むしろマイナーなので、やはり、「支配」が重要なキーワードであると思います。30年前の映画「ターミネーター」は「人工知能スカイネット」が人間を支配する近未来（２０２９年！）が前提になっていますが、「人間」の作り出した「人工知能」が自分の能力を超える「人工知能」を自ら生み出せるようになることが、まず、なければならないわけで、その時点を「シンギュラリティ」と言います。

「シンギュラリティ」のアイデアそのものは粗雑極まりないと思いますが、しかし、部分的に人間の能力を大幅に凌駕している、「コンピュータ」制御の機械類は現在でも山ほどあります。さらに、最近は、ＩｏＴと称する、流通やら管理やらの体系全体で「コンピュータ」を実質的に構成するような、そういうシステムの構築も進んでいます。インダストリ４・０とか、スマート工場とか言うわけですが、さらに進めば、「人工知能」そのものが未完であっても、ごく少数の「人間集団」による世界全体の支配の可能性も出てくるのではないでしょうか。そして、この方が「スカイネット」のようなものより蓋然性が高いかも知れません。してみると、技術や知識の拡大は、人類全体の幸福に資するものであってほしいけれど、単に、役立つことだけを考えていたり、面白がっていたりするだけでは、どうもアブナイことがあるように思います。

面白そうだったけれど、アブナイ話であった、という典型は、ＳＴＡＰ細胞の話題でしたが、ｉＰＳ細胞なら、全くアブナクないのでしょうか。ｉＰＳ細胞は、基本的に、患者の体細胞に適切な四種の遺伝子を加えて造られた分化万能細胞ですが、これにより、再生医療の可能性が広がったわけで、多くの患者にとって大変な福音のように思われます。もちろん、現状では、ｉＰＳ細胞を利用した臨床医療は、まだ、確立したとは言えないでしょうが、方向性としては大きな期待が寄せられているのは当然でありましょう。

しかし、ｉＰＳ細胞は、いわば、遺伝子による体細胞の編集のような側面があり、わたくしなどは、この細胞の初期化のプロセスというか、細胞の分化や初期化のアルゴリズム構造に関心があります。実際、ｉＰＳ細胞の話題は、医学、生物学、化学、情報科学、数学の交差点のごく近くに位置していると思います。分子レベルになりますと、生物学や生化学、また、そこで起きているプロセスの解明には、さらに、情報科学や数学が強く関わって来るでしょう。細胞レベルでは、医学だけでなく、畜産学なども関係してきます。問題は、課題が細分化され、対象が要素化され、医学から離れて来ると、倫理的な縛りが希薄になり、数学などというと興味本位にしか聞こえないことだと思います。

ところが、それぞれのレベルで得られた知見や技術は、結局は、人間の細胞の場合にも適用可能になりますから、そのとき、深刻な倫理的な問題が表れ出てきます。こういう指摘は、もともと、わたくしは全く気付かずにいたことなのですが、一旦気付いてみると、やはり大変なことだと思います。要するに、どんな話も基本的にはアブナイと思うべきなのでしょうが、アブナそうなことでも直面しなければならない場合は少なくありません。

島薗進さんの『いのちを〝つくって〟もいいですか』（［島薗］）という本があります。島薗さんは、宗教学者で、いのちの始まりの生命倫理や死生観について論じて来られました。この本にもそういう話題はあります。「いのち」の捉え方に、キリスト教やイスラム教など一神教世界のものと、日本のアニミズム的な生命観には基本的な違いがあること、歴史的あるいは社会的な事情が加わっていることが注意され、加えて、本来なら、現代の世界を構成しているそれぞれの文化にふさわしい生命観についての理解を深める総合的な議論があるべきなのだが、医療の進歩の方が先行していて、倫理的には適当ではないことが多数起きてしまっている、という指摘もあります。折りがあったら、ぜひ、この本に目を通してください。附設の図書館に入れてあります。

特に、島薗さんは、ブッシュ（父）大統領の諮問下での総合的な審議会報告をまとめたレオン・R・カス医師の『生命操作は人を幸せにするのか』（［カス］）を、欧米の生命観と日本のものとの違いを示すために、引用されています。わたくしは、この式辞の準備の段階ではカス医師の本に目を通すことができませんでしたが、図書館には入れておきました。なお、島薗さんの本に関連して、わたくしは、小倉紀蔵さんの『新しい論語』（［小倉2］）も思い出します。他にも、池田晶子さんの『死とは何か　さて死んだのは誰なのか』（［池田］）など、いろいろあります。詳しくは紹介できませんが、島薗さんのおっしゃる日本独特の生命観を推し量る助けにはなると思います。アブナサと闘うためにも、こういった本に目を通しておきましょう。

以上、長々と式辞らしからぬお話をお聞かせしました。よく聞いてくださったと思います。

本日は本当におめでとうございました。これからも頑張ってください。

25　２０１６年度始業式　＊大きな物語　2

皆さん、おはようございます。今日から新しい学年が始まりました。春休みはいかがでしたか。決まり文句のようではありますが、有意義に過ごせましたか?

ここにいる皆さんは、附設で少なくとも1年過ごしてきたわけですから、前の学年でのうまくなかったなというところは修正し、よかったところは一層伸ばしていこうと、決意を新たにしていると思います。始業式には、まあ、出陣式のような意味合いもありますから、ここで、みんなで拳を振り上げ、「今年もがんばるぞ！」と声を合せれば、式としては終わってしまうようですが、せっかくの機会ですから、最近思ったことを一言。実は、今日の午後、入学式があります。式辞を用意しなければならなかったわけですが、さて、何について話そうか、いろいろと思いつくことがあって、大変悩みました。

ただ、悩んだり、迷ったりすることは、誰にでもあるわけだし、皆さんにも当然いろいろとあると思います。しかし、悩んだり、迷ったりの渦中にあるわけではなくても、少し離れて、そもそも「悩む」とはどういうことか、「迷う」とはどういう「営為」であるか、と分析しておくことも大事かもしれません。皆さんも分析を試みてみてください。

さて、入学式では、新入生の皆さんに、それぞれの「大きな物語」を紡ぎだしてほしいと言うつもりですが、その背景の一部を、ここで、皆さんだけにはお伝えしましょう。

実は、「大きな物語」という言葉は、少し前のベストセラー「ハーバード白熱日本史教室」の著者の北川智子さんの語法を参考にしました（「北川」）。北川さんが国連日本代表部で働いていたときの話の中で、一般的な価値観、大局観、戦略観を示唆する歴史記述、これを北川さんは「大きな物語」と言うのですが、それが日本にはないという指摘をしています。

この指摘は外交問題に限定されず、今の日本の状況をかなり言い表しているように、わたくしは思います。「大きな物語」がないということは、それこそ、言い訳は山のようにあるようですが、責任ある判断ができないということ、結局は、偏屈であり、卑屈であり、どこかしら、卑怯なことを意味しているように思います。

入学式の式辞（付録A第17節）では、「大きな物語」が書けるかどうかは、物の見方において、いかに適正な文脈に嵌め込められるか、また、統合された大きな文脈を見つけられるかが鍵になり、その際、建学の趣旨や校歌の三番に裏打ちされた「志というべきもの」が重要だと言うつもりです。実際、さればこそ、物事に対する判断を意義の理解を欠いたまま、その時どきの風潮や流行、つまり、他人に委ねてしまうというようなことが起きるはずはありません。

皆さんには、基本をつかみ、基礎力を備え、そして、風潮や流行から自由であって、しかし、責任をもって（あるいは覚悟を伴った）的確な判断を下せるようになってほしいと思っています。

今学期、いや、附設在籍時に、留まらない課題ですが、よろしくお願いします。

26　２０１６年度修了式　＊世界史的な文脈

皆さん、おはようございます。

ご承知だと思いますが、わたくしが皆さん相手に式辞を述べるのは本日が最後ということになります。しかし、3学期最後の日は、毎年、修了式と中学卒業式とが同時に挙行されるので、式辞を二つ用意しなければならないという事情は変わりません。ここ数年は、意識して中学卒業式の式辞を簡略化して、修了式の方を一生懸命考えるようにしてきましたが、今回は、皆さんにとっては迷惑かもしれないけれど、両方とも頑張ってみるかというところが、特別なのかもしれません。

さて、わたくしが附設に校長として赴任したのは、今から九年前、平成20（２００８）年4月で、その時の校舎は、その面影だけが事務室前のテンペラ画に残っているだけで、もうありません。今の高一学年の皆さんが中一だった時から今の校舎を使っているのですが、確か、高二の諸君も古い校舎は知らないと思います。

今の校舎は、もともとあった古い建物を壊してから建て替えたものです。建物の取り壊しの様子は、なかなか感動的でした。建物は壊されながら、昔の姿を瞬間ごとに露にするのです。つい昨日まで見せていた姿が、実は、その建物が40年間をかけて刻んできた命の現れに他ならない、つまり、建物というのも生き物なんだ、という感じがしましたが、同時に、今のキャンパス、野中ですが、ここに移転してきたときの学校関係者の熱気が一瞬甦ってきたような気になりました。

古い校舎が壊されて新しい校舎が建ちあがるまでには少し時間が必要でした。その移行期間のための準備も結構大変な作業ではあったのですが、今や、ほとんど思い出せません。そして、間もなく、古い校舎を片鱗だけでも知っているという人は長老の先生たちだけとなってしまうだろうと思うと、不思議です。

わたくしたちは、かつての校舎の命を奪ったのではない、進化・変身させたのだと胸を張って言えるようでなければならないな、と思います。今の校舎も、すでに自分の生き方をしているわけなのですが、これからの何十年かの建物の一生を立派におくることができるよう、皆さんの頑張りを期待しています。

ところで、この3月一杯で附設校長を退任することは前々から決まっていましたから、少し前から、わたくしの9年間を含め、附設の歴史を振り返ってみようかという試みをしてきました。とは言っても、わたくしは附設の卒業生ではないし、また、この地域で育ったわけでもありません。附設が第1回生の入学式をしたのが昭和25（1950）年、わたくしはそのとき、神奈川県の横須賀市にあった私立の小学校二年生になったばかりでした。

それでも、敢えて言うなら、附設の誕生から今日までの67年間は、わたくしに物心らしいものが付いてからの時期と重なりますから、それなりの実感を持ちながら、この時代を振り返ることができます。しかも、この間、何回か海外で暮らしてもいますし、わたくしが育ってきた道筋には、いつも何らかの形で外国人がいましたから、何というか、国内事情だけでの振り返りをするわけにも行かないところはあります。

こんなわけで、附設の歴史を概ね戦後70年の世界史の文脈に埋め込んでみようか、という乱暴なことをしてみました。相当に無理のある作業ではありましたが、やってみて改めて得心が行ったこともあります。特に、時代の変わり目を読むことや政策のタイミングを図ることの難しさなどを感じましたが、ここでは詳しいことは省かせてください。

しかし、自分自身と関わりが深い組織・機関に対して、やや中立的な立ち位置を取るように努めながら、その組織・機関の振舞いを、できるだけ大きな、例えば、世界史的な文脈で観察を試みるということは、意外と面白いものだと思いました。皆さんも将来管理職の端くれになる頃には、似たようなことを試みてみられたらよいと思います。ただし、その結果として、ものが見えるようになってしまうかもしれませんが、それは必ずしも幸せになることを約束するわけではないかも知れないということも言っておかなければなりません。

ただ、こういう作業をしてみると、近年の世界史ではものすごく大きな変化の芽が１９８０年代から１９９０年代にあったことがわかります。具体的には、世界を仕切っている技術の面での革新ですが、インターネット技術の民生化、汎用化が急激に進みだしたのがこの時期なのです。ところが、日本は、この時期、それ以前の、つまり、世代的には、成熟した技術の延長上で、繁栄を謳歌していました。そのために、今言ったばかりの時代の変わり目というものを的確に読むことができなかったように思います。１９９０年代から引き続く「失われた＊十年」と言われる日本の困難の本質は、世界史の観点での時代の変わり目を読むことができず、国内的な状況にのみ不調の原因を求めて来たために、結果として、やや見当違いな対策しか講ずることができずに傷を深めてしまったからかもしれないと思います。こう言い切るのは大げさでしょうか？

どうしてこんなことになっているのか。答えが簡単にわかるようであれば苦労はないわけですが、わたくしが密かに疑っている要因としては、日本の教育環境の劣化も挙げられるでしょう。

教育環境の劣化とは、こういうことを皆さんの前で述べるのは非常に悩ましいのですが、二つあって、第一に、あまりにも視野が狭くなっているということを挙げましょう。そして、第二に、取りあえずの結果にたどりつくことを急ぎすぎているように思います。つまり、狭くて浅いのではないか、ということです。

多分、大人が我慢できないからなのでしょうが、子どもたちの目でなければ見えてこない何かしら新しいことがあっても、こうばたばたしては、そういうものを見つける力が育ちにくいのではないでしょうか。皆さんは例外であってほしいけれども、やはり時代の子でもあります。皆さんの成長は、一応の学校教育を終えた後は、自己研鑽を積んでいく形になりますが、狭くて浅いという弱点があるかも知れないと意識しておくことは大事だろうと思います。

ところで、高校には「文理分け」という習慣があります。これは入学試験対策が目的の習慣ではありますが、その先には、文系的職業や理系的職業という区分けがあって、職業選択の第一歩のようにも考えられていると思います。そして、現実には、該当する教科の出来不出来によって決まってしまうものかもしれません。

しかし、この文理分けの習慣には、もっと長い人生を考えると非常に危険な要素が潜んでいます。例えば、文理分けで、理系を選択したら、もう文系の教科が要らなくなる、あるいは、軽く扱っていいということではないのです。むしろ、これは技術的な理由で已むを得ず設けられている習慣で、理系的職業向けの大学学部の入学試験でいわゆる理系科目の配点が重く、また、競争も厳しいという現実への適応ですが、しかし、理系的職業では文系的な素養が要らないかというと、理系的な知識技能はルーティン化していて、むしろ深い文系的な素養なしでは下せないような重要な判断に遭遇して悩むことが多いかもしれません。文系的職業ではどうかと言えば、統計資料と格闘したり、理系素養なしでは詳細に踏み込めないような技術情報の価値を評価したり、と、理系センスが欠かせないのが普通だと思います。

要するに、人生には文理分けということはなく、素養の偏りは、ともすれば周辺に混乱を起こすものであり、われわれの附設が強調している「為他の気概」の発揮とは程遠いものということになります。しかも、ここで言う文とか理というのは、知識というよりもセンスのことなので、いずれについても、自己研鑽を含めて、若い時にしかるべき手ほどきを受けるということが大事なのです。

文系的と考えられる感覚で、特に、重要なのは、歴史観だと思います。それは文脈を重んずることであり、済んでしまったことについては不明を恥じても悔いはしないという達観とともに、そう言い切る以上は、ことにあたって出来得る限りの努力をするということを意味します。もちろん、文脈としては、できるだけ、広いこと、例えば、世界史を前提にして日本史も考えようということでしょう。年号など細かいこともさることながら、その時どきの当事者の判断やその根拠を論ずることが大事だと思います。先に挙げた戦後史はもちろん、幕末以来どころか、おそらく16世紀以降の日本史はこの意味での世界史の文脈に落とし込まないといけなかったのに、それをして来なかったことが近代日本の不幸を招いたのかもしれません。

一方、理系とされる感覚で一番重要なのは何かというと、これは難しいのですが、（数学者としては自己否定めいて聞こえるとは言え）具体的なものに即していなければならないことだと思います。しかも、現象について受け入れるだけでなく、現象の背後に論理があるということが実感できること、そして、その論理を探ろうとする感覚や態度が身についているということが大事なのではないでしょうか。特に、理系教科は、教科書の内容の更新が早く、よほどしっかりとしたセンスを身につけないと、右往左往するだけになってしまいますから、文理分け以前に、実験やフィールドワークによって、身体に感覚を植えつけることが大事だと思います。もっとも、どんな教科でも身体全体で学ぶという態度は重要ですが。

さて、何の話をしていたかというと、日本は1980年代から1990年代にかけての世界史の潮目の変化を読み取れなかった、それというのも、以前から教育の面で安易な手抜きをやってきたからだ、そして、附設はその例外であってほしいが、果たしてそう言い切れるのだろうか、という話をしていました。お前は九年も校長をやってきて、何と無責任な、と、皆さんは思うでしょう。しかし、世の中には附設だけがあるわけではありません。そういう中で、われわれは相応の位置を占めたいし、皆さんには、魅力的な人格を作り、しっかりとした人生をおくって、世の中を一層よくすることに貢献してほしいと考えています。

附設は、世間と協調し、また、ときに闘わなければなりませんが、システムとしては、生徒の皆さんに、できるだけ有利な条件の進路が実現できるよう、そんな風に設計されています。しかし、皆さんは、それに寄りかかりすぎてはいけません。何よりも、皆さん自身が、よく考えて、しっかりと自分を鍛えていくことが、やはり、何よりも大切だと、こうわたくしは申し上げたいのです。

春休みは、気候もよく、つぼみが開き、花が咲き、そこにいるだけで楽しく、そして、いろいろなことが一斉に起きる時節です。4月からの充実した1年を期待しています。

27　2016年度中学校卒業式＊「文化」の疎外

皆さん、こんにちは。

本日は、皆さんの久留米大学附設中学校の卒業証書授与式です。毎年、3月は、最初に高校卒業式があり、ほぼ3週間後とは言え、修了式と中学卒業式とがあり、しかも、対象は皆違うようだけれど、高校卒業式では高二、中学卒業式では中二が、それぞれ、修了式と重なりますから、式辞は、少なくとも体裁が違うものを三篇用意しなければなりません。

この中でも、実は、中学卒業式の式辞が一番難しいのです。皆さんは、いわば、「附設中学生の飴」と称するものを百個ぐらいもらって、附設中46回生から附設高68回生に「進化」するようなものですが、しかし、原則として、附設ワールドから出ていくわけではないとすると、どういう趣旨のメッセージがふさわしいのか、悩ましい点があります。本来は、修了式がそうであるように、「星の砂」をいっぱいもらって「強化」を図るというのが正しいのではないか、と悩むわけです。[6]

さて、わたくしは、先ほど、退任式というある種の卒業式を終えたばかりというタイミングで、こうして皆さんの前に立っているわけですから、これがわたくしにとって、正真正銘、附設での最後の式辞になります。

そこで、先日の高校卒業式や先ほどの修了式の式辞についても、触れておきましょう。

高校卒業式の式辞では、現代について、言葉の遊びのように聞こえるかもしれませんが、「文明」的側面と「文化」的側面という二面性に注意しました。ここで、「文明」と「文化」の使い分けですが、「文明」を機能、技術に重点のある活動に関わるものとし、「文化」を情緒、感情に重きを置いた人間の成果としてみました。

その上で、「文明」の立場からは今や地球全体がほぼ一体化し、世界の一様化が進んでいるが、本来個別的であるべき「文化」についても、「文明」の一様化を推し進めてきた、主に、「英米型文化」を目指す形で、一様化が進んでいるようだと述べました。

しかし、「文化」は、情緒や感情に重きを置いた人間活動に基づきますから、どの「文化」も、担い手は人間そのものであり、人間の手の行き届いた具体的な形として表されるものです。しかし、「文明」は働きであって、具体的な人間よりも抽象度が高いので、人間の管理に服していなければならないというものではないことを注意しました。

6　後年のための注釈。「飴」や「砂」は、ゲーム Pokémon-Go のアイテムである。

したがって、現代とは、この意味での「文明」とおのおの「文化」との関係にある矛盾が表面化しつつある時代ということになります。

ちなみに、皆さんには生意気な高校生になってほしいので、「疎外」という難しい言葉を使ってみましょう。「疎外」、alienation、は、本来、マルキシズムの言葉で、したがって、こういう文脈で使うのは正しくはないかもしれませんが、より一般的には、いろいろな社会的な矛盾によって人格の完全な達成が不可能になっているという意味でも使われます。そこで、生意気な皆さんは、現代とは、「文明」の一様化・一体化によって、個々の「文化」は疎外されていると判断することができるでしょう。しかし、このような状態を放置しておくことは出来ませんので、「文明」と個々の「文化」との折り合い、というか、調和の道を探らなければなりません。「疎外」という言葉を使ったからと言って「革命」で解決だということではありません。問題は、解決を探るべき方向です。

高校卒業式の式辞では、解決のためには、「文明」の一体化に抵抗して「文明」を個々の「文化」の縄張りに閉じ込めようという、「過去への回顧」に基づくのではなくて、「文明」の一体化を受け入れた上で個々の「文化」がそれぞれの核心となる特徴を「文明」や他の「文化」との調和を図りながら、つまり、「未来への展望」を提案する形に変身させていくしかないのではないか、そして、卒業生の皆さんは、自分たちの「文化」、つまり、「日本の文化」ですが、それを大事にしながら、こういう作業をしてほしい、というようなことを言ったわけです。国粋主義ではなくて、「文化」の相対主義の主張ですが、自分たちが慣れ親しんでいるはずのものをよく承知することで、初めて世界に貢献できるだろうということのつもりです。

一方、先ほどの修了式では、いろいろなことを言いましたが、日本の近代教育が、「文理分け」に象徴されるような、狭くて浅い安易な形をよしとしているために、基礎技術の変化を見逃してしまったのではないか、に、1980年代末頃の「文明」の転換点、要するにこのことが近年の日本の苦境の原因ではないのか、と言いました。

儀式の場が違うとは言え、「文化」とか「文明」という高踏的な話題から、突如「文理分け」という、皆さんにとって、まあ、身近な話題を取り上げたようにみえるでしょう。しかし、高校卒業式の式辞で、「文明」と「文化」に通例とは違う意味を込めて使い分けてみたわけですから、「文」とか「理」についても、同じように考え直してみるべきではないか、と思いませんか。

「文」とか「理」とは、そもそもどういうことなのか、そういうことを考えもせずに、授業科目の分類だけで「文理分け」に突っ走ってしまってよかったのかと反省しなくていいのか、ということなのですが……。

　原則論で言うならば、そこまで考えなくても、つまり、何も改めて問いかけなくても、そもそも偏ったことしかやらないというのは、本当は、やっぱりまずいだろうと、誰でも思うのではないでしょうか。実は、わたくしもそう思っていました。

　ところで、いろいろ考えなおすと、「文」とは人間の考えたこと、感じたことに関わり、「理」とは人間が働きかけようとすることに関わることと、大雑把ですが、まとめてもよいのではないかと思います。なお、修了式では、もう少し詳しく申し上げました。

　すると、高校卒業式の式辞との関係では、「文」とは「文化」であり、「理」とは「文明」と思うことができるでしょう。ここまで原理的に考えると、「文理分け」には、大学入試や資格試験などのための便法として大いに同情の余地は認められるものの、非常に深い意味では、不自然なことですから、決して好ましくはないことがわかりましょう。要するに、「文理分け」には重大な副作用があることを承知し、しかるべき道に進んでからの自己研鑽の際には注意しましょう、と、まあ、これは最低限の心がけということになります。

　ところが、現実には、基本あるいは基礎というべきところを押さえていないと、理系的訓練を受けて来ただけの人が文系的な素養を身に付けるのは難しいし、一方、理系的な素養というのは、どんな場合でも、技術的な感覚なしのままでは、わかった気がする以上にはなりません。つまり、文系的な訓練だけの人はなかなか理系素養を深めることができません。その上、「文」とか「理」と言っても、その内容は時とともに常に変わっていて、誰であれ、ある一人の人間が、すべてにわたって最新の状況を承知しているというようなことはありえません。

　しかし、大事なことは、身に付けている知識、技能、素養がそれぞれに異なっていても、お互いに共鳴することができるという状況が成り立つことなのです。なぜ？　そういうことがないときのことを想像してみてごらんなさい。

皆さんには実感として早すぎると思いますが、時間は意外と早く経つものです。「文明」とか「文化」とかいうような話題は、何か大上段に構えているようですが、これらは注意されないと気づかないものです。ものごとには最初に出会った時は感じ方さえわからないというものもあります。突然ですが、例えば、わたくし自身の経験では、札幌で最初に過ごした冬には寒かったという記憶がありません。雪は多かったし、零下十度を下回る日も少なくはなかったのです。ただ、わたくしは寒さを感じることを知らなかったということでしたが、今から思えば、寒さを感じられないということは、とても危険なことでした。

要するに、自分が慣れ親しんでいるものは、限られた環境でしか通用しないかもしれない、知らないところでは今までの知識や経験は役に立たないかもしれない、新しい場面で重要とされていることは身についていないかも知れない、と、深刻に思い、日ごろから未知との遭遇に自分を鍛えておこうとすることは、とても大切だと思います。

「文理分け」の習慣に流されっぱなしということは、未知への恐怖しかもたらしません。現代における「文明」と「文化」の関係において、「文明」が一様化・一体化するのは技術や機能の本質ですから、これは避けることはできませんが、「文化」の一様化は、これは人間という存在を一様化・単調化させることにもなるので好ましいことではありません。

そこで、先ほどの課題、「文明」と「文化」との間の矛盾を解決するには、どうすべきか、という話ですが、ヒントは、この辺にあるでしょう。つまり、未知のものを怖がらずに、味わうというか、よく知ろうとすることが、基本です。一回出合っただけでは見落とすというか、意識もしないということは多いかもしれません。しかし、出合ったというわずかな感覚が、次に出合うまでに熟成されて、あの時はこうだったのだと意識できるかどうかは、人としての振舞いに大きく影響します。

皆さんが、これから過ごすことになる高校生活は、少なくとも、附設では、完結した教育の体系として設計されてはいません。つまり、卒業後にも、必ず、次のステップがあるということが前提になっています。「文理分け」の習慣は、その一例ですが、他にも、よく考えると、そのためのものだなという習慣がたくさんあります。これらは、しかし、苦渋の選択であるべきで、皆さんが、例えば、物理ができない、じゃ「文系」にしよう、ということでは、本来ありません。

　順序は逆で、将来は、何々として活躍したいが、それには何某学部で学ぶのがよくて、入試科目や大学の必修の授業科目を見ると、取りあえずは、文系の教科を勉強して大学の何某学部の試験に合格したい。だから、「文理分け」では文系を選択するけれども、将来、実際に仕事をするときのことを考えると、理系のセンスだけは何とか身に付けられるように、理系の友だちから教科の内容を巡っていろいろと話を聞くようにしたい、と、こうでなければならないのです。しかも、文系を選択した諸君と、理系を選択した諸君が、それぞれが選択しなかった教科について話を交わすということは、先ほど述べた共鳴できる状況を作るという意味でも非常に重要ですし、また、非専門家に自分の専門の話を理解させようとするという、ものすごく大事なこと――いずれ、皆さんがどの分野に進もうと直面するコミュニケーション能力――の実地訓練にもなるでしょう。

　さて、そこで「文明」と「文化」の話なのですが、高校卒業式の式辞でさえも、実際にどうすべきかについては卒業生諸君の問題だと突き放しましたから、式辞という意味では尻切れトンボに終わりました。皆さんも、非常に大きな課題ですが、先ほど申し上げた意味での「文明」と「文化」の調和を図るための鍵を握っています。しかし、皆さんが仕切る時代は今ではありません。皆さんの時代というのは、先生たちやご両親の時代とも全く違います。高校を卒業したばかりの先輩のものともすでに違っているかもしれません。

　しかし、この日本という国は難しい国で、今言ったばかりの「文理分け」のような、一見、皆さんに親切なように見えるけれども、その実、より大きな機会を奪いかねないような、そういう習慣が、文字通り、横行しています。そこを、皆さんには、上手に立ち回れるようになってほしいけれど、付け焼刃では怪我をするだけです。さっき、生意気な高校生になってほしいと言いましたが、ただし、生意気と言っても、ただの生意気ではなく、立ち回るという以上、他人としっかりと話ができるようでなければならないと思います。

さて、皆さんには、まだ、3年間の附設高校生活が控えています。この後の附設の3年間をうまく乗り切ってくれることを期待しています。

28　附設高校生になるために[7]

皆さんは、4月からいよいよ附設高校の1年生になります。中学時代との大きな違いは、人生ということを念頭に置き、将来の仕事のことを考えなければならない時期になったということです。皆さんが独り立ちして自分の活動を仕切れるようになるのは、しかし、大分先のことになります。その頃には、もちろん、附設で学んだ以上、どんな仕事を選んだとしても、誠実で、努力を惜しまず、そして、為他の気概をもっての仕事ぶりに、周辺からの信頼も厚いことになっているに違いないと思います。

まず、どんな仕事を選ぶべきかとなると、ここは、よく考えなければなりません。いくら考えても確信ある選択ができないこともあるでしょう。ところが、時はどんどんと過ぎ、しかも、待ってはくれません。中途半端なようでも、どこかで決断をする覚悟が要ります。一方で、ご両親を始めとする周辺の大人の方々との存分な相談の上で、進路は概ね決まっているという人も多いでしょう。大人の方々のご意見はとても大切です。しかし、皆さんがこれから生きていく時代と、周辺の大人の方々がご活躍中の「今」という時代とは、同じではありません。ここ半世紀余りの日本を振り返ってわかるように、20年も経てば世の中は変わるものです。しかも、未来については、皆さん自身が変化の方向に大きく関わって行くことを忘れてはいけません。つまり、皆さんたちの力もあって、四半世紀後の日本や世界は一変しているでしょう。このことは、しっかりと、認識してください。皆さん次第でこれからの世界はもっとよくも悪くもなると言うことができるでしょう。こういう意識のもとで、仕事の内容をよく知った上で、将来の可能性も含めて、最終的には、自分なりの覚悟なり決断なりが決め手になるはずです。

もう一つ、皆さんが活躍することになる時代についての考え方がこれまでと大きく違わなければならない理由があります。ここまでは、「世界」対「日本」という対立の構図を暗黙の前提にして、「日本の中」で頑張るのが日本人の基本的な人生設計でした。これからもこの構図は変わるまいという想定は、相当に偉い人たちの間でも珍しくはありません。確かに、皆さんは、「日本」の社会で育ち、「日本」の学校で学び、「日本語」を用いていますから、「日本」との縁を切ることはできません。仕事の場や内容も実態は変わらない場合も多いでしょう。しかし、今までだって、よく考えてみると、「日本」は「世界」の全的な一部であるというのこそが正しい構図でした。「世界」対「日本」という対立は、ただの、しかも間違った思い込みではなかったでしょうか。このことに気づくと、実は、皆さんは、他の国々の青年たちと同様に、「新しい世界」を作って行く一員として貢献することが期待されていることがわかります。それぞれに育った国の歴史性・地域性による多様性があるからこそ、「世界」には意味があります。皆さんの場合なら、貢献の基礎になるのは、まさに、附設における教育を通じて得られる「日本」の地域性・歴史性が背景になります。

皆さんの職業選択では、ぜひ、こういう要素を考慮にいれてください。日本の外では活動しないことが前提とされている職業もありますが、今は国内でしか働けないようでも、時代は変わります。こういう意識を基に、世界中どこに行っても通用し、しかも、敬意をもって遇される、そういう人間として働くことを目指してください。それには、自分のことをよく知り、また、相手のこともよく理解できなければなりません。どんな道に進もうと、ここは変わらないのです。

一方、どんな道を選ぼうと、どこかで苦労をし、予期もしていなかった難局に遭遇し、時に、挫折感を味わうものです。こういう際に、曲がりなりにも困難に立ち向かい、乗り越えて、次の段階に進めるだけの基礎力を身に付けること、まさに、それが、これからの皆さんの3年間の課題ということになります。さらに言うならば、将来の人生において、役に立つ知識や経験の全貌については、場合次第ですし、今は、知ることはできません。何が要りようになるか、それは誰にもわからないのです。だからこそ、この時期に、広い

7　本稿は、表題の校内冊子２０１２年版の巻頭言である。

範囲の基礎を仕込んでおくことが大事だし、そうしておけば、後々、いろいろと出会うことの多くが、そういう基礎なしの場合とは、全く違って見えているはずです。

人生は総合力でもあります。経験は何一つ無駄にはなりませんが、経験としては、よいものを重ねていきたいし、しかも、われわれの時間は限られています。ところが、進路選択が何であっても、皆さんの授業教科は、それだけでは人生を渡るのには全然足りません。「捨て教科」は絶対に作らないこと、大変かもしれませんが、ここは強調しておきましょう。

大学入試など、目先の試験には、「主要教科」の力は不可欠です。入試問題までは必ず正解があり、解法の手順も、まあ、易しいのです。しかし、職業生活で、本当に重要になるのは、知識や技能を自分の力でさらに拡大し更新していく力です。しかも、職業上遭遇する問題となると、正解がすぐには見つからないかもしれません。最初の設定が間違っている問題、正解があるかどうかわからない問題、いや、そもそも正解らしきものがない問題、導き出した誤答の後始末で苦労する問題、…、皆さんがそのうち遭遇することになる問題はこんなものばかりになります。何という不条理。それでも、何であれ、誠実に、真剣に、努力して取り組まなければなりません。まさに、附設生としての日常において、誠実に努力をすること、これを疎かにしないことが、人生の不条理打破の第一歩でしょう。そして、皆さんは、新しいことに直面するたびに、なぜこうなるのか、本質は何か、基本はどれか、と、ことがらの内実に深く切り込むように、心がけてください。大事なことは、あなたは何を実現したいのか、ということなのですから。

「あとがき」に換えて

本稿の整理の過程で、最初の始業式告示（付録B　1節）の前に、着任式があり、自己紹介を兼ねたあいさつをしていたことに気づいた。改めて再録する。

おはようございます。

今ご紹介いただいた新校長　吉川　敦　です。「吉川」は、同じ苗字の先生がおられます。「敦」は、同じ字の先生も、同じ読みの先生もいないようです。漢字の音はトンですが、漢和辞典に拠ると「形声」によるもので、「棒でなぐる」「人を打つ」というのが原義だそうです。借用され、「あつい」の意味になったとありました。わたくしはなぐったりはしませんが、「熱血」も特に自覚はありません。

さて、若干の履歴を言っておきます。神奈川県の出身で、栄光学園高等学校を、いわゆる60年安保の翌年、昭和36年、に卒業し、東京大学教養学部理科一類に入学しました。理学部数学科を東京オリンピックの翌年に卒業して、大学院に進学しました。修士課程を修了した年の秋、まさに、東大紛争が始まろうとするときに、フランス政府給費留学生としてパリに留学しました。最初の1年はカルティエ・ラタン近くのエコル・ノルマル・シュペリウール（いわゆるグランゼコルの一つです）にいましたが、ここは、68年5

月の五月革命の中心地ブールヴァール・サンミシェルから二三筋引っ込んでいるだけで、あのときは居室で催涙ガスを何回も嗅ぐ破目になりました。

まあ、こんな話を続けても仕方がないので、後は大急ぎで申しますが、パリから帰って、札幌の北海道大学理学部数学教室に赴任し、大体15年そこにいて、その間1年ほどアメリカにおりましたが、その後、福岡の九州大学工学部応用理学教室に移り、九大の中で数学系大学院の組織作りをしてから定年になり、以来、主夫の修行に励んでおりました。そこに、縁あって、今日の日を迎えたということです。

久留米大学附設中学校・高等学校とは、そういう意味で、今まで余り接点はなかったのです。しかし、この4月1日から校長になって、いろいろな会議に出て議論を聞き、また、近所を歩き回ってみて、今は、何とか諸君の役に立てるのではないか、と身体に感じていますし、また、そう思えるようになりました。具体的には、これから追々考えて行くつもりですが、一緒に、よい伝統を守りつつ、さらに、学校を前に進めて行きましょう。

最後の文章は、自らに課した校長としての課題であった。「具体的には」とあるが、その一端は本稿で述べることができたと思う。「前に進」んだかどうか、それはすぐにはわからないことである。この言い方自体、そもそも不遜なことであったと、今、改めて思う（なお、退任式（２０１7年3月18日）があり、それなりのあいさつ文は用意したが、趣旨としては、この一節を超えないので、ここでは省略する）。

最後になるが、わたくしの校長在任時にお世話になった方々に改めてお礼申し上げたい。

中でも、教頭として、校長の補佐に当たった横山貞継、後藤英治、立花純二、名和長泰、中村一彦の諸先生には深く感謝申し上げる。また、今村吉宗、鹿毛巌の両氏は、事務室長として、上記教頭諸氏とともども、附設の校舎新改築、共学化準備の過程において、頼りになる「戦友」であった。

そして、お名前を挙げることは省かせてはいただくが、教職員諸氏、同窓会、後援会の皆さん、生徒諸君、さらに、学校法人久留米大学や久留米大学の関係者のご指導ご支援がなければ、本文中でも述べているように、わたくしの業務は全く成り立たなかったであろう。特に、附設同窓会は素晴らしい団体で、この人たちと一緒に仕事ができたことは、わたくしにとって本当に幸せなことであった。

本稿の準備については「まえがき」に述べた。本書の原型は、校長退任時に関係者にお配りした在任中の式辞類を中心に拙見を付したＡ４の文書である。この文書には、附設の学校史史料を超えた価値を籠めたつもりもあって、わたくしとしては、書籍化を図りたかった。幸い、石風社の福元満治氏に相談に乗っていただけて、元の文書を相当に圧縮した上で、本書ができあがった。福元氏には、この元校長の冒険に、編集者としての務めを超えて、お付き合いいただけたことが大変うれしかった。

平成29年9月　　福岡にて

吉川　敦

【参考文献】（以下は著者名のアイウエオ順）

あ行

［アイヴィンズ］William M. Ivins, Jr.『Art & Geometry Study in Space Intuitions』Dover Publications. 1964 (Harvard Univ. Press 1946)

［アトキンソン］デービッド・アトキンソン『新・観光立国論』東洋経済新報社　２０１５

［アルベルティ］アルベルティ『絵画論』（三輪福松訳）中央公論美術出版　１９７１

［安藤］安藤忠雄『仕事をつくる 私の履歴書』日本経済新聞出版社　２０１２

［生田］生田久美子編『男女共学・別学を問い直す―新しい議論のステージへ―』東洋館出版社　２０１１

［池田］池田晶子『死とは何か　さて死んだのは誰なのか』毎日新聞社　２０１３

［井波］井波律子『完訳論語』岩波書店　２０１６

［板垣］板垣政参『葦の髄』武道新聞社　１９６１

［上野］上野アキ編『上野直昭日記』ぎょうせい　２００１

［梅棹小山］梅棹忠夫・小山修三『梅棹忠夫語る』日本経済新聞出版社　２０１０

［NCEE］US Department of Education『A Nation at Risk: The Imperative for Educational Reform』National Commission on Excellence in Education. 1983.

［大島］大島正健著・大島正満補訂『クラーク先生とその弟子たち』国書刊行会　１９７３

［岡田１］岡田英弘『岡田英弘著作集　第1巻　歴史とは何か』藤原書店　２０１３

［岡田２］岡田英弘『岡田英弘著作集　第4巻　シナ（チャイナ）とは何か』藤原書店　２０１４

［緒方］緒方道彦『緒方道彦―その世界』お別れの会配布資料　２００８

［小倉１］小倉紀蔵『日中韓はひとつになれない』角川ｏｎｅテーマ21　２００８

［小倉２］小倉紀蔵『新しい論語』ちくま新書　２０１３

［小倉3］小倉紀蔵『北朝鮮とは何か　思想的考察』藤原書店　2015
［越智］越智啓太『つくられる偽りの記憶　あなたの思い出は本物か？』化学同人　2014
［小野寺］小野寺龍太『日露戦争時代のある医学徒の日記』弦書房　2010

か行

［海部］海部俊樹『政治とカネ　海部俊樹回顧録』新潮新書　2010
［金谷］金谷治訳注『論語』岩波文庫　1999
［カス］レオン・R・カス『生命操作は人を幸せにするのか』日本教文社　2005
［加藤1］加藤陽子『それでも日本人は戦争を選んだ』朝日出版社　2010
［加藤2］加藤陽子『戦争まで　歴史を決めた交渉と日本の失敗』朝日出版社　2016
［北川］北川智子『ハーバード白熱日本史教室』新潮新書　2012
［北岡］北岡明佳『錯視入門』朝倉書店　2010
［木下］木下茂（編）『久留米大学附設高等学校附設中学校　教育のこころ』久留米大学附設高等学校中学校後援会　2011
［金］金文京『漢文と東アジア ― 訓読の文化圏』岩波新書　2010
［楠山］楠山三香男編『楠山正雄の戦中・戦後日記』冨山房　2002
［桑木］桑木務『終戦あと始末』愛文書林　2001
［桑野］桑野啓（代表）『中高一貫校における拡充型カリキュラムの課題と可能性』平成24年度文部科学省委託研究　久留米大学附設高等学校・附設中学校　2013
［グラフトン］アンソニー・グラフトン『アルベルティ　イタリア・ルネサンスの構築者』白水社　2012
［久大50］久留米大学五十年史編纂委員会『久留米大学五十年史』1978
［黒田100］「創立百周年記念誌」公益財団法人黒田奨学会　2015
［慶應］慶應義塾・東京国立博物館・福岡市美術館・大阪市立美術館・産経新聞社『未来をひらく福澤諭吉展　図録』2009
［経団連］経済団体連合会『グローバル人材の育成に向けた提言』

www.keidanren.or.jp/policy/2011/062honbun.pdf
[児玉] 児玉昌己『欧州統合の政治史　EU誕生の成功と苦悩』芦書房　2016
[ゴットリーブ] ダニエル・ゴットリーブ『人生という名の手紙』講談社　2008
[小林他] 小林潔司・原良憲・山内裕（編）『日本型クリエイティブ・サービスの時代「おもてなし」への科学的接近』日本評論社　2014
[子安] 子安宣邦『思想史家が読む論語「学び」の復権』岩波書店　2010
[今野] 今野浩『スプートニクの落とし子たち　理工系エリートの栄光と挫折』毎日新聞社　2010

さ行

[里見] 里見清一『医者とはどういう職業か』幻冬舎（幻冬舎新書）2016
[三森1] 三森ゆりか『外国語を身につけるための日本語レッスン』白水社　2003
[三森2] 三森ゆりか『外国語で発想するための日本語レッスン』白水社　2006
[三森3] 三森ゆりか『親子でできるコミュニケーション・スキルのトレーニング　論理的に考える力を引き出す』一声社　2002~2012
[三森4] 三森ゆりか『大学生・社会人のための言語技術トレーニング』大修館書店　2013
[島薗] 島薗進『いのちを〝つくって〟もいいですか』NHK出版　2016
[下村] 下村耕史「デューラー『測定法教則』注解」中央公論美術出版　2008
[シーリグ] Tina Seelig『What I Wish I Knew When I was 20』Harper One. 2010.（ペーパーバック）
[鈴木] 鈴木孝夫『日本の感性が世界を変える　言語生態学的文明論』新潮社（新潮選書）2014
[瑞藤14]「瑞藤会会報第14号」1981
[瑞藤30]「瑞藤会会報第30号」1988
[西洋古典A] ウェルギリウス『世界古典文学全集21　アエネーイス』（泉井久之助訳）筑摩書房　1983
[西洋古典B] ウェルギリウス『アエネーイス』西洋古典叢書・京都大学出版会　2001

［セルヴァンシュレベール］J. J. Servan-Schreiber『Le Défi Américain』Editions Denoël. 1968.
［総理庁］総理庁官房監査課編『公職追放に関する覚書該当者名簿』日比谷政経会　１９４９（国立国会図書館デジタルコレクション・インターネット公開）

た行

［ダイソン］フリーマン・J・ダイソン『ダイソン博士の太陽・ゲノム・インターネット　未来社会と科学技術大予測』共立出版　２０００
［田島］田島麻衣子『世界で働く人になる』アルク　２０１４
［竹中］竹中平蔵編著『バブル後25年の検証』東京書籍　２０１６
［竹内］竹内洋『丸山眞男の時代　大学・知識人・ジャーナリズム』中公新書　２００５
［陳］陳冠中『しあわせ中国　盛世２０１３』新潮社　２０１２
［チョムスキー］Noam Chomsky『Who Rules the World?』Metropolitan Books』Henry Holt and Company. 2016.

な行

［中室］中室牧子『「学力」の経済学』ディスカヴァー・トゥエンティワン　２０１５
［中山］中山敬一『君たちに伝えたい三つのこと』ダイヤモンド社　２０１０
［西川］西川長夫『パリ五月革命　私論　転換点としての68年』平凡社新書　２０１１
［野口］野口悠紀雄『戦後経済史　私たちはどこで間違えたのか』東洋経済新報社　２０１５
［野林納屋］野林健・納屋政嗣（編）『聞き書　緒方貞子回顧録』岩波書店　２０１５
［野見山］野見山暁治『アトリエ日記／２００８年12月～２０１１年3月』清流出版　２０１２

は行

［橋爪］橋爪大三郎『戦争の社会学　はじめての軍事・戦争入門』光文社新書　２０１６

［塙］塙作楽『岩波物語　私の戦後史』審美社　１９９０
［原１］原巳冬（永野巳冬）『テマリワムシの走光性及び浮遊性について』博物學雑誌33巻56号　１９３５　pp.105-169.
［原２］原巳冬（永野巳冬）『三潴溝渠水棲動物概報（第一報）』博物學雑誌33巻第60号　１９３７　pp.154-169.
［原３］原巳冬　校長講演集「中高一貫教育を確立して」（東京標準テスト）１９７６・12・10号
［原４］原巳冬「私の略歴と心がけて来ましたこと」（手描きの備忘録）１９８５・10
［ピエロ］Piero della Francesca『De la Perspective en peinture』In Medias Res. 1998.
［平野］平野聡『「反日」中国の文明史』ちくま新書　２０１４
［細井］細井綜『和算思想の特質』共立社　１９４１
［フォード］Kenneth W. Ford『Building the H Bomb A Personal History』World Scientific, 2015.
［フォーゲル］Ezra Vogel『Japan as Number One: Lessons for America』Harvard University Press. 1979.
［フォス１］グスタフ・フォス『日本の父へ』新潮社　１９７７
［フォス２］グスタフ・フォス『日本の父へ再び』新潮社　１９８７
［福沢］福沢諭吉『文明論之概略』岩波文庫　１９９５
［藤田］藤田宏（編）『指導的人材の育成―旧制高校教育の真髄を活かす―』日本の教育改革を進める会（代表：西澤潤一）
２００９
［附設25］久留米大学附設高等学校二十五周年誌編集委員会『附設高等学校二十五年史』１９７７
［附設50Ａ］記念誌編集委員会『和而不同』久留米大学附設高等学校50周年・久留米大学附設中学校30周年　２０００
［附設50Ｂ］「21世紀のリーダーを育てる　久留米大学附設校の教育基盤に関する報告書」久留米大学附設高等学校創立50
周年記念事業実行委員会　２０００
［プレストウィッツ］Clyde Prestowitz『Japan Restored. How Japan can reinvent itself and why this is important for
America and the world』Tuttle Publishing, 2015.
［文１］文部省編集・監修『学制百年史』帝国地方行政学会　１９８１
［文２］文部省編集・監修『学制百二十年史』ぎょうせい　１９９２

ま行

［松尾］松尾豊『人工知能は人間を超えるか　ディープラーニングの先にあるもの』角川Ｅｐｕｂ選書　２０１５

［丸山］丸山真男『「文明論之概略」を読む　上・中・下』岩波新書　１９８６

［水野］水野学『センスは知識からはじまる』朝日新聞出版　２０１４

［宮崎］宮崎市定『論語の新しい読み方』岩波現代文庫　１９９６

［村上］村上隆『芸術闘争論』幻冬舎　２０１０

［森］森浩美『父親が息子に伝える17の大切なこと』双葉社　２０１０

［森Ａ］森絵都『みかづき』集英社　２０１６

や行

［ヤコービ］Friedrich Heinrich Jacob『ヤコービ全集　第一巻』（九州大学ディジタル・コレクション）
https://qir.kyushu-u.ac.jp/infolib2/rare/kuwaki/pdf/490_1c.pdf

［山口］山口昌子『パリの福澤諭吉－謎の肖像写真をたずねて』中央公論新社　２０１６

［山本１］山本七平『空気の研究』文春文庫　１９８３

［山本２］山本七平『戦争責任と靖国問題－誰が何をいつ決断したのか』さくら舎　２０１４

［山本］山本貴光『文体の科学』新潮社　２０１４

［ユ］Yu Dan（于丹）『Confucius from the Heart』Pan Books. 2010.

［湯浅］湯浅邦弘『論語』中公新書　２０１２

［よしかわ］アキよしかわ『日本人が知らない日本医療の真実』幻冬舎　２０１０

［吉川１］吉川敦「数学の歩み　13－2『フランス便り』」東大理・数学教室 数学の歩み刊行会　１９６８　p.85

［吉川２］Atsushi Yoshikawa『Souvenir d'un pensionnaire étranger japonais et matheux à la rue d'Ulm』Bulletin No.220, juillet 2001, Société des Amis de l'École Normale Supérieure

［吉川３］吉川敦『数理点景－想像力・帰納力・勘とセンス、そして、冒険』九州大学出版会　２００６

［吉川４］吉川敦『大数学者の数学：フーリエ 現代を担保するもの』現代数学社 ２０１５

わ行

［ワトソン］James D. Watson『Avoid Boring People』Vintage Books. 2010.

索引・人名表

あ行

か行

さ行

た行

索引・事項（注記内のものは含まない）

あ行

か行

さ行

な行

は行

ま行

や行

ら行

吉川　敦（よしかわ あつし）

数学者。理学博士（東京大学 1971）。

九州大学名誉教授（大学院数理学研究院 2006）。

久留米大学附設高等学校・中学校名誉校長（2017）。

著書:「関数解析の基礎」（近代科学社 1990）。「フーリエ解析入門」（森北出版 2000）。「無限を垣間見る」（牧野書店 2000）。「数理点景—想像力・帰納力・勘とセンス、そして、冒険」（九州大学出版会 2006）。「フーリエ 現代を担保するもの」（現代数学社 2015）。

〈進学校〉校長の愉しみ
——久留米大学附設での9年

二〇一七年十月三十一日初版第一刷発行

著　者　吉　川　　敦
発行者　福　元　満　治
発行所　石　風　社
福岡市中央区渡辺通二—三—二十四
電　話　〇九二（七一四）四八三八
ＦＡＸ　〇九二（七二五）三四四〇

印刷製本　シナノパブリッシングプレス

＊表示価格は本体価格。定価は本体価格プラス税です。

中村　哲
ペシャワールにて［増補版］　癩（らい）そしてアフガン難民

数百万人のアフガン難民が流入するパキスタン・ペシャワールの地で、ハンセン病患者と難民の診療に従事する日本人医師が、高度消費社会に生きる私たち日本人に向けて放った痛烈なメッセージ
【7刷】1800円

中村　哲
医者　井戸を掘る　アフガン旱魃（かんばつ）との闘い

＊日本ジャーナリスト会議賞受賞

「とにかく生きておれ！　病気は後で治す」。百年に一度といわれる最悪の大旱魃に襲われたアフガニスタンで、現地住民、そして日本の青年たちとともに千の井戸をもって挑んだ医師の緊急レポート
【12刷】1800円

中村　哲
医者、用水路を拓く　アフガンの大地から世界の虚構に挑む

＊農村農業工学会著作賞受賞

養老孟司氏ほか絶讃。「百の診療所より一本の用水路を」。百年に一度といわれる大旱魃（かんばつ）と戦乱に見舞われたアフガニスタン農村の復興のため、全長二五・五キロに及ぶ灌漑用水路を建設する一日本人医師の苦闘と実践の記録
【6刷】1800円

中村　哲
アフガン・緑の大地計画　伝統に学ぶ灌漑工法と甦（よみがえ）る農業

安定灌漑は、偉大な「投資」である――戦乱の続くなか、旱魃と洪水で荒廃に瀕した農地と沙漠が十五年の歳月を経て甦る。斜堰をはじめ、蛇籠・柳枝工の施行例を写した一五〇点に及ぶ現地写真や、堰・用水路の設計図を多数掲載　Ａ５判全カラー
2300円

ジェローム・グループマン
美沢惠子　訳
医者は現場でどう考えるか

「間違える医者」と「間違えぬ医者」の思考はどこが異なるのだろうか。臨床現場での具体例をあげながら医師の思考プロセスを探索する医療ルポルタージュ。診断エラーをいかに回避するか――患者と医者にとって喫緊の課題を、医師が追求する
【6刷】2800円

冨田江里子
フィリピンの小さな産院から

近代化の風潮と疲弊した伝統社会との板挟みの中で、多産と貧困に苦しむ途上国の人々。フィリピンの最貧困地区に助産院を開いて13年、一人の助産師の苦闘の日々を通して、人間本来の豊かさとは何かを問う奮闘記
【2刷】1800円

農中茂徳

三池炭鉱　宮原社宅の少年

昭和三〇年代の大牟田の光と影。炭鉱社宅での日々を遊び盛りの少年の眼を通して生き生きと描く。「宮原社宅で育った自分史が、そのまますぐれて希少な地域史となり、三池争議をはさむ激動の社会史の側面をもっている」（東京学芸大学名誉教授 小林文人）【3刷】1800円

阿部謹也

ヨーロッパを読む

「死者の社会史」、「笛吹き男は何故差別されたか」から「世間論」まで、ヨーロッパにおける近代の成立を鋭く解明しながら、世間的日常と近代的個に分裂して生きる日本知識人の問題に迫る、阿部史学の刺激的エッセンス【3刷】3500円

臼井隆一郎

アウシュヴィッツのコーヒー　コーヒーが映す総力戦の世界

「戦争が総力戦の段階に入った歴史的時点で（略）一杯のコーヒーさえ飲めれば世界などどうなっても構わぬと考えていた人間が、どのような世界に入り込んで苦しむことになるかの典型例をドイツ史が示していると思われる」（「はじめに」より）【2刷】2500円

成（ソン）　元哲（ウォンチョル）［編著］

終わらない被災の時間　原発事故が福島県中通りの親子に与える影響（ストレス）

牛島佳代／松谷　満／阪口祐介［著］

見えない放射能と情報不安の中で、幼い子どもを持つ母親のストレスは行き場のない怒りとなって、ふるえている——。避難区域に隣接した福島県中通り九市町村に住む、幼い子どもを持つ母親（保護者）を対象としたアンケート調査の分析と提言　1800円

ジミー・カーター　飼牛万里［訳］

少年時代

米国深南部の小さな町。人種差別と大恐慌の時代、家族の愛に抱かれたピーナッツ農園の少年が、黒人小作農や大地の深い愛情に育まれつつ、その子供たちとともに逞しく成長する。全米ベストセラーとなった、元米国大統領の自伝　2500円

富樫貞夫

水俣病事件と法

水俣病問題の政治決着を排す一法律学者渾身の証言集。水俣病事件における企業、行政の犯罪に対し、安全性の考えに基づく新たな過失論で裁判理論を構築、工業化社会の帰結である未曾有の公害事件の法的責任を糺す　5000円

＊読者の皆様へ　小社出版物が店頭にない場合は「地方・小出版流通センター扱」か「日販扱」とご指定の上最寄りの書店にご注文下さい。なお、お急ぎの場合は直接小社宛ご注文下されば、代金後払いにてご送本致します（送料は不要です）。